近代中日關係史料彙編

一九三〇年代的
華北特殊化（三）

Historical Documents on Modern Sino-Japanese Relations:
The Decentralization of North China During the 1930s Section III

黃自進／陳佑慎／蘇聖雄　主編

編輯凡例

一、本書以 1930 年代華北中日外交、中央與地方勢力
　　的互動等為主題，徵集史料，依主題與時間順序
　　編排成書，以供學術研究與讀者查閱。

二、本書蒐錄之史料以國史館典藏之《蔣中正總統文
　　物》為主，並補入李雲漢《抗戰前華北政局史料》
　　（臺北：正中書局，1982），以及中華民國外交
　　問題研究會出版之《中日外交史料叢編》第三編
　　《日軍侵犯上海與進攻華北》、第五編《日本製
　　造偽組織與國聯的制裁侵略》（臺北：中國國民
　　黨中央委員會黨史委員會，1995），提供各界更
　　重要、完整的史料彙編。

三、本書所刊史料各標題，為方便讀者查考原檔，依國
　　史館檔案各件之題名摘要，至於標題時間，本書
　　一律採發電時間，與該館目錄或有不同。另，由
　　於該館各件檔案可能包含多則電文，而本書各件
　　一般僅收一則電文，故題名摘要可能與本書電文
　　有所落差，請讀者諒察。

四、本書於所刊史料各條之下標註出處，長串數字為國
　　史館《蔣中正總統文物》之典藏號。

五、本書所刊史料原則上遵照原文，遇有明顯錯字、
　　漏字、衍字者，在其後以〔〕符號標出正確字；
　　遇有俗字、古字、簡體字者，改為正體字；無法

識別者，則以□符號表示，每一個□符號代表一字；史料中間有問號者，原檔即如此；下冊註記（前略）（中略）者，為編者刪節，藉以突顯更重要之內容。

六、本書所選史料，排印格式一律採用橫排，凡直排史料文中有如右、如左者，橫排後應為如上、如下。文中不一一註明。

七、本書史料雖經多次校訂，仍難免舛誤謬漏，敬希海內外碩彥不吝指正。

目錄

中日國交調整

全面戰爭的前奏

中日國交調整

■ 1936 年
殷汝耕呈蔣中正對日外交芻議

殷汝耕謹呈總座鈞覽：
《對日外交芻議》

《對日外交芻議》殷汝耕
一、近年日本對華外交之概略
二、田中內閣對華政策之由來經過及現狀
三、國民政府應取之對日外交方針及政策
　　甲、根本問題
　　乙、目前主要之問題及對策
　　丙、必要之補助策
四、結論

《對日外交芻議》
一、 近年日本對華政策之概略：
自《二十一條》交涉延及寺內內閣援段政策失敗，益以歐戰告終，德、奧潰滅，侵略主義大受影響以來，日本之對華政策發生巨大之反動。此反動在國內即為撲滅二重外交，杜絕軍人干涉外交之論調。一般輿論之抨擊軍閥及外務、陸軍兩系之軋轢，均不外此。對外即形成不干涉主義，自原內閣成立即以不干涉主義為標榜，爾後歷代內閣對此標榜莫不輾轉相承，直至若櫬〔槻〕內閣為止。雖其所標榜與內容時有出入，然以外務系之竭力

主持及一般輿論之聲援，陸軍之勢力漸減，外務系之勢
力漸增，乃顯著之事實。迨及幣原外交不干涉主義乃益
彰著，凡對華之施政，非通過外務省極難實現，陸軍方
面不能暢所欲為矣。迨郭張之役，日本輿論顯分兩派，
外務則主張中立，陸軍則一味援張，相持頗劇。事實上
雖陸軍自由行動，外務系頗不以之為然，故事後對於楊
宇霆代表張作霖與白川所訂之覺書（內容大致為敷設六
鐵路及履行商租權），憲政內閣認為據此交涉徒增援張
之嫌疑，無補於事實，故竟擱置不用。於是陸軍方面對
於軟弱外交之攻擊與積年之不平，乃有勃發之勢矣。洎
乎關稅會議無結果而終，中國之內戰益劇，一般更發生
「中國之合理的發展已屬絕望，日本不能長此無為，坐
使滿蒙之發展頓挫不前」之觀念。益以南方勢力勃興，
廢除不平等條約，收回旅、大之高調時有所聞。北伐軍
到武漢後收回租界、關稅自主、廢棄條約之論調益高，
共產黨之施設復多，使外僑發生恐怖，於是日本之對華
政策遂又發生巨大之反動，此即憲政會內閣之所以倒，
而田中內閣所以產生之由來也。

二、 田中內閣對華政策之由來經過及現狀：

憲政會內閣在議會既占多數，財政緊縮政策效果又頗昭
著，極受歡迎。故在內政關係上尚不應倒，而竟倒者，
無他，即政友會利用上述反動之力取而代之，其導線即
寧案是也。當北伐軍初興時，憲政內閣及外務系對南方
多表同情，後因共黨之標榜及施設，使日僑多懷恐怖，
日本輿論乃漸譁變，迨寧案一發，日本輿論深受刺激，

此種反動勃然而興，不可以遏。政友會乃乘此鼓勵樞密院、貴族院等舊勢力，責憲政會之無為退嬰，失墜國威，政友會若代之而興，誓〔勢〕將反其所為，樹立積極對華政策，以揚國威、安僑民，且謀積極之發展，此即田中內閣成立之根本理由也。

田中雖為軍人，然當年參預軍政時關於對華外交時有干預，其自命頗不凡。此次出山既以對華積極政策相標榜，故亟欲有所施設，一新耳目。又因外務權限漸重，非自兼外務無以收指臂之效，故外務始終不肯放人，組閣以後首先召集東方會議，亦無非欲炫其對外交力圖積極振作也。當東方會議召集時，田中訓示之言曰：「余於對華外交有絕對把握，南方余本素有來往，北方尤夙有關係，必聽余言。諸君認為此際帝國對華應有何要求，請爽直提出，以便併案辦理」云云，言下大有不可一世之慨，外交系均竊笑之。高尾及矢田乃提出僑民救助金之要求，吉田提出解決滿蒙懸案，其他領事均無所言，於是會議乃歸結於滿蒙交涉。滿蒙交涉第一次提出者為吉田對莫德惠，吉田自東方會議歸任後，即秉承意旨向莫德惠提出交涉，其內容如下：

一、六鐵道問題：

吉會線、吉海線、長扶線、白音—太拉—林西線、吉林—五常線、洮南—索倫線，外加新垃炭礦線

二、抗議打通線

三、臨江領事分館問題

四、不當課稅問題

五、《盛京時報》禁銷問題

六、商租權問題

莫德惠秉承張、楊意旨拒不與議，吉田復生性戇傲，遂至決裂，釀為滿洲排日問題。斯時芳澤方到南京，原擬上溯武漢多作盤桓，忽接政府急電，囑經大連速行回任，一方日政府急派森恪赴大連議對策，即所謂「第二東方會議」也。楊宇霆亦倉皇返奉周旋，結果認為吉田交涉操切，莫德惠岸傲不遜，乃將交涉移至北京，由芳澤與楊辦理，一方要求撤換莫德惠，同時日方約定撤換吉田，以了此案。滿蒙交涉既不如意，田中內閣外交之評判日見低下矣。

滿蒙交涉既移於芳澤及楊之手，日方即將商租問題及不當課稅、臨江領館、《盛京時報》等小問題暫行擱置，而專抗議打通線及要求六鐵道問題。但打通線已於去冬開通，生米已成熟飯，於是又變為默認打通線，而以六鐵道之敷設為交換條件焉。是時山本已任滿鐵社長，此項任命在山本個人為犧牲（因滿鐵社長之地位遠在大臣之下，山本乃政友會總務，儘有大臣資格），在政友會則有莫大之決心，其用意即：

一、為總選舉籌款。

二、解決六鐵道問題也。

山本既肩此鉅任，乃赴北京親與張氏周旋，一方以白川之覺書為後盾，一方攜帶重禮並厚賄張之第五妾，以期收得良果。張氏無術推卻，乃囑常蔭槐與之周旋，訂一覺書（關於此件有兩說，一說謂非山本與常所訂，乃山

本周旋，芳澤與楊所訂；一說謂所訂並非借款正式之約，乃施工細則，正約尚待芳澤與楊簽訂。二說似以後者為確）。山本得張之口約，又得常之覺書，乃欣然返東。返東時晤總座所言，即與去年在南昌時大不相同，足見此時渠殊得意也。是時山本幾認為六鐵道等於已經解決，極力籌備款項，以備開工，遂有向美國拉門德借款之議。事將確定矣，不意天外飛來楊守霆對外報記者之聲明，美國即趁此打消借款，日本面子大下不去，然亦無如之何。乃亟聲明日本經營滿洲鐵道，內債儘足募集，無須外債，聊以解嘲，而對奉感情益不佳妙。田中外交之聲譽，益見減色矣。

厥後遷延愈久，六鐵路仍未能解決，乃更降格以求，只求先行解決吉會鐵路一線（吉會鐵路不獨有經濟上之關係，且有軍事上之必要），以維持其積極政策最後之面子。於是奉張顧問等遂獻策乘奉方陰曆年關需款孔亟之時，先交若干墊款，以簽約為交換條件。後據確報，此款確已付過，金額為五百萬元。然過付之後，楊竟爽約仍不簽字，於是滿鐵大有受紿之概。至於何以竟至受紿，則因此項墊款日方經手人（即町野等）所收回扣不小，渠等歘於私利，故倉皇於陰曆年關將款付出，付款時北京滿鐵公所長古仁所竟未得預聞。聞此次受紿後，各方對於經辦此事者責難備至。萬一將來竟不克簽約，則此輩經手人難免發生重大之責任問題也。以上為滿蒙交涉之經過，次則當述出兵問題。田中內閣成立時，既標榜極積〔積極〕保護僑民之高調，當一般人民大受寧

案刺激之後，山東僑民見我軍入魯境，濟南危在旦夕，乃大起恐慌，濟南領事藤田亦飛電告急，此正政友會表示其積極政策之好機，故倉皇決定出兵。彼時外務系與陸軍系關此頗有爭執，最後外務當局與陸軍當局竟交換一種覺書，以限制派遣軍之偏袒行動，並派亞細亞局第一課谷課長前赴濟南監視陸軍方面之行動。追出兵以後，事實上戰事並未及於濟南，日僑毫無危險，其結果外招中國人民之反感，內招全國輿論之反對，張宗昌對之亦並不領情，反怨其出兵太少，相助不力。於是田中內閣對於出兵問題殊感進退兩難，亟欲撤兵收束，而苦無適當之機會。適值總座下野，北伐停頓，乃趁風轉舵，藉此收場，謂山東已離危險，宣告撤兵；又恐反對黨責其無定見，特鄭重聲明並非放棄出兵政策，因現無必要，故暫行撤退，俟將來一有必要則朝發夕至，不難再出，以自圖其積極保護之說。此皆不外田中內閣因對內之關係，對於出兵政策有欲罷不能之勢也。

是故，總座到東之時，國民黨諸舊友之中如水野等，有種種設法欲圖運動田中內閣放棄出兵政策，以結對南交誼者，卒未能達到目的。誠以積極保護僑民乃政友內閣高唱之口號，苟不出兵，萬一僑民發生危險，內閣即非倒不可；出兵則雖多數輿論反對，尚不失自成一種政見，以自圓其說也。故田中內閣存在一日，苟無恰當之口實，則山東有事，出兵政策必堅持到底也。

實則日本一般輿論，除魯僑及在山東之礦山工廠等資本家外（在魯之礦山工廠主不但畏兵燹，尤畏南軍一到，

工人運動將隨之而劇烈），莫不反對出兵，外務系則自初不以出兵為然，不過內閣方針莫敢或違耳。陸軍方面從來偏北，然近來對北感情大變，尤以去秋滿洲排日，以及張氏對白川覺書之食言，楊氏對日之措置近於播弄，種種經過，頗招陸軍系之憤慨，故對於出兵非復如昔之堅持，而取冷淡之態度矣。

據上述各節，田中內閣對於出兵之方針實屬堅定不移，惟其對出兵之心理則已大變化。田中自身亦於上次出兵嘗極苦之經驗，此次不肯輕於嘗試，現外務系及田中左右均求於出兵之辦法或時期上求緩和，故聞田中近有遇戰事發生，不逕由國內派兵，先自天津駐屯軍中抽調數中隊從事警戒，若能過去即敷衍過去之意（田中之親信者佐藤少將即為此說）。又有出兵與否不先豫〔預〕告，以免影響南北士氣，希望於兵尚未出或方出不久，革命軍即一舉下濟南，俾證日本絕無庇護北軍之野心之議（亞細亞局長有田為此說），足見其空氣之一斑矣。

三、 國民政府對日外交應取之方針及政策：

甲、 根本問題：

以上所述足見近年日本對華政策之一斑，而吾人欲使決定對日政策，不能不進而考察日人對華之根本心理。此根本心理維〔為〕何，即日本多數國民對於日俄戰役之根本觀念也。日人以為日俄之役其原因固為日本爭存亡，實亦為東亞爭安危，中國領土之獲保全實受其賜，而日本為此役犧牲絕大，其喪失十餘萬生命無論矣，即

戰費之負擔達二十餘億，迄今本利尚未償清，財政大受
其累，國民因之負擔重稅，經濟之壓迫至今未除，故對
於滿蒙恆有下列三種觀念：

一、日本在滿拼莫大之犧牲為東亞立功，故應食其報，
　　在滿發展。

二、日本在滿之權利係奪自中國已斷送於俄人之手者，
　　故不為侵略中國，中國亦不應不勞而憑空取消。

三、日本人口漸增，國內經濟力不足贍養，非在滿蒙求
　　生路不可。

日本人民對於中國所抱之觀念固因人而不同，亦因時代
而異，近十年來抱侵略思想者日少，抱平等觀念者日
多。然無論其為軍閥、為外務系，為在朝、為在野，為
平等思想或為侵略思想，其所抱對華慾望雖程度深淺各
有不同，而於上列三種觀念則幾乎人人皆同，牢不可
破。易言之，此種觀念可謂乃日本國民對華之代表的觀
念，故曆〔歷〕代內閣對華政策其根源皆發於此。苟某
內閣對此目的無所建樹，則國人群起攻擊其外交為退嬰
無為，甚或內閣因之而倒。若某內閣能向此目的有所進
展，則大足炫其外交之成功，而政權鞏固。特各內閣對
於達此目的所採之手段方法，則有武力、平和之分，急
進、緩進之別，其對此根本目的未有敢甘於放棄者也。
若欲日人完全放棄此種觀念，全從世界大勢上與中國謀
親善，恐非目前所能實現。蓋此種觀念完全由對俄背城
一戰而來，凡日人年在四十、五十以上，親歷日俄戰事
之境，體驗當時拼卻存亡與俄一搏之苦者，其感受戰役

之刺激及戰後財政之壓迫，深入腦海，而不能忘。或云「非日俄戰時生存之日人全部死亡，另易年代，此種觀念不易消除」，非過言也（此次居覺生赴東，表示國民黨將來必能與日人協同解決滿蒙問題，即不外投合日人此種心理也）。

且事實上滿洲之於日本國民經濟上，已成為供給物資不可缺之地。每年頁岩可煉石油五萬噸，石炭之供給日本內地者每年二百萬噸，豆餅輸入日本充肥料者每年達七、八千萬圓〔元〕，南滿鐵路之贏餘每年約四、五千萬元，朝鮮人之移民於滿者已逾百萬人，日人即襲其後移住朝鮮，概舉數種已足見其關係重大之一斑矣。設日本今日在滿洲之經濟的發展一旦杜絕或完全喪失，在經濟上可稱為致命傷，國防上之危險更大。此事實上日本當局所以對於滿蒙利權神經過敏，念念不忘也。

日人對華之根本心理既如是，其事實上之需要復如彼，吾人對彼此種之國民的觀念，自不能完全恝置或一味排斥也。故國民政府欲與日本根本融洽提攜，非先解滿蒙問題不可。然此種重大之外交問題，在我方未能統一全國之前豈願倉卒進行，而又不能不慎重慮及。此孫總理在日之時，所以對於日本同志如頭山等個人恒討論此種問題，其內容則不外先表示抽象的好意，而將此問題擱置，俟內政統一後再說。

但日人之期望則不然。蓋前述三種觀念在日人方面固持之有故，言之成理，然終不免為單面的想思，一相情願者也。非早日實現，其心中總覺未安，故對於中國近年

之廢除不平等條約、收回旅大等論調實深隱憂。郭張之役，張作霖危亡在旦夕，日本陸軍系及數日人發生異常之恐慌者，深恐一旦張氏滅亡，抱新思想之人代之主政，滿蒙發展之希望將歸泡影，故不惜急起直追，鞭策張、楊使之抵抗，併由白川向張、楊作城下之要挾，此即白川覺書之由來，亦即援張之真意也。至於對中國一般之論調，初尚僅認為少數學生之空言，不深以為意，迨北伐軍到武漢實行收回潯漢租界，日人對滿蒙之憂慮乃感迫在眉睫。於斯時，憲政會內閣仍一味標榜不干涉主義，滿蒙論者早已忍無可忍，迨寧案一發，乃藉喪失國威為理由，壓迫憲政會內閣，使不得不辭職。總之對此問題，在我方利於緩決，日方則利於速決；我方務欲俟統一成功之後再行解決，日方則務欲於南北統一以前求相當之解決。此即彼我雙方根本上不能一致之原因，不能吻合之樞紐也。

田中內閣之積極政策質言之，即不外趁南北未統一以前，事實上將其所需要之鐵路敷設完妥，俟南北統一後，彼時生米已成熟飯，則維持既得之權利較易。若遷延至南北統一之後，則交涉之棘手可以斷言，即山東之出兵一方固因標榜積極保護僑民，一部分陸軍系亦未免存利用出兵之舉，對中國之新興勢力隱含示威之意，而中國革命之進行遂不免大受其影響矣。

日本之一舉一動既對革命之進行能發生莫大之影響，故吾人對之既不能不慎重研究對策。若一味唱高調表示強硬態度，固足快一時之意，實則增其恐怖，徒見僨事。

然若於此時對彼要求表示迎合，不特吾人不願如此示
弱；在未統一之前，彼方對我固未肯信有實行履踐之能
力也。

故我方欲日本之勿阻礙北伐，其根本對策只有對日：

一、表示統一中國先至關內為止，關外則稍緩一步。

二、表示滿蒙問題將來統一後，與日本開誠解決，務尊
　　重日本正當之要求。

三、表示撤廢不平等條約必以合理的方法出之，絕不取
　　暴力直接行動之辦法。

四、晶以中日共存之大義，勸其勿拘於目前之利，而作
　　中日提攜遠大之圖等抽象的應付而已。

所應慮者，日本對此抽象的應付是否即貼然滿足耳。以
現勢觀之，田中內閣必仍繼續向奉方交涉，我方最好對
此交涉取旁觀態度。若少數日人必爭之權利在奉方之手
解決，將來統一後，我方不任斷送之責，亦一良法。（惟
楊宇霆甚狡猾，恐不願獨任斷送權利之名而拖延不決，
俾將來南方分任其責）。俟全國統一之後，再與之徐圖
解決耳。

根本對策只能限至此程度為止。若云完全從世界大勢上
立論，求其勿拘目前之利，決心助成中國革命，以謀真
正共存共榮之遠大意見，恐日本今日已在臺上或有上臺
希望之政治家中，解此義者實乏其人；即有其人，亦無
具有魄力內足以壓伏日本一般之愚論，外對列強能毅然
敢為者也。

尚有一點最須注意者，即南方內部之團結問題是也。外

交夙重勢力，日人尤重視有形之勢力。我方欲求外交之順手，必須先宣明本身勢力之穩固。若我方勢力彼認為不穩固，則縱有動人之策，對方將視為不能實現之空言。此所以孫總理在時，日人殆莫不欽其言論主義，然事實上之援手則絕不肯為（倒袁之役接濟款械別有用意）。尤以陳烱〔炯〕明叛後，即總理之舊交亦且有浼然去之者。北伐軍初興，武漢方下，革命軍一種蓬勃之勢，大足歆動日人。雖日人頗畏共黨，然對於革命軍及其政府不能不另眼相視。迨寧漢分家，而日人眼光一變，迨特委會出現及各路軍行動不盡一致，日人視之無異一地方軍閥，幾無復重視之意矣。現總座復職，中央會議結果異常圓滿，日人之眼光又復不同。唯對於目下革命軍之內容，日人知之較詳，故其推測亦較穿鑿。近見湘軍敗退，桂軍連勝，認為桂系與程系團結至相當程度必自行立異，寧局不知何日將復瓦解，至少亦將牽制北伐勢力不能集中，故對南方仍不免意存觀望。此實對日外交進行困難之一重大理由也。日人之觀察既多失肯綮，且中國某某等系之不得志者又復故作宣傳。半受宣傳，半出臆測，雖是非將來自有判明之日，然欲圖目下外交之順手，對於此節即不能不深加注意，務須溝通真相，使誤會全消，然後外交乃能進行順利也。

乙、 目前主要各問題及對策：

如前所述，根本問題既只能說至抽象的程度為止，此外對於目下對日發生交涉之各主要問題，事實上有所表現亦烘雲托月，間接解決根本問題之一手段也。茲分述目

前主要問題之概略及其對策如左：

（A）出兵問題：田中內閣出兵政策之真諦前已概述，吾人對之之對策即不外乎二種：

（子）為之設不出兵而能護僑之口實，俾田中得自圓其說（佃氏所獻之策即屬此類）。

（丑）任其出兵，而講求減少禍害之辦法，略如下述：

    1. 減少兵數。

    2. 劃定保護範圍。

    3. 使日方剴切聲明出兵絕不偏袒北方及干涉戰局。

    4. 雙方派員監視行動，互相聯絡（我方除派中國人外，並派日本同志前往監視）。

    5. 僑民由濟南遷避至膠濟線上集中保護。

    6. 吾軍繞路進攻德州，俾濟南不攻自破。

以上各策以子策為上，丑策各節遇非出兵不可時均可酌辦。

（B）漢冶萍問題：漢冶萍之成為問題完全出於誤會，即日人所最畏之國民政府片面的廢棄條約、廢棄債權、沒收商產等暴力的直接行動也。脫使此等問題完全冰釋，則此問題將化為一普通之問題，而作為普通問題應解決之要點如下：

一、尊重債權，履行供給礦砂之約。

二、改組公司，整頓內容，俾營業得以維持，債權償還有著。

三、澈底規劃，繼續借款，俾整頓見諸實行。

蓋日人之對我懷疑不僅漢冶萍一問題也，實對全體政策

及秩序懷抱疑懼，故存觀望。而日方與南方發生具體關係之事業，首厥推此問題。故南方而欲言對日外交，對此問題即不得不鄭重將事。視我方對此問題之措置如何，日人對我方全體之政策眼光即因之而不同。設我方能合理的解決此問題，引日人使之就範，並宣布其真相，俾內外咸知我方政策之穩健，標一例萬，正所以維持國民政府對外信用，自事實上祛釋群疑之好機也。日本多數人雖於主義上贊成南方，然事實上不能與南方發生關係者，亦以懷疑故耳。今若藉此釋疑，不特此件本身可為重大經濟提攜之一，且可藉此開今後種種經濟提攜之先例，其重要不待言也。

（C）寧案之解決：寧案原為共黨之策略，非國民政府所聞知。然既已發生，而長此放任，不事解決，即無以表明政府之真意，而終授人以口實。前此政府多政變，不能一意解決；此次政府改組，氣象更新，萬不宜再事拖延，宜速提出解決。若彼方遷延不決，則可將我方之提議宣布，以明責不在我。寧案解決既足昭大信於中外，亦足為遏止出兵之一理由，關係至重大也。

（D）關稅問題：易紈士南下有所提議，報載財政部某處長發表贊同之意，且道及南方政府主張按照比例澈底清算分配云云，不知確否？此言若確，似未免出之太早也。關稅會議、關稅自主以理論言之，在革命尚未成之前實談不到，應俟全國統一之後，根據主義再行澈底交涉，以期貫徹。若認為統一問題緩不濟急，而有先行聯合南北對外共同交涉之必要，固亦不妨從權。唯如此辦

理，實有兩要點須注意焉，即：一、南北間之協調；
二、中外間之諒解是也。而二者之中，尤以中外間之諒
解為重要。蓋必中外間對於會議之成功有相當之諒解，
列強之中必有一國或數國能為好意之援助，方可望成。
否則中外間之諒解毫無把握，徒為南北間分配之爭執，
是何異乞兒夢饜粱肉，而為多寡之爭也，不貽笑於中
外者幾希。若中外既無諒解，南北復斷斷無一致之希
望，則更何必多此一舉哉。以言中外之關係，日本必堅
持互惠之條件，所謂一律一二五之說日本絕不能承認，
可斷言也。若欲會議成功，即非首先打通此關不可。次
則無擔保外債之問題，不特中外之見解難一致，外與外
之間利害亦且不同，更加以內債之關係及稅率審查等問
題，其複雜不言可知，絕非旦夕所能實現也。

（E）南潯鐵路問題：南潯鐵路原係江西劣紳營私之淵
藪，其建設費超過滬寧路，為中國最貴之路。日人最初
投資不計贏絀者，以有由閩敷設一路直達楊子江之野心
也。厥後時易境遷，此項野心已戢，而南潯路之營業則
因弊竇太深，虧空日甚，至不能償息，厥後經日人據約
監查會計，從事整頓，弊端漸絕，收入漸增，然以根本
上建設費太貴，路線太短，雖經整頓，終屬得不償失，
況該路設備本窳，益以連年兵燹乎！故欲南潯路之澈底
整頓，非再投資本延長線路，俾贛粵或贛湘通車不為
功。惟此項辦法非內政秩序寧定後，何能談到？絕非短
時日所能實現。然若向此方向努力進行，在目前即無直
接效果，其於宣示吾人之政策、方針及對外袪疑上，均

有莫大之效果也。目下之問題，聞亦因江西政府收管而發生。我方外交方針既有一定，則一宣布尊重債權，自可迎刃而解矣。

以上所述各主要問題之解決，其關鍵在藉此對外表示：

一、國民政府為有秩序之建設的政府。

二、國民政府尊重信義條約。

三、國民政府言行一致，有實行之能力。

四、國民政府對合理的主張不屈不撓。

若能藉各當面主要問題之進行，將上列各項精神充分表示，則國民政府對外之威信立，將來一切外交上之策略均能暢行無阻，可斷言也。

丙、　必要之補助策：今日國內政局之各種扞挌現象，起於根本衝突者固不為少，而起於誤會者實多，起於利害各異者固繁，起於感情疏隔者亦至眾，起於大端疏失者固亦間有，而起於小節照顧不周者則所在皆是，國際間之關係尤有然者。若能於解除誤會，疏通感情，注意小節上作功夫，必可減少扞挌現象不尠。今對日外交根本對策雖大不易決，然而對於枝葉小節補助之策，則可講求者至夥，不可忽視也。茲略舉數端屬目前之急務者，條陳於左：

一、對於日本同志從前為中國革命盡力或蒙重大之犧牲者，應設法報酬或錄用，以示千金市骨之義，而資激勸也。關於此節，對於生者如石浦謙二郎（退伍陸軍大佐，第三革命時在魯為膠濟路警備司令，受孫總理之託力助居覺生等敗張樹元占領濰縣。事後獨任其責，而被

休職退伍，現因賦閒生活頗窘云）、山田純三郎（其兄從總理在惠州革命戰死）、辻鐵舟（第二革命曾率敢死隊恢復天保山負傷）等應俾以職務或津貼，以示不忘，且可使之繼續奮鬥；對於死者如犬塚信太郎、宮崎滔天、寺尾亨等，應為之立碑紀念併編傳記入革命史。

二、對於舊日同志浪人團體應不斷的聯絡也。日本之所謂支那浪人中無聊者固多，而抱遠大見解、具相當之資望，對於各方面有潛勢力者實亦不少。彼等雖身為布衣，不事生產，然與今日之顯要個人每有故交，且均素以國士自命，人亦以國士相推崇。其意見每為當世所重，尤以關於對華政策，無形中似常有莫大之發言權。其中如頭山滿、內田良平等，且均結交死士數十百人，一旦有事能為之赴湯蹈火，時之執政莫不畏觸其怒，對其意見相當尊重，彼等亦不輕肆其力，故能保持威望。一旦決心肆力，頗具能興風作浪，鼓動政潮，能使內閣動搖之能事。前此曾有數次倒閣之計畫運動成於彼等之手，故能形成一種潛勢力也。彼等派別頗多，從來對於中國革命雖均有歷史上之關係，而中途見解亦多分歧。此次總座東渡，對此輩老同志頗下相當工夫，彼等亦均感中國革命非早日完成不可，並感總座之至誠，關於對華政策之意見已復團結一致，期望總座繼續總理遺業，出肩完成革命之重任，彼等一致聲援。其熱心有足佩者，佃信夫君即各派所推之代表，來華專對我方取聯絡，並視察革命局勢，隨時以真相報告各方者也。彼等各派中，推內田一派、五百木一派最有勢力，水野、小

村對外務系方面有力，萱野一派宣傳之作用不小，頭山老人則籠罩一切，足為各派之首領也。此等浪人團體既有相當之潛勢力，對於對華政策復有莫大之發言權，且對於中國之革命最有理解，故吾人欲講求對日外交，必不可置此種勢力於度外也。對於此派應取之對策如下：

1. 派人在東與彼等取密切之聯絡。

2. 招致其中要人分駐寧、滬，俾將我方真相隨時傳達於彼邦要人（為目下計，以招佃駐寧、招辻駐滬最為相宜）

3. 遇必要時，更分使彼等中要人往返於中、日間，藉資聯絡。（如頭山、內田、萱野、水野等。）

4. 遇必要時，接濟彼等相當款項，俾其興風作浪，為內部牽制之策（此項應極祕密。）

三、宜從速恢復首都領館及其他外僑之居住營業也。北伐軍初興時，外交上之信用本甚高，尤以總座人格最受外人之景仰，乃對外交涉尤不免棘手者，未始非寧案遺毒之作祟也。寧案雖已成過去之事實，亦無人不認為今後不致再有同類問題發生。然凡秩序一經破壞，其印象終留於人之腦海，非外形恢復原狀，痕跡終不能泯。猶之日本蒙震災區之新屋未建者，創痍之感久不能忘；迨新屋一建，則顛沛之慘象轉瞬即若隔世矣。日本方面受寧案之刺激最深（因北伐以來，日本上下對革軍均表好意，而竟蒙此劫，其憤激有深甚者），故欲求對日外交之順手，非努力於觀念之轉移不可；而觀念轉之一道，即恢復蒙災前日僑在寧之原狀也。若能較蒙災前更加優

遇，且事播傳，其效果必甚大也。為今之計，左列各件
應亟舉辦：

1. 領館房屋從速撥款修復也。（日領館為省政府之產業，已允修復，應亟厘行）

2. 城內外之日本旅館，亟宜從速促其復業也。旅館恢復則人集，人集則真相自明，謠諑自息。現城外之蓬菜館已由原主復業，城內之支店則洗搶一空，原主無力恢復。現上海勝田館主人田中（田中在滬營旅館數十年，對於民黨關係特深，總理及克強、漁父諸先烈，烈武、協和諸先覺，來往多由其招待，曾匿護諸同志，併為司祕密通信等不計其數）欲利用該屋在寧開設旅館，應予相當援助也。

3. 軍隊、機關之據用日僑房屋者，應從速讓出也。

4. 商同日領館招致日僑從速返寧復業，併飭警察、憲兵加意保護。此節不僅對日僑而已，對於他國僑民亦應一律辦理。尤要者，應將辦理情形設法宣傳，俾世人皆知，乃能收效。

四、上海應置專員應付各方面之日人也。滬上為中外交通中點，一切消息宣傳於外者，均以上海為發源地，日本對華尤其對南方之輿論，迨完全憑滬上之報道而生。而我方無人司理此事，以致謠諑頻傳，日人之判斷因之誤謬，政策遂亦受其影響而扞格（如對於漢冶萍之恐慌，及對南方內部之懷疑觀望均其實例），革命之進行亦間接受其累，關係至大也。而滬上日人方面眾多，消息傳達者亦夥，故欲我方真相能完全宣達，無稽之謠傳

泯跡，非對旅滬各方日人注意下工夫不可，宜專派一員
與總司令部、外交部、中央黨部、衛戍司令均取相當之
聯絡。對於左列事項隨時努力：

1. 聯絡日本官場（即領事館、陸海軍武官、陸戰隊、
海軍艦隊司令部等），時時供給確實消息，並探其消
息，聯絡感情。

2. 聯絡日本各大新聞社、通信社之特派員，時時向之
供給正確敏捷之材料，並闢謠言（最好有一適中地
點，每日與之作聚晤之機會）。

3. 聯絡紗廠、銀行、公司等各日僑灌輸智識，增加其
對華見解，並為之謀種種便宜，以睦感情。

4. 組織中日交誼會，謀平時之聯絡。

五、宜招致日本各大報館、通信社特派記者駐寧也。南
京為國民政府之首都，革命軍之大本營，而對外消息隔
閡殊甚，真相不明，謠諑頻仍。即滬上近在咫尺，且多
隔閡，無怪外人之易滋懷疑也。故最好招致外人記者使
常駐寧，並派員時與聯絡，則對外消息靈敏，不致隔閡
矣。此節日方各報館近聞有此擬議，我方應設法為謀種
種便宜，以促成之。如給予來往滬寧之定期免票，亦其
一道也（現聯合通信社波多即有此項希望，宜允諾之）。

六、宜派專員駐東京司聯絡也。左列各件需要孔亟，宜
有專員辦理之：

1. 時時將我方真相向日本各方宣布之。為達此目的，
政府應將國內重要消息隨時函電告該員，俾有資料。

2. 時時調查彼邦政局變遷及對華政策之正確消息，報

告政府。

　3. 對於民黨老同志、浪人團體取密切之聯絡。

　4. 代表政府向彼方政府遇事接洽，傳達意旨。

　5. 與其朝野各方時常交際，啟發其見解，造成親南空氣。

七、對外文字宣傳宜努力也。文字宣傳效果極大，不特袪除誤會，且能引起共鳴，造成輿論。在今日革命進行之時期，對外政策中尤關緊要者也。茲舉目下急須辦理者條列如下：

　1. 將國民黨之主義、政綱、宣言、《三民主義》、《建國方略》、《建國大綱》等譯成日文，設法宣布。宣布方法：（甲）印刷分贈朝野要人；（乙）登報發售。

　2. 將我方要人言論、主張、著作及開會情形、決議等隨時宣布。

　3. 時時著作各種言論，主張正義，糾闢謬說，指導彼方輿論（此節效果極大，耕在日十餘年所親自經驗者也）。

　以上各節宜有專人辦理，最好津貼留學青年同志分任之，而以老成者總其成。

八、在可及的範圍內招聘各種顧問也。國民政府欲認真從事建設，則當人才不足之時，借材異地自不可少。不特實際上如軍官學校、海關、鹽務、整理幣制、發展實業等需要人才，即對外表示國民政府認真從事建設上，僱用顧問亦有絕大效果。而日人尤重感情，「食人之祿，忠人之事」之思想最為發達。奉方之與日發生密

切關係者，固亦因日本滿蒙政策而來，而得力於僱用顧問之力實至大。我方若於可及的範圍內僱用顧問，且責以實事任事，則聯絡之間必大有不同於昔者也。

以上各節略舉補助政策之大要，固未能概括無遺，然本此精神而行，必能收絕大之效果，可斷言也。

四、結論：以上為對日外交之私議，其理本皆平庸無奇，所應加意者：

一、照顧周到，雖小事勿忽。

二、聯絡完全，進行一致，勿自相紛歧，以收指臂之效。

三、得適當之人才以任之耳。

以上三點中尤以人才為要。萬一目下無適當之人才，尤宜於青年之有望者中早事培養。將來中日關係密切，交涉正未有艾，為國家百年計，不能不早加培植也。

002-080103-00004-004

■ 1933 年 1 月 4 日

吳鐵城電蔣中正據報吉田茂來華係視察中國情形擬恢復中日親善惟並無成效

22 1 4

上海

238

限即刻到。漢口蔣委員長鈞鑒：

行密。據探報「吉田此次來華，係代表該國內（廣）田

外相視察我方情形，對人言東京對華空氣較前大佳，軍部態度亦漸軟化，有懸崖勒馬之意。哲能乘此合理之解決中日懸案，恢復中日親善，絕非難事」等語。但彼此來雖然滿口和平，迄無具體辦法。聞吉田在津曾晤段，對北政客語風極不滿意。在京對我招待非常感謝，惟所負任務一無成交，抵滬預定陽晨離滬返國，謹聞。

鐵城叩。支午印。

002-080103-00003-001-002a

■ 1933 年 1 月 25 日

蔣作賓電蔣中正有關與西園寺公望談日本政情及中日關係之改善

22 1 26

東京

1755

南京蔣總司令：

3569 密。西園寺祕書原瓶〔田〕男爵約談，謂中日關係中本多願向好方面謀解決，現內閣或有變動，將來政權絕不在軍人或法西斯之手，中本從此擬指導輿論歸於一致；貴國政局亦由蔣介公逐漸統一，以後交涉不難進行云。查中本內閣進退仍決於西園寺，近各方有推其親信近衛出臺之說。

賓。有。

002-080103-00002-001-002a

■ 1933 年 9 月 29 日

黃郛蔣作賓電蔣中正請與古谷清一晤並派蔣作賓為代表與荒木貞夫商談打破中日僵局亦可酌派陳儀參加日本秋操

22 9 30

上海

14629

特急。南昌蔣委員長鈞鑒：

親譯。3569 密轉。古谷來滬，郛等已與晤談，渠與荒木確有密切關係，荒木派渠來華亦煞費苦心。此次來意，蓋以荒木自命為日本唯一無二有力者，欲打破中日僵局，必須與中國唯一無二有力者握手諸事，始可一言而決。彼等認中國有力者，舍我公外無第二人。此來無具體條件，亦無任何要求，僅表示敬意，以覘我公是否願意與彼握手耳。倘我公願意，即可密使互派，先由情感上謀接近，逐漸談論其他，滿洲問題或因此得一較好結果。古谷係一單簡軍人，奉命僅與我公晤洽，即不願與他人多談，現擬卅日乘輪赴漢轉往南昌。郛等意，擬懇我公千萬撥冗密與一晤為好，在外交上不無作用。日本軍人最重感情與體面，否則沒趣而歸，作福不足，作禍有餘，恐阻將來與荒木接洽之途。再賓此次赴日，擬懇准賓代表我公與荒木晤談，是賓兼兩重資格，談話或可更進一步。日本秋操在即，我國有無派人之必要？倘認為可派，我公亦可酌選一得力軍人如公洽兄等，其人

便與荒木商洽兼密至答禮，當不無裨益。尊意如何？盼
即電示。至對古谷晤面事，竝請逕電岳軍兄接洽，以求
簡捷。郡准明晚行，回電請致賓為感。

　　　　　　　　　　黃郛、蔣作賓叩，豔印。

002-080200-00125-004-002a~003a

■ 1934 年 6 月 5 日

賀耀組呈蔣中正摘述蕭叔宣與酒井隆關於國民黨排日滿洲事變與日本第七師團司令部移設獨石口及中國向美國購賣飛機等問題談話紀要文電日報表

來文號次：18635
姓名或機關：參謀本部次長賀耀組
地址：南京
來文月日：六月五日
來文摘要：
摘述駐日蕭武官叔宣與酒井隆談話紀要：
一、國民黨之排日問題
（酒井：）中國國民黨排日教育灌注到小學教育，所出
排日書籍有七十餘種之多，故國民黨不打倒，中日無法
親善，且國民黨不足代表中國國民。
（蕭：）國民黨為中國國民民意之惟〔唯〕一代表，此
外別無他黨。九一八事變以前，無所謂排日，小學教科
書中有打倒帝國主義，廢除不平等條約，此為被壓迫的

呼聲，非獨對日為然。欲中國不排日，須日本不壓迫。

二、滿洲事變問題

（酒井：）滿洲事變係由中國不履行條約所致，因請求
交涉，而中國不應，必欲訴之國聯，此中
國遠交近攻、以夷制夷之策略也。

（蕭：）中日均為會員國，訴之國聯最公平。若謂此係
以夷制夷，則日本亦曾請國聯派遣調查團，
獨非以夷制夷乎？

（酒井：）中國先訴國聯，日本為欲使其明白起見，故
請其調查。嗣因該報告完全以中國所言為
根據，且書中無非共管，故日本反對，不
得不退出國聯。

（蕭：）跡近共管，我亦同感。但中國方面所見，共管
優於獨占，名存實亡，不較優於名實俱亡乎。

三、日本第七師團司令部，移設獨石口問題：

（酒井：）中國報載日本第七師團司令部移設獨石口一
事，部中無此命令，中國竟欲藉以宣傳，
刺激歐美人腦筋。其實日本雖欲吞併中國，
試問何以善後？

（蕭：）數年以來，日本行動確逸去常軌，何怪人疑。

四、蔣委員長之態度

（酒井：）蔣委員長利用歐美或利用日本，態度不明，
日本亦只得取靜觀態度。

（蕭：）是在日本之誠意如何。

（酒井：）蔣委員長前次利用蘇俄，後又棄之，將來或

再利用，亦不敢說。試觀其剿赤數年不能
了，而十九路軍軍事一月即了，足見孜孜
於討伐異己。不數月後，我看陳、韓、閻
均將被討，絕不以全力剿赤也。

（蕭：）此觀察錯誤。總理容共，並不許其違背三民
主義，乃共黨自由行動起來，故不得不清黨
棄之。蔣委員長剿匪最為努力，但赤匪為流
寇性質，剿滅至為不易。至十九路軍背叛中
央，妨害統一，為國民公敵，所謂討伐異己
尤為錯誤。

五、中國向美購買飛機問題

（酒井：）中國不用代價，承受美國飛機及作飛機根
據地，萬一日、美有事，則菲律賓飛機隊
在中國有根據地，此節日本萬難緘默。況
美國絕無善意，如非美國而是法國，則日
本可不問。天羽情報部長非公式談話亦正
為此。

（蕭：）向美國購買飛機不僅中國一國，如果專為此
事向中政府質問，未免小題大做。天羽非公
式談話，廣田外相並云事前不知，引為遺憾，
此言確否？

（酒井隆答：此言甚確。）

擬辦：

呈閱。

002-080200-00438-012

■ 1934 年 9 月 9 日

黃郛電蔣中正連日與日方有吉有野等人晤見撮要日俄風雲軍縮會議及戰區清理通郵問題等情形文電日報表

號次：2363

姓名或機關：黃郛

地址：上海

日期：青（戌）

來電摘要：

連日分別見外交方面之有吉、有野，海軍方面之今村、佐藤〔藤〕，陸軍方面之鈴木、影佐，茲撮要如下：

（1）態度以海軍為最好，外交次之，陸軍又次之。

（2）日俄風雲，除突發事件未可逆料外，一年以內兩國均無戰意。此層三方面人物同一看法，且提到此層三方面人均極淡漠，不甚重視。且軍縮問題，即在目前國際情勢不容再加擾亂，而雙方實際準備又非來秋不能完成。

（3）軍縮會議，彼等有對內、外兩方面之苦，故倡要求平等、廢棄舊約之高調，而對外有比較折中之方案。今舊約必宣告廢棄，同時即在預備會提出折中方案，內容不可知，大約側重於比率十：十：七，艦種不加限制兩點。總之，岡田首相最近談片，亦有「不必要之平等權徒勞人民負擔，日本亦絕不致出此下策；惟不合理之拘束

使日本國防時受威脅，非絕對的不妥協、不畏縮，要求廢除不可」數語，可以推想其真相。

（4）影佐初見時，頗自叔露侷促不安之象，繼而肆其挑撥手段，謂「中央派公至平，軍權自始即未授諸公，政權亦有名無實，僅僅財權與外交權。乃自《塘〔沽〕協〔定〕》成後，首先即將財權剝奪，繼又將外交權收回，是中央不過要公到平端坐而已」等語。當即加以解釋，謂財權因收入不足，月月困難，係我自己拋棄；外交遇事商討，並未剝奪。最後，彼表示相機再發表談話，自行訂正，兄亦未便再加窮追，遂別。

（5）彼等聞兄不久北行，有吉表示安心，今村表示意外，蓋海軍料我絕不肯再去也。鈴木表示戰區清理及通郵問題目前固宜速辦，然根本問題仍在華北治安及經濟提攜兩點，請格外注意云云。特達，乞察。

擬辦：

擬併復悉。

批示：

悉。

■ 1934 年 9 月 12 日

左舜生等電蔣中正將在牯嶺晤面時所不及談者有國民大會問題對日問題西南問題等逐一條舉以備參考文電日報表

來文號次：（函）

姓名或機關：左舜生

地址：上海

來文月日：九月十二日

來文摘要：

茲謹將在牯晉見所不及談及談而未能詳盡者，逐一條舉如次：

（1）國民大會問題：（編按：略）

（2）對日問題：日俄是否即將開戰，莫衷一是。就舜個人觀察，一戰終不能免，而目前尚非其時。蓋日、俄兩方均志在求友，絕不敢單獨發難。最近蘇俄運動加入國聯，而日、英亦有重溫舊盟之說，即此雙方求友一念之表徵。當此日、俄持重，不敢先發之時，實予中國以充分準備之機會。為目前計，對蘇聯及英、美固宜有切實合作，對日亦惟有多方敷衍，但年來政府處理對日問題之方法則略嫌簡單。蓋自九一八事變以還，日本朝野人士來華視察我方實況者何止千百？一二八以後，日本之海陸軍人、外交家、貴眾兩院議員、新聞記者、大學教授、漢學家、實業家

以及支那通等等，在上海訪問在野名派者殆亦在
百人以上。以是日本真實態度，為政府諸公所
不及知者，而在野人士反能略知一二。以目前情
況論，日方對公個人非無妥協之餘地，而對黨的
組織及黨方偶不謹慎之言論與行動，則不勝其嫉
視與懷疑。今國人但知六年訓政之成績去理想太
遠，尚不知黨治與外交之運用不能相容，此則一
甚可悲觀之現象也。目前公與汪先生雖力促膺白
先生北上，究膺白是否能去，縱去是否即於大局
有補，均尚在未定之天。蓋對內、對外之根本方
針不立，徒恃一、二略通日情者以虛與周旋，
則日本之繼續侵略萬無倖免之理。尤可痛心者，
則人之謀我以複雜，而又無時、無事、無地不利
我之單純。甲午前後，我方當對日外交之衝者，
僅一李文忠；民國以還，則前者為袁，後者為
段；今則日方所視為對手者，又在公一人矣。他
人之圖我，每挾朝野之全力，以為多方之運用；
而我所以應之者，則僅恃當局一、二人。所謂國
民外交，在他人行之往往發生奇效者，在我則
徒聞其語，未見其事。然中日問題是否能暫時覓
得一解決之途徑，要在政府與人民是否能絕對合
作。欲人民與政府絕對合作，則非結束黨治不為
功。黨治之結束與國民大會之開否，並無必然之
關係，惟問公有無此種決心而已。所望公熟思深
慮，有以善處者，此其二。

（3）西南問題：（編按：略）

右舉三點，均於目前時局之展開有莫大之關係。果公不
以為不可教而辱教之，則關於教育改造問題、輿論指導
問題、黨外應付問題等等，舜固各有所見，或繼此更有
所陳述，以備公參考也。

擬辦：

所言殊有見地，擬復函嘉勉之，並囑其繼續中述。如題

批示：

如擬。

002-080200-00441-184

■ 1934 年 9 月 13 日

楊永泰呈蔣中正日昨所致黃郛電文曰其與日方
人員商談應助我剿匪大業及黃郛復電

事由：

日昨職致黃膺白先生齊牯電文曰：「兄與日方人員晤談
時，略有材料足供參考者，即邇來赤匪刻意宣傳國民黨
國民政府如何與日妥協，如何向日投降，並一變其向所
揭櫫之『士兵不打士兵』、『窮人不打窮人』等等口號，
而以『中國人不打中國人』、『紅白兩軍聯合抗日』等
詞，作新的號召之資。其行動則逐漸向西推進，如川中
徐匪勢已坐大，賀龍擾黔，蕭克已竄湘、桂邊，其目的
均圖會合於川、陝、甘而達新疆，以打通國際路線。萬
一日俄戰事發生，俄方勢必盡量培植紅色勢力於我國西

北，以為抗日桴鼓之應。爾時赤匪既假借抗日為其政治上之旗號，則凡國內一切反國黨、反政府及反日本之集團與分子無論零整，勢必與赤匪聯成一氣，另創新局，則中國分割為兩個力量。南京統治固難倖存，乃驅中國人全受共黨之領導，而盡為蘇俄支配，此固非中國之利，抑尤非東亞前途之福也。日本方面如稍有目光，自應放棄其隨時隨地扶植反中央勢力之傳統政策，對於中央剿赤軍事尤不宜直接、間接再為懷疑牽掣，致虧一簣之功，實應於日俄戰事發生以前，助成吾人剿匪之大業。可否以此意懇切商談，敬祈裁酌為幸。」

茲接黃膺白先生真電：

「昨日晤日人船津、影佐兩人，並將所示予以懇切轉說。影佐向漠視國黨與國府，經此一說，似已感動。此後，對於此類材料，尚乞隨時示及，以便運用。」

合抄呈鈞覽。謹呈委員長

職楊永泰呈。

002-080200-00441-115

■ 1935 年 1 月 20 日

何應欽電蔣中正請中央速定對日外交根本政策宜直接與日本中央部恢復外交常態遇事乃有對手可尋等文電日報表

來電號次：916

姓名或機關：何應欽

地址：北平

來電日期：號（巳行秘）

來電摘要：

關於對日外交，應請中央從速決定根本政策，否則實屬無法應付。尤其目前華北情況之下，關東軍、駐屯軍均可隨時以一紙聲明書即發生直接行動，絕不循國際外交之常軌。若中央對日外交政策有一根本決定，則宜直接與日本中央部恢復外交常態，遇事乃有對手方可尋。即使其結果我仍不免吃虧，但較目前之臨時應付、顧慮多端，有時並對手方亦尋不著者，總覺稍為值得也。如何？乞鈞裁。

擬辦：

擬復：所見甚是，根本政策現方在鄭重研究中，蓋籌所及，並希具體電告。（已約鈴木本日在京相會。）

批示：如擬。

已復。六・廿一。

002-080200-00446-041

■ 1935 年 1 月 26 日

何應欽電蔣中正為免察哈爾東部衝突再起擬由張樾亭等與日方代表在北平會商和平解決辦法等文電日報表等二則

來電號次：1338

姓名或機關：何應欽

地址：北平

來電日期：宥　午秘

來電摘要：

日方所提會議及聲明兩點涉及政治問題，我方自不能接受，但為避免察東衝突再起，擬約期於本月世日由察省宋主席之代表廿七師參謀長張樾亭及政委會殷局長，同軍分會朱組長式勤及岳特派員開先，與日方代表在北平舉行會談，商籌和平解決辦法，已由日武官高橋電關東軍請示中。惟會談地點，高橋預擬在大灘、古北口、張家口及北平四處，我方堅主在北平。至日方出席代表為駐熱第七師團之谷實夫旅團長或永見聯隊長。又沽源縣長，日方亦主令其參加。如何？統乞迅賜電示。

擬辦：

擬復：會談地點自以北平為最適當，應予堅持；如萬不得已，則改在張家口亦可。沽源縣長參加似亦無礙，請兄酌定可也。

批示：

如擬。

002-080200-00446-080

■ 1935 年 3 月 2 日

唐有壬電楊永泰關於對日政策職意由蔣中正作簡單切實公開表示可使日方明瞭中國領袖對中日關係之一致

24 3 2

南京（武昌郵轉來）

2350

漢口行營楊祕書長暢卿先生勛鑒：

前電計達。侑密。葛仲勛兄來京，膺公囑告壬以有野赴杭始末，膺公並已電陳蔣先生，諒荷察及。昨須磨亦來詢此事，壬告以蔣先生已一再對新聞記者表示，且汪先生宣言字句，事前曾與蔣先生、黃先生斟酌盡善，方行發表，無重疊之必要。而彼則謂「如得蔣先生再有所公開表示，較之對新聞記者之談話，其效力必更大，且此事有吉公使事前曾聞之黃委員長據以入告，現若取消，則報告等於虛偽，有吉頗覺為難」等語，壬答以當將來意轉陳。察其情形確係渴望，愚意如由蔣先生作簡單切實之表示，可使日方完全明瞭我國領袖之一致，於中日關係似亦有利無害。乞酌並乞便中轉陳為荷。

有壬叩。冬言印。

002-080200-00212-108

■ 1935 年 4 月 5 日

唐有壬函楊永泰稱中日間俟雙方能互信方能談到具體問題等

暢卿先生勛鑒：

敬啟者。別來益想贊勞，不勝遠念。爾來中日間空氣雖似和平，然實則雙方仍在互相睨視之中，彼則視我果能根本取締排日行動與否，我則視彼果能不作進一步之侵略與否。必俟雙方能互信，方足以談到具體問題，故此際貌緩和而內實緊張。我若稍懈，必為所乘，再來一反動，則真不可收拾矣。惟以愚觀察所及，黨國內外人士均以為中日之間已和好無事，外國敢於放心援助我而不虞日人之阻撓，我可儘量借助西方而不虞日人之搗亂。此種觀察，實大錯誤。蓋若彼方一旦認中日和緩，不過為我方一種取巧手段，以取得歐美之物質的援助，則必發生反動，此壬所為鰓鰓過慮者。故壬意，此時一切足以引起猜疑糾紛之事件，皆宜暫行擱置。俟兩方真有諒解時，方實地執行，則事事可以順利。否則處處受阻，欲速不達，其貽害有不堪設想者，故絕對不許樂觀而掉以輕心也。即如借款事，以壬所知，英方固甘隨時與日方接洽，即其向我說話，亦交之以東方形勢好轉為前提。壬知其用意所在，而日方則迄無公開的明白表示，惟有吉、須磨等口頭則謂：（一）不贊成共同借款；（二）不贊成幣制借款。故我方於借款之用途為何實為先決問題，其次乃可談到共同或單獨之形式問題。

愚見，單獨借款為英、美所不敢為（因缺乏保障力量
故），共同借款為日方所必然反對，否則亦必附以種種
政治的條件，如新銀圓時之滿、蒙除外等（現必變本加
厲），則不僅為我所不能忍受，即英、美亦未必樂此。
綜是以觀，前途殊遼遠無涯。若我過於樂觀，適以召日
人之嫉妒而已。語有之：「以大事小者，樂天者也；
以小事大者，畏天者也。樂天者保天下，畏天者保其
國。」今日我國其為畏天者矣，言之慨然。鈴木武官陞
任師團長，已纂代蔣先生具備景泰藍花瓶一對見贈，為
數無幾，已由外交部出帳。渠極表感激，另片道謝，乞
代陳。又李擇一君赴日，渠原索一萬五千元，行營曾給
五千元，膺白先生給三千元，壬又覆給三千元，共為一
萬一千元，當差四千元，歸國時恐須設法籌足，乞公使
中一為打算為禱，因壬實不支此也。一笑，敬頌旅綏。

晚唐有壬手啟。

譯發

四月五日下午十時核發

南京外交部唐次長有壬兄勛鑒：

侑密。丁性存抵渝，攜示手函敬悉。中日現在情形，兄
觀察最清。所顧慮者，尤中肯綮，益用傾佩。不審排
日、排貨之取締及教科書之改正，中央現已進行至何
程度？英使提議經濟援助，斡旋中、日之間，不啻媚日
求全，祇自顧其立場，未顧及中國之利益。我方迎拒兩
難，似宜格外注意應付，稍有不慎，恐將生意外，嚴重
之結果也。擇一旅費太甚，真令人為難。俟其歸國，當

再設法請益。請勿念。

弟永泰叩。○○。歌亥渝印

002-080103-00003-004-004a~015a

■ 1935 年 5 月 20 日

**楊杰熊斌電蔣中正據劉田甫報告日軍部謂中國
向英美洽航空等事日受威脅致使華北停戰協定
及其他懸案均未誠意履行現暫表對日親善而已
等語**

南京

9201

昆明委員長蔣鈞鑒：

夙密。據駐日武官劉田甫報告，略稱「日本對華政策，
須視軍、外兩部折衝結果。據外部意，認我有誠意同謀
共存，而軍部則謂我求統一，係謀對日復讐。向英、美
接洽航空借款等事，日受威脅，華北停戰協定及其他懸
案均未誠意履行。現軍閥、共匪未除，暫表對日親善而
已」等語。據此謹電奉聞。

職楊杰、熊斌叩。號貳從。

002-080200-00225-033-002a

■ 1935 年 5 月 21 日

楊杰熊斌電蔣中正日本駐華公使晉升大使事件日本陸軍以為中國對日親善不過利用廣田弘毅親善政策調整中日關係等語

南京

9232

昆明委員長蔣鈞鑒：

夙密。據報「關於日本駐華公使晉昇大使事件，日本陸軍方面以為中國政府之對日親善，不過利用廣田外相之對華親善政策，暫時調整中日關係，一俟對內工作告終，即將提出滿洲問題，採取抗日態度，力勸外務省停止使節之昇格，以免違反傳統政策；如外務省不尊重陸軍意見，則陸軍惟有以二重外交手段出之。此說以參謀本部支那課長喜多大佐為中心，曾由喜多於十一日代表陸軍向外務省傳達意旨，外務省當局則以業經閣議，並歷盡外交手續，萬難變更為詞」等語。謹陳。

職楊杰、熊斌叩。箇二機。

002-080200-00225-013-002a

■ 1935 年 5 月 30 日

吳鐵城電蔣中正據報西南政務委員會與日本互通以圖延長現狀及日軍挑撥西南妨害中國統一意圖等文電日報表

來電號次：1175

姓名或機關：吳鐵城

地址：上海

來電日期：卅

來電摘要：

據報，日軍閥近與西南互相聯絡，日益顯著，詳情如下：

（一）月前，日本駐在中國各地總領事在滬集會報告各地排日情形，以粵省為最惡劣，而土肥原則稱兩廣對日情形最佳。

（二）日陸軍省近派土橋大佐曾一度赴兩廣祕密商洽。

（三）西南為預防中央壓迫計，亟思通日圖存。近由陳中孚居間斡旋，陳濟棠業已下令定六月朔取消粵省一切排日運動。

（四）李宗仁日前對燕京大學司徒雷登、傅涇波二氏云：「南京政府現已截留桂省稅收，顯係以經濟封鎖桂省，謀壓迫西南，結果勢必引起外交反響。」其意暗指中央如有事於西南，日人亦必有事於華北，西南固以通日為圖延長現狀，日則挑撥西南，妨害中國統一等語。謹聞。

擬辦：

擬覆悉。

批示：

閱。

002-080200-00452-079

■ 1935 年 6 月 1 日

孔祥熙電蔣中正稱華北形勢危急日密令大批軍隊進關一勾結閻錫山一聯絡白崇禧煽惑韓復榘獨立達分化我國家目的

24 6 1

上海（有線）

980

特急。成都蔣委員長親鑒：

機要。浚密。華北形勢異常危急，日人已密令大批軍隊進關，預定真日集中，以便有所動作，此種醞釀已非一日，而我方內情複雜，不善應付，已促其成。又據弟所得可靠消息，日方現有人一面謀勾結閻錫山，一面聯絡白崇禧，對閻則謂白已同意，對白則謂閻已同意，並擬在京自向領事館拋擲炸彈，誣為我方主使，藉口保護日僑，派艦進占南京，同時謀煽惑韓復榘獨立，以達其分化我整個國家之目的。此種局面似非精衛及弟等所能應付，膺白意最好我兄能在最近數日內抽暇速來京一行，以便商決大計，共謀應付。特

電馳聞，翹候電示。

弟熙叩。東午滬寓印。

002-080103-00003-004-030a～031a

■ 1935 年 6 月 4 日

蔣中正電孔祥熙稱冀津問題日方所要求皆可盡量採納立予解決暫謀緩和等

譯發

廿四年六月四日擬稿

四日下午十一時核發

特急。上海孔部長庸之兄勛鑒：

東午滬寓及冬滬處電均悉。0253 密。冀津問題日方所要求者可盡量採納，立予解決，暫謀緩和，已迭電精衛迅速處置。弟一時不能離川，蓋此間一切正亟待部署也。

弟中正。歌丑秘蓉。

002-080103-00003-004-032a

■ 1935 年 6 月 4 日

顏惠慶電蔣中正稱華北情形自應由當局交涉無須鈞座責任

24 6 4

莫斯科（有線）

1196

成都委員長蔣：

〇密。華北情形危急，責任所在，自應由當局進行交
涉，無須鈞座挺身負重。觀察所及，謹布區區。

惠。支印。

譯發

廿四年六月八日擬稿

八日下午五時核發

莫斯科顏大使：

32132 密。支電悉。華北糾紛已由當局負責進行交涉，
兄在外觀察所得甚為欽佩，仍盼隨時詳示。

中正。齊。

002-080103-00003-004-034a~035a

■　1935 年 6 月 6 日

何應欽電蔣中正汪兆銘稱華北勢力應付之方應
先整理華北內部派與日方親近人物主持取消黨
部及政府之表面工作等

24 6 6

北平（有線）

1269

特急。成都委員長蔣。倪密；南京院長汪鈞鑒：

極密。職奉命北來兩年有餘，就日方種種行動觀察而加
以判斷，覺有可供參考者，謹為鈞座陳之：（甲）日本
之國策在統制中國，使中國為其保護國，其步驟：（1）

排除所謂蔣、張及國民黨在華北之勢力，近日所作者，
不過工作開始之初步。（2）經營察省及內蒙。（3）使
黃河以北均入其掌握。（4）即以在華北既得之地位，
驅逐英、美在長江流域之勢力。此時期為中國最嚴重之
時期，日本與英、美是否作正面衝突，亦即在此時也。
（乙）我方應付之方針：吾人認識日本國策之後，當自
動先行整理華北內部，對河北、察哈爾兩省應多派與日
方稍為接近之幹練人物主持，所有黨部、政府各方面之
表面工作一概自行取消，切實從改造省之庶政著手，以
免貽人口實，一面表示我無對抗意思，只求自己整理內
政，使華北不致再生重大事變。是否有當，伏候鈞裁。

　　　　　　　　　　　　　　　　職應欽。魚申行秘印。

譯發

廿四年六月九日擬稿

九日下午七時核發

特急。北平居仁堂何部長：

魚秘行申電悉。倪密。所見甚佩。先行整理華北內部，
取消黨部及政府之表面工作，埋頭苦幹，而從改造省之
庶政著手，尤為名論。惟冀、察兩省應多派略與日方接
近之幹練人物主持，為最難安排適當，尚盼就近考查，
隨時獻議為幸。

　　　　　　　　　　　　　　　　　　中正。□密蓉。

002-080103-00003-004-058a~060a

■ 1935 年 6 月 7 日

唐有壬電楊永泰陳述日方藉口白胡事件滋事並附須磨總領事交談紀錄

暢卿先生道鑒：

敬啟者。日方內部因外務省與軍部爭取對華外交權，軍部藉口於白、胡暗殺事件造成恐怖局面，使有吉來以前無所措手。且中、日萬一啟釁，岡田內閣必倒，而少壯派可利用戰時空氣以搶取政權，而東京方面則與其使軍人凶燄向內發展，而致演成革命局面，毋寧使其向外發展，而我國遂首當其衝矣。津、平兩處，日軍之無理取鬧，真使人目眥欲裂。然彼既意在挑釁，斷非空言理論所可折服，此又甚明。日來何敬之部長之痛苦，固無待想像也。六日上午，駐京武官雨宮來訪，言磯谷昨夜過京，謂對中央軍撤退事仍無一字提及。壬當正色告之謂：京中始終未聞此語，作是言者，如不認華北為中國之領土則已，否則適見其為無常識，余對此語不能置答，且亦無人能置答云云。渠無言而告。昨日上午須磨總領事復來談甚久，茲錄記如下，因其中關鍵頗大故也。

須磨：今日予不以外交官資格奉訪，而以友人或第三者之資格對於華北事，對閣下有所開陳。華北問題為《塘沽協定》所遺留之問題，屬於軍事的範圍，故外務省不便過問。但目下情形極為惡劣，希望貴國有以善交之。

有壬：甚謝盛意。但中日關係為整個的中國及日本國間

之問題，並非南京與東京間之問題，更非汪院
長與廣田外相間之問題。華北發生任何事故，
乃至不奉中央命令之兩廣發生任何事故，南京
中央仍然負責。日後關東軍、駐屯軍等之舉動，
東京亦應負責。否則南京、東京之間日見好轉，
而北方愈鬧愈糟，豈非滑稽之至？六日北方情
形之危急，余熟知之，但我方已竭盡和平之能
力，奈何！

須磨：尊論誠然。惟軍人本以侵略為職業，在東京惟有
　　　日圖事件之不至擴大，日後亦希望貴國能不予以
　　　口實也。

有壬：于學忠他調矣，市黨部遷移矣，憲兵第三團長、
　　　團副皆等於免職矣，對於本可不負責任之白胡
　　　暗殺事件，我方已可謂讓無可讓矣。當有何口
　　　實可遺耶？

須磨：（默然一會）現存口實，即中央軍問題也。

有壬：余以為此種要求，太不合理。第一，請將機關與
　　　人事分開，譬如余唐有壬犯有某項罪過而免職，
　　　則免職者只外交次長而已，並非將外交部取消
　　　也。藉令暗殺事件與將團一、二人有關，至當
　　　不過此一、二人負法律上之責任而已，何至並
　　　中央軍而去之耶！第二，藉口現駐軍與關東軍
　　　過去曾發生惡感，不易和交，此只限於某某師
　　　或某某旅、某某團而已，何至於稱中央軍，豈
　　　關東軍以中央軍乃至一切中國軍皆其敵人，而

必欲去之耶！

須磨：（默然甚久，始答口）並無如此觀察之意。

有壬：然則關東軍對於華北，究欲其代日軍有何事可做，請明以告我何如？

須磨：例如撤退黨部、撤退某某軍、某某機關等即是。

有壬：此語不然。即令我方將一切官吏、軍隊節節撤退，乃至一切人民盡以遷離，然於關東軍何益乎？關東軍所求者，豈此一片空土耶？貴國非一再聲明無領土之野心乎？此一片空土，對於貴國究有何用？

須磨：日方所欲者，不過經濟的供給等等而已。可否由何委員長與日軍當局一談乎？

有壬：既非軍事問題，雙方當然應由外交當局談，不願由軍人譚〔談〕之。

須磨：然則中央軍終無意撤退乎？

有壬：然。

須磨：可否暫時退開，以免衝突，何如？

有壬：此屬於軍事範圍。

須磨：願閣下重視此事。熱河之事，前車可鑒。

有壬：熱河之事與之不同。熱河事承九一八以後雙方皆在劍拔弩張狀態之中，而今則有廣田外相之和平演說，雙方交換大使之後，當然不能一律看待也。

須磨：余極憂慮，且甚望閣下能諒解廣田外相之苦境，希望貴國當局以大政治家之態度，毅然防患於

未然。

有壬：甚謝關心，但我方更希望貴國再看透一層。蓋如
貴國欲乘我之危，則我方如共黨之騷擾，農村
之破產，金融之恐慌等等皆足為可乘之機，請
儘量乘之。如既以王道為言，親善為言，則能
於危急之時放鬆一點，則我國民之認識亦事半
功倍也。

須磨：願閣下弗過執理論。

有壬：余言或有過激之處，請不介意。

以上為談話情形，度須磨必係受雨宮之託而來者，但
事實仍係事實，壬曾面折其無理，然我方終不能不設
法了結。今晨汪先生致蔣先生之電，即欲一面了事，
一面守理，較之無可收拾為善也。國弱民貧，言之慨
然。壬奉職無狀，今日之事，豈僅左轂之鳴？壬俟事
平後，決當引去，以免貽誤國事耳。滿腹蓬勃，寫供
同慨。蕭頌政綏。

職唐有壬手啟。六月八日。

002-080103-00003-004-016a~025a

■ 1935 年 6 月 7 日

蕭振瀛電蔣中正稱我方一再求全者交涉應有最低限度非但廿五師不能南調且抽調勁旅進駐保定以資鎮懾

24 6 8

北平

1501

成都委員長蔣：

〇密。平津外交嚴重以來，我方一再求全者無微不至，何部長肆應一切，尤極艱苦。瀛默審敵情國勢，固應忍小忿以全大謀。然而磯谷談話無饜，敵壑終無止境，且彼所必爭者絕不因我之小惠而中止，彼所不爭者或因我之堅執而不為。在此交涉期間，似應有最低限度之預備。瀛意以為不但廿五師不能南調，並宜抽調勁旅一、二師進駐保定一帶，以資鎮懾。縱至決裂，平津使僑林立，彼雖狂暴，顧慮亦多，大部來侵，則我挾焦土政策以相抗；小部恫嚇，則我之實力不難制止。若待剝膚見骨，然後圖之，大事既去，恐已無從措手。總之，敵方節節進迫，絕非局部問題，其根本方策非澈底將我國淪於彼國保護之下不可。務請鈞座毅然主持，力爭先著，以伐敵謀，藉維國體。一愚所及，不敢不罄，伏祈鈞裁。

蕭振瀛叩。陽印。

擬覆：

既事勢至此，平津已決隱忍，則察東方面亦應設法緩
和。希切囑明軒兄負責運用，並就近商承何部長妥為應
付為要。

002-080103-00003-004-078a~080a

■ 1935 年 6 月 7 日
吳鐵城電蔣中正美聯社新聞電稱美英政府對日本若軍事侵占華北則可能採取嚴重警告等態度

24 6 8

上海

1414

限即到。

成都蔣委員長：

○密。六日，華盛頓美聯社新聞電稱：「美國務院今日
深切注意冀北緊張局面之發展，並明白表示其深切之憂
慮。雖然對於日本如果占領北平、天津後，美國應持之
態度尚未決定，但以各種情勢觀之，美國必提出最嚴重
之抗議無疑，眾信不祇單獨美國一國有所舉動，即英國
亦將與美國取同一態度，共同向日本提出嚴重抗議也。
美國政府中、高級官員竭力避免表示態度，但祇謂華北
情勢將立即嚴重化。據軍事機關傳出消息，謂日本在天
津不斷的增兵及調動軍隊，已置天津方面之美國駐軍及
北平使館區域中之美國衛兵於無能為力之地步。加以日
本自進兵於非武裝區域以來，益增情勢之混亂，陸軍部

長佟恩今日將召開會議籌謀對付。華北如果陷於嚴重之
計畫，羅斯福總統尚未作任何正式之表示，但極主張採
用斷然有效舉動，以防事態之擴大」等語。謹聞。

　　　　　　　　　　　　　鐵城叩。陽亥印。

002-080200-00228-075-002a~003a

■ 1935 年 6 月 8 日
萬福麟等電蔣中正稱華北情勢緊迫中央力謀委曲求全宜有妥善決定方略由何應欽臨事便於處置

24 6 8

北平

1370

特急。成都委員長蔣、南京鐵道部一號官邸院長汪：
〇密。極密。華北外交情勢緊迫，何代委員長身當艱
難，不避勞怨，稟承中央意旨，力謀委曲求全，所有
詳情，均在洞鑒。惟是日方要求迫難壓止，我雖隱忍
退讓，彼仍得寸進尺。日來迭據各方情報，仍有將採斷
然處置之言。此種危詞或屬意存恫嚇，但其希求無壓確
已昭然若揭。平津接近戰區，已成國防第一線，萬一彼
竟悍然不顧，出以軍事行動，則變起倉促，千里傳命萬
難動合機宜。當此艱危之期，實國家整個命運所關，中
央權衡利害，必有妥善籌維，尚乞決定方略，對何代委

員長預示機宜，俾得臨事便於處置。福麟等非敢越分進
言，祗以情勢迫切，心所謂危，不敢不貢其愚昧。是否
有當，敬乞裁奪。

萬福麟、王樹常、榮臻、胡毓坤、戢翼翹、魏宗瀚、
秦德純、蕭振瀛、劉翼飛、門致中、鮑毓麟、鮑文越
〔樾〕叩。庚戌印。

譯發

廿四年六月十日上午十二時核發

急。北平軍分會萬、王、榮、胡、戢、魏、秦、蕭、鮑、
劉、門、鮑諸委員勛鑒：

庚戌電誦悉。青密。華北情勢緊迫，焦念實深。凡可隱
忍讓步者，皆應爽直讓步，以謀緩和；凡不能讓步者，
則力予堅持，盡力設法打消，並為萬一之準備。已電何
代委員長一切就地主持，相機處置矣。盼兄等盡力匡
扶，同心協助為幸。

中正。灰未秘蓉。

002-080103-00003-004-072a~074a

■ 1935 年 6 月 9 日

**陳儀電蔣中正陳述華北問題各項情報並請忍辱
負重排除萬難速決速行**

24 6 9

福州

1442

特急。成都委員長蔣：

〇密。關於華北之事根據各種情報，謹陳愚見如下：

（一）西南方面曾派人向日本軍部陳說如西南得握全國政權，必一反鈞座所為，首先承認滿洲國。並告以鈞座處當今之地位，必不能承認滿洲國，因鈞座對於此事已無法迴旋，若一言承認，必立召全國之反對。日軍部少壯派深為此言所動，故有要求我承認滿洲國之表示。（二）日軍部對於鈞座之一言一動異常注意，即黃浦〔埔〕學生中亦實有為彼作間諜者，彼已搜集鈞座之訓詞條教，以為判斷鈞座心理之依據。（三）華北問題猝發之近因，大半由於日軍部少壯派憤外務省不採納軍部意見所激成。現在日本對我外交重心完全操在軍部之手，如我國對日交涉仍純以外務省為對手，終必歸於失敗，或更蒙重大之損失。（四）現在事機已甚急迫，若鈞座不直接出面對於中日提攜問題表明態度，必致問題逐漸擴大，且益難解決。鈞座為維持國脈、復興民族計，此時只得忍辱負重，排除萬難，不顧一切，單刀直入，速決速行。詞拙心危，當否？伏乞採擇。

職陳儀。佳印。

002-080103-00003-004-076a～077a

■ 1935 年 6 月 9 日
李杜電蔣中正陳請東四省可待機收復華北決保持廣田聲明重視東北義軍嚴密組織予以接濟等

24 6

上海

1732

成都委員長蔣鈞鑒：

義密。竊以國難重重，寇患日深，鈞座受先總理付託之重，人民受戴之殷，扶危戡亂，忍辱求全，無非求最感奮後勝利，凡有血氣，同深感奮第。日人謀我日亟，二重外交互相進攻，卻之不可，以暫與之，不以為足，抗戰固難必勝，和讓終無止境。彼不許我喘息少定，我將難以最後掙扎，得寸進尺，近更顯然，華北問題，藉懲何甚。杜自愧庸疏，莫補時艱，午夜惶懼，不禁欲言，謹貢芻蕘，惟乞鑒察：（1）保持華北：四省淪陷，屏藩已撤，關隘要塞，敵與我共，予取予求，莫能遏制，由華北而華中而華南，我將何以自存？愚昧之見，四省尚可待機收復，華北毅然決然保持。廣田聲明華北事件乃軍部行動，遂我宜祕密授意地方起而與抗，亦聲明以地方行動。日人對我軟硬並用，我亦以軟硬應付之，庶幾中央與之折衝綽有餘裕。不得已全國動員，戰而亡勝於不戰而亡。況天津有各國租界地，北平乃各國使館駐在區，當不難引起國際間之同情，否則久戰之禍必無止境矣。（一）言論公開：國以民為本，民以氣而存。當

國家垂危之時，人民討論救亡圖存之言論，可以公開作
政府之後盾。長此民氣消沉，實非國家社會之福，此非
一人、一事、一時之關係。荷、暹侮我，豈非由於民氣
之不振？國可欺，民不可侮，效尤之漸，實為可畏，應
使人民言論得有體系之自由。（一）〔二〕重視義軍：
九一八後，各地義軍風行，與仇寇抗，使敵顧此失彼，
疲於奔命。哈爾濱之戰致偽國組織延緩三月，東北義軍
退出，敵始驅兵西犯，侵我熱河，義軍非不可恃也。東
北民眾受敵蹂躪迄已三年，無日不盼中央出兵出之水
火，以各縣城市雖為敵據，而四鄉皆我義軍勢力，因械
彈不足、指揮欠整，時常予敵以重大打擊。若能嚴密組
織，予以接濟，授以機宜，在內地訓練幹部人材，使之
出關參加工作，目前使之擾亂，將來可以策應。且東北
健兒深得天時、地利、人和，殺敵致果皆有效死之心，
應請重視，有以慰藉之。謹電奉陳，伏乞垂鑒。

職李杜叩。佳印。

002-080103-00003-004-084a~087a

■ 1935 年 6 月 13 日

**顏惠慶電蔣中正稱我當局對華北交涉諱莫如深
甘於屈服致對外人員尤感痛苦**

24 6 13

Moscow（莫斯科）

1786

重慶蔣委員長：

○。華北交涉一敗塗地，固由於日本軍人無理取鬧，而在我兩年以來舉棋不定及發動後應付無方，同尸其咎。至國際方面所受影響，此次日本施其故技，顛倒黑白，盡量宣傳，而我當局則諱莫如深，似甘屈服。各國朝野莫明真相，反增輕視，絕少同情，黨國尊嚴，大為遜色，駐外同人，尤感痛苦。如此局面任其延長，前途不堪設想。愚昧所及，披瀝瀆陳。

惠慶叩。元。

譯發

廿四年六月十六日擬稿

十六日下午七時核發

莫斯科顏大使：

32132 密。元電悉。日本此次壓迫，各國縱予同情，能否兼顧遠東？既發動後應如何應付，兄等駐外同人是否確有所見？盼明示。

中正。銑。

（注意：委員長名字應一併翻成密碼。）

002-080103-00003-004-037a~038a

■ 1935 年 6 月 15 日

蔣中正電汪兆銘何應欽對日運用應著重外交而對其軍人亦應設法旋轉

最急。限二小時到南京鐵道部官舍一號。

汪院長尊鑒。渙。並轉敬之兄：

敬兄回京後，對日運用應著重於外交方面，而對其軍人亦應設法旋轉，與其體面，勿使其更鬧羞成怒，否則彼少壯派絕不肯如此罷休。至應如何與其體面，則請在京、滬與東京同時設法運用。只要其有理可說，則弟亦不惜與彼方負責者相見也。至對內，則以河北主席人選與塘防部隊之斟酌亦應早決。務望從速著手為禱。

中正。刪亥機蓉。

002-020200-00025-039

■ 1935 年 6 月 15 日

張羣電楊永泰稱華北局事年來苦心流水應從簡單組織入手用人行政以期收效等

24 6 15

武昌

2907

急。成都楊祕書長暢卿兄勛鑒：

和密。頃接汪先生來電謂：「華北事因胡白暗殺案為日方軍部所藉口，演成巨變，兩三年來苦心斡旋都歸泡

影，痛心已極。此事積久，非電報所能詳。敬之刪日到京，詢弟能否撥冗赴京，當復一電文曰：『猥蒙電召，理應遵往，惟因松本忠雄今日到漢，已約定明日來訪，且定設宴招待，勢非有二、三日之周旋，未克即為首途，曷勝悚惕。』前日與百武談話情形，已電膺白兄囑告有壬兄轉陳，諒荷睿察。華北局勢一壞至此，致令鈞座年來苦心均付流水，仰惟謨算，痛嘆同深。所以演斯巨變，固由日人得寸進尺，亦因華北組織複雜，機體分歧，不能通力合作、一貫應付所致。此種事實，殆為人所公認。敬之兄年來苦心應付，勞瘁不辭，撙俎折衝，時多匡救，現在改善之道似應從組織簡單、機體合作入手。敬之兄鎖鑰北門，諸賴鎮懾，似應畀以全權，俾能主持一切。其機關之可撤銷者撤銷之，或即令其兼任，以趨簡單，所有用人行政亦本此原則，以為支配，以期合作，而收一貫應付之效。敬陳愚見，未悉有當於鈞意否？伏祈裁酌是幸」等語。如汪先生再電催促，似不能不往，故預備二、三日後赴京一行，祈轉陳並希有所指示為荷。

弟羣叩。刪印。

002-080103-00003-004-050a~051a

■ 1935 年 6 月 15 日

吳醒亞電蔣中正轉呈蔣百里文謂日本政友會將聯合少壯派軍人冀取得政權我外交宜轉守為攻為先發制人之計

24 6 15

上海

1837

急。成都蔣委員長：

〇密。蔣百里先生交下轉呈之電如下：「大痛初定，殷憂方興。機務鞅掌，誠不願危言以傷焦旰之心；事實所在，更不敢沉默以蹈前車之禍。前言四派相持，各懷姤意，今陸軍派既得其所欲而去，則外交派必懷其所冀而來，連日空氣已見其緒。竊料外交之來，其範圍必極大，其勢必較緩，而禍機將發於今年冬季。蓋陸軍合理派欲以和平手段革經濟之命，內閣中人多口雜，此必不可成之事也。而政友會此次拒絕加入審議會，其野心已伏於今冬之會。向例明年議員改選，則今年議員之態度必強硬，而內閣進行破壞。政友會工作極順利，此輩走頭無路，與九一八上半年之形勢相同，必將聯合少壯派軍人，冀有突發之變，使取得政權。政友會地方勢力，故與農民接近較易。又據海軍中人言，至明年夏季即英、美聯合，亦所不懼；而明年以後最怕者為空軍競爭，則海軍派到今冬、明春亦有加入之可能性，而合理派、外交派又將諉其不成績之口實於中國而難作矣。竊

謂外交係一種政治作戰，其原則與兵略相同。今國際形
勢既散漫如彼，日本必不能坐待包圍形勢之成，而我實
處於重圍之中，則惟有轉守為攻，為先發制人之計，乘
此時外交派之具體案未成，陸軍派之慾望稍滿之時，以
最後之決心為妥協之運動，事機或有可為，萬不能援開
門揖盜前例，成得過且過之遷延。再承厚愛，敢貢其
狂」等語，特代轉呈。

職吳醒亞呈。刪印。

002-080103-00003-004-093a~095a

■ 1935 年 6 月 16 日

張羣電楊永泰稱日方欲探委座態度及鄭州領館 問題且疑委座疑別有隱衷益致詰難等

24 6 16

武昌

2897

限即到。成都楊祕書長暢卿兄勛鑒：

和密。張主任轉到委座刪亥機蓉電奉悉。刪電諒荷轉
陳。據有壬電，松本來漢一為探詢委座真實態度，二為
商定回復鄭州領館之事。此間日領事前曾來約定訪問及
宴敘時間，故二、三日內實難離去，委座如有指示或諮
詢之點，可否電示？華北事件結束，問題至極困難，一
般形勢亦極緊張，京、蓉間電文往還殊費周折；且在日
方觀察，值此重大問題發生，委座猶且偏處西陲，不肯

明白表示負責態度，遂疑別有隱衷，益致詰難。彼方正積極運用手腕南北夾攻，中央決策動繫安危。弟意委座此時宜即撥冗蒞京商定大計，用謀挽救。是否可行，尚祈速陳復示。

弟羣叩。銑巳印。

002-080103-00003-004-047a~048a

■ 1935 年 6 月 16 日

袁良電蔣中正稱據日人告知酒井等任意更改覺書將中央軍隊撤離平津改為河北停止黨部活動改為解散已遭東京方面制止並建議為今之計應從速決定河北省主席人選及中日互派大使力謀恢復外交常軌

24 6 16

北平

2140

成都蔣委員長：

元亥電計呈覽。○密。昨據可靠日人密告：「此次河北問題，東京方面原就酒井等條件原案加以刪正，大旨以軍分會職權內所可處理者作為條件，餘則陳述希望，乃酒井等得步進步，任意更改，例如原希望中央軍隊撤離平津，彼竟將平津改為河北，停止黨部活動改為解散。至於覺書備忘錄亦屬節外生枝，更有於華北造成第三政權之意。今東京方面因酒井等擅改中央意思，已嚴訓關

東軍及駐屯軍制止軍隊前進，故目前已可無他虞。惟酒井等心有不甘，仍在作第二、三步之策劃」等語。又本月十二日，《大阪朝日新聞》譯載倫敦《泰晤士報》社論痛斥日本軍閥干涉外交，謂廣田之聲明因軍部之行動而取消；同日《大阪每日新聞》則譯載英國其他報紙袒日之言論，由此可見日本軍部與外交意見之衝突。惟軍部野心未遂，此後必以樹立華北新政權為第二步計畫，而為虎作倀者固大有人在，情勢實至可憂慮。為今之計，似以從速決定河北省政府主席人選，使負折衝之責，俾杜覬覦。至外交手續在中、日互派大使，以後自應力謀恢復常軌，不可再使日軍利用地方權力，實行其分割外交，似為今後要圖。管見所及，謹併供採擇。

袁良叩。銑午印。

譯發
廿四年六月廿二日擬稿
廿二日下午三時核發
北平袁市長勛鑒：
銑午電悉。○密。所見甚佩。

中正。養秘蓉。

002-080103-00003-004-136a～138a

■ 1935 年 6 月 17 日

沈鴻烈電蔣中正密報日本外交政策中日滿之提攜相機漸進加強對華商業如中國採遠交近攻日本應斷然排除對南京政府使其與日本接近解決懸案華北及西北地方加以攏絡藉收漁利

24 6 18

青島

2567

成都蔣委員長：

〇密。銑申電敬悉。鈞座勞心國事，不棄葑菲，謙光下被，感激涕零。茲查日本外交向分激烈、平和兩派，想在鈞鑒。職於前月購得日本外務陸、海幹部於去年年底所定對支政策之祕密件一通，本擬於鈞座月底回贛時遞呈，以免中途遺失，其中大旨有四：「（一）以日本為中心，實行中、日、滿之提攜。但求效太速恐招反感，應相機漸進。（二）以擴張對華商權為要義，利用南京或地方政府及中國實業領袖，藉立鞏固之基。（三）中國如採用遠交近攻方略，或偽為親日密圖報復，則日本應取積極行動斷然排除。（四）對南京政府應使其應付困難，陷於窮境，不得不與日本接近，以期解決懸案，擴張利權。至對華北及西北，雖希望立於南京範圍以外，但欲迅速實現須用鉅大力。此等地方當局可先攏絡引誘，於擴張權益之內，藉收漁人之利」等語，其對我方政府及地方之整個目標概可想見。此次平津事變，我

方、日本激烈派之陰謀者固多，而我國軍、政各方內容複雜，漢奸復勾結外人以自利，物腐蟲生，遂成此痛心之局。現表面雖告一段落，實則內外各方尚在醞釀之中。愚見所及，以為日本似尚無立即攫奪河北平、津主權之決心，最好請何部長即日北旋坐鎮，務期避免更動官吏，並嚴禁平、津文化機關並要人眷屬向外遷移，以免地方無主，人心動搖，藉維國家主權，而杜野心者之覬覦。至於整個外交，則中、日合作與否，日方似要求我政府有明確迅速之答覆，不容我方沉機觀變。如何應付，關係國本，鈞座總理萬幾，定有權衡。日前山東韓主席因參加國術市考來青，曾談及如何決定對外大計，應唯鈞座之命是從，而深以平津事件將沿及魯省為虞。近來青市日本浪人漸露頭角，時有流言，除本不亢不卑之精神，仰體鈞旨，竭誠應付，以期稍紓麈系。謹此呈復，伏乞垂鑒。

職沈鴻烈叩。篠印。

002-080103-00003-004-175a~177a

■ 1935 年 6 月 17 日

熊式輝電蔣中正力言對日外交應採斷然手段事前不能猶豫事後切忌動搖

24 6 18

南昌

1947

即到。成都委員長蔣：

○密。對日外交消極，本欲免事，結果事未免而益多，遷延愈久，間隙愈生，因此國內投機者更利用為造亂之資，而亂無已時。竊以為今日情勢，內亂為外患之果，外患為內亂之因，理應採取革命斷然的手段解決外交問題，國內或可望在人諒解之下求得安定一面。深沉潛默，忍辱負重，本畏天主義，以小事大，事前不能猶豫，事後切忌動搖，拋棄為國防之努力，轉用其人力、財力於教育及民眾之組織與訓練，但求中國之政治與經濟能有整理之徐瞬，完成一個國家之雛形，使日本之恐惶與妒嫉心亦以稍減，實上策！否則我雖勾踐，人非夫差，在日本解剖分析之下，寧容中國之臥薪嘗膽耶？中、日之事非消極所可避免，必積極以求展開。如與一戰，玉碎亦佳。不然勾踐無事吳之功，豈有沼吳之力，是自殺耳。當斷不斷，反受其亂，惟鈞座諒察而速圖之。悲慟陳詞，乞恕謬妄。

　　　　　　　　　　　　熊式輝。洽亥印。

譯發

廿四年六月十九日擬稿

急。南昌熊主席：

洽亥電悉。0873 密。所見甚佩，事勢所迫，事前誠不容猶豫，事後亦不容動搖矣。惟如何運用乃能轉變僵局，打開難關？兄有所見，尚盼電告。

　　　　　　　　　　　　中正。效亥秘蓉。

■ 1935 年 6 月 17 日

張羣電楊永泰據唐有壬電謂對日外交須先定國是且負責實行如僅在用人上著想則徒增犧牲而已文電日報表

來電號次：2898

姓名或機關：張羣

地址：武昌

來電日期：篠

來電摘要：

頃復有壬兄一電文曰：「昨與松本晤談，對汪先生之質疑極力解釋，並表示『日本對華外交方針，今昔方式雖稍不同，而精神自與原來仍屬一貫。我方對日軍人方面如能妥善應付，則外交仍易入於和平正軌。對高橋所提覺書，認為個人行動，不難解決』云云。所談甚為漂亮，而事實未必盡然。關於回復鄭州領館事，渠決交此間日總領酌定時期，弟允查明鄭州情形再告。渠定明日赴湘，號日返漢，馬日北上。又據言京中有命弟赴日之議。現在對日外交，重在先定國是，並負責實行，如僅以人應付，縱有蘇、張之才辯，絳、檜之請盟，昭君、文成之絕色，亦無濟於事。即李鴻章奉召議和，亦先電清廷請定國是。現在全國意態紛歧，枝節橫生，如僅在用人上著想，而不從辦法上打算，縱再犧牲數人，復何裨益？以兄等之賢明，當不至此也。來日大難，敢安緘默，尚祈垂察」等語，特電祈轉陳參考。

擬辦：

（此係致職電。）

擬併復已轉陳。

批示：

如擬。

002-080200-00453-122

■ 1935 年 6 月 18 日

韓復榘電蔣中正稱對日外交無澈底決定謠諑紛起須羣策羣力方可禦侮

24 6 18

濟南

2038

即到。成都委員長蔣鈞鑒：

〇密。銑申電奉悉。國勢凌夷，外侮嚴重，凡有血氣，孰不痛憤！仰蒙下問，苟有所見，義當無隱。吾國以黨治國，黨綱、黨義採列國之精華，應本國之需要，質之世界，亦當同聲胥服。惟黨員分子過於複雜，兼以執行不善，動拂輿情。此次河北黨部之結束，雖出於日人干涉，而無知民眾則似有大多數表示同情，輸積憤之餘，急不暇擇，其情亦似有可憫。弱國無外交，人所共知。值此強鄰壓境，實力既不足以抵禦，只有動之以真誠，尚可勉望其諒解。年來對日外交，似尚無澈底決定當其衝者。惟有因時、因事相機應付彼方以有親善之空言，

無親善之決意，是以達其素定之主張。近者謠諑紛起，有謂組織「華北國」，有謂利用親日團體。謂其虛，則言者鑿鑿有據；謂其實，則至今尚未發見。此種謠言雖不可深信，亦不可不信。然既無實事可徵，當此瞬息萬變之時，焉敢遽加斷定？復榘追隨鈞座歷有年所，天高地厚、刻骨銘心。鈞座意旨如何？誓當終始依歸，赴湯蹈火，不改初衷，耿耿愚誠，天日可質。仰荷推心置腹，用敢披肝瀝膽，據實直陳國事，艱危至今，而極欲求挽救之方，似惟團結可收速效。如使全國知識分子得聚一堂，不獨可以收拾人心，而群策群力，必可為禦侮之助。鈞座高瞻遠矚，當毋待復榘之贅瀆也。臨電瞻依，伏乞垂察。

職韓復榘叩。巧辰秘印。

譯發

廿四年六月廿日擬稿

廿日下午十時核發

急。濟南韓主席向方兄勛鑒：

巧辰秘電悉。4648密。指陳各節，動中機宜，良勘佩慰。對日外交應有決心，尤為一語破的。年來以方針雖定，而內部步調未能齊一，致枝節橫生，至可慨歎。今後運用進行，卓見所及，當盼隨時電告。

中正。馬秘蓉。

002-080103-00003-004-124a~127a

■ 1935 年 6 月 21 日

外交部總務司電蔣中正據蔣作賓電稱呈遞國書並與日本天皇談及華北事件中日貿易及經濟提攜等及蔣中正復電知悉

24 6 21

京

2616

成都委員長蔣鈞鑒：

伎密。頃據駐日蔣大使電稱：「今日覲見日皇，呈遞國書，頌詞、答詞讀畢後，日皇謂：『閣下被任為日本初任大使，余極歡迎。此次華北事件至為抱歉。蔣中正、汪兆銘兩閣下為中、日兩國親善之苦心，余極了解。余深信有蔣、汪兩閣下在貴國執政，必能達到中、日親善之目的，請將余意轉達。』賓答：『蔣、汪兩閣下認為中、日有親善之必要，余深信其必努力，以全達到目的，當謹將尊意轉達，蔣、汪兩閣下必更欣悅也』云云。午餐後，日皇又談及中日貿易及經濟提攜、兩國平等貨物交換等。至覲見禮節另陳。再對於日皇所云各節，請勿在報紙發表。賓號」等語，謹電呈閱。

外交部總務司叩。箇印。

譯發

廿四年六月廿七日擬稿

廿七日下午三時核發

南京外交部總務司勛鑒：

箇、漾兩電均悉。

中正。銑。

002-080200-00233-020-002a~004a

■ 1935 年 6 月 21 日

何應欽電蔣中正稱對日問題決非拖延所能解決 當與日軍部直接折衝以謀中日國交好轉

24 6 21

南京（有線）

2264

成都委員長蔣：

倪密。極秘。對日問題，絕非拖延時日所能解決，日人亦不容我拖延。本年一月內中央所定對日方案，就職所知，即無一事認真實行。日人深悉此種內容，故對我著著進逼，絲毫不肯放鬆。職意目前應付日本之道，不外戰、和兩途。戰既有所不能，和亦當有根本辦法。否則今日甲省一交涉，明日乙省一交涉，不旋踵間，華北門戶必將為東北之續矣。日本政權操諸少壯軍人之手，我若決定根本辦法，即當與日軍部為直接之折衝，開誠布公，以謀中、日國交之好轉。所謂忍辱負重，臥薪嘗膽，必須具絕大之決心與毅力，方能獲相當之效果，有相當之價值也。職近在北方兩年，內審國情，外察環境，頗覺對日問題非遇事敷衍、臨時應付所能濟事。用敢直陳其感，維鈞座察之。

職應欽。馬申秘印。

擬覆：

卓見甚佩。年來國事之壞，皆因內部步調不齊一。每遇重要之政策，大率議而不決，或決而不能認真實行。凡主曲突徙薪者，皆目為無病呻吟，或責其過於遷就，而漠然視之。及至枝節橫生，事變已起，則焦頭爛額以赴之，遂益難收拾，實所痛心。現公洽、岳軍諸兄均已遵約赴京，希商函汪先生與各負責同志詳加討論，商定根本方針及運用途徑暨實行上切實有效之方法。中之所見，實與兄完全同感也。

002-080103-00003-004-061a~063a

■ 1935 年 6 月 22 日

張治中電蔣中正稱敵已凌逼日緊應毅然裁決密示各文武高級幹部準備一拼

24 6 22

京

2499

特急。成都委員長蔣鈞鑒：

〇密。自九一八以來，鈞座以臥薪嘗膽之精神，為雪恥救亡之準備，舉國共仰。乃近頃河北問題發生，各文武同志或主仍須容忍，或主不如一拼。竊以兩說皆各有利害，且諸多關聯，複雜重大，誠非可輕易下斷也。惟敵已凌逼日緊，似難在不進不退狀態中長此拖延。咸望鈞

座彙集各方意見，或當繼續忍痛，以待時機；或即準備
一拼，寧為玉石〔碎〕，毅然裁決，並以密示各文武高
級幹部，庶免意見不一，議論紛派，以致貽笑外人。蓋
凡為鈞座之忠實幹部者，自當犧牲而絕對服從領袖之意
旨也。且嘗聞有以鈞座直接領導之下，重要幹部步調不
一致，不僅力量不集中，甚至相抵消為病者。其故固在
缺欠團體素養與訓練，而如遇問題每不明鈞座意旨之所
在，遂不免各行其是，無所歸納，似亦一因也。國難已
急，冒罪直陳，敬乞垂察。

職張治中呈。養印。

002-080103-00003-004-152a~153a

■ 1935 年 6 月 22 日

**何成濬電楊永泰呈蔣中正請轉行政院將察事交
涉真相及中央不得已苦衷分電各地杜悠悠之口**

漢口
特急。成都楊祕書長暢卿兄勛鑒：
○。自宋明軒免職後，平津謠諑朋興，殘餘軍閥亟思利
用機會作張邦昌、劉豫，以樹立華北政權；各地外國報
紙復盡情挑撥，甚致〔至〕謂中央此舉是罷李綱以謝金
人。羅織中傷，情議可畏。西北軍舊團體尤憤憤不平，
咸高舉民族英雄旗幟，掀動波濤，陷中央於啼笑皆非之
苦境，兄處當有所聞。弟意明是非，保元氣，為今日立
國標本。中央此次免宋自係委曲求全，以保持二十九

軍，而為將來雪恥復仇之地，事先必已得宋同意。但長
此隱飾，則疑雲暗雨，徒予好事者以造亂之資料，損
傷委座令名不淺。可否由兄妥呈委座，轉電行政院，囑
其將察事交涉真相及中央迫不得已苦衷分電各地最高軍
民長官，飭令密向各界知識分子口頭解釋，用杜悠悠之
口，而委座一片救國赤心亦可因之大白。兄意如何？仍
乞裁度見示。

弟何成濬叩。養廳。

002-080103-00003-004-154a~155a

■ 1935 年 6 月 22 日

吳忠信電蔣中正稱日方繼續侵略遲延過久恐事態擴大該專責全國軍事及政治以挽回危機打開僵局

24 6 22

貴陽

2514

成都蔣委員長：

〇密。此次日方無理要挾，我方忍耐雖暫相安，但彼方
仍有繼續侵略之企圖。質言之，彼方為應付世界大戰，
直認中國為其後方倉庫，非達到鞏固充實之目的不可，
如遲延過久，固難渡過難關，且恐事態仍將擴大。鈞座
為全國託命，惟有積極負責集合全國軍事及政治之重
心，挽回危機，打開僵局。蓋對外有辦法，對內自易安

定；或對內有辦法，對外亦易和緩。管見所及，謹陳參
考，伏希裁酌為幸。

忠信叩。養辰印。

002-080103-00003-004-163a~164a

■ 1935 年 6 月 23 日

汪兆銘電蔣中正稱最高會議有人責備不可擅行作主然因情勢緊張不免倉促祈請暗中曉示諸同志

24 6 24

南京

2955

急。成都行轅楊祕書長暢卿先生勛鑒：

請親譯介兄賜鑒。漾辰祕電奉讀感甚。當此關頭，臨難
苟免，深以為恥。亦自入京以來，感兄見信，常思努力
追隨至最後之一息。惟弟所處之難，亦有不能殫述者。
例如最高會議，有人見責遇事均須取決於兄，不可擅行
作主，並謂如電報往返需時，可自備飛機往來成都，面
商進止等語。弟答以國家大計自當就商吾兄，惟商定以
後，亦當有負責之態度。飛機往來，其效力未必強於電
報，而徒示外人以事事請命，益啟其直接交涉之心。並
說明有時雖因情勢緊張，迫不及待，不得已而倉猝決
定，惟仍留待吾兄之改正。經此解答，終不釋然。總
之，非卸責即專擅，非專擅即卸責，無往非罪。諸同
志之悲失望，弟所深諒，亦所同情。惟疑團之蓄，令人

生畏。可否先就目前情形，決定應付原則如下：過去吾人曾因不戰而失遼寧，亦曾因戰而失熱河。領土一失，收回無期。《淞滬停戰協定》雖收回領土，而淞滬不得駐兵，政權已受限制。《塘沽協定》雖亦收回領土，而政權之受限制且有加甚。此次冀察事件，對方原欲藉端實行軍事占領，我方著著讓步，所失固多，而較之喪失領土猶為差。愈誠知對方得步進步，無有已時，然亦但能按照「盡力斡旋，可能忍耐，最後犧牲」三句話做去。危亡能否挽救，非能逆覩。以上原則若能決定，應如何暗中曉示諸同志之處？尚祈卓裁。

弟兆銘。漾申印。

譯發

廿四年六月廿七日擬稿

六月廿七日下午六時核發

特急。南京鐵道部官舍汪院長尊鑒：

漾申電敬悉。0739 密。兄所處之難不勝感喟，尤深同情。事態劇變至此，凡關大計，無論事先見商或緊急處置，弟均共同負責，暫亦不能盡人求諒。諸同志中之悲憤失態者，吾人亦祇將容忍之。應付目前情形所擬應行決定之原則，極表贊同，容即擬一手稿詳加論列，密致各同志剖說也。

弟中正叩。沁□秘蓉。

002-080103-00003-004-144a～147a

■ 1935 年 6 月 24 日

汪兆銘電蔣中正轉陳致王寵惠郭泰祺復電有關與日外務省周旋事等

24 6 24

南京（無線）

2575

成都蔣委員長賜鑒：

渙密。頃接亮疇、復初來電如下：「惠與日本當局談話言猶在耳，而日本軍人忽又自由行動，殊出意外。公之憂勞，尤為系念。頃來英與祺就所得各方密報再三商談，竊以現在我國地位不外抵抗、退讓兩途，抵抗則切實抵抗，退讓則公開退讓。若言抵抗，就目前國際情勢而論，除精神同情外，殊難望英、美之實力援助，我國須完全賴自身力量與日周旋。若能支持若干時日，當可望國際情勢轉變，且可激起國人同仇敵愾之心死中求生。若言退讓，以求將來之轉機，似應有退讓之辦法，如以關東軍甚或中校、少校等為對手方，而欲含混枝節，非正式了事，徒失我國主權與條約立場。不但我方終無了局，而各關係國亦無從應付此離奇之局面。故事至今日，似可提議開中、日兩國正式會議，談判兩國邦交根本問題。如日本拒絕開會，可使世界明瞭日本對我國之真心目的；如開會議而拒絕英、美等國參加，則其影響亦與拒絕開會大略相同，而或可激成僵局之轉變。區區愚見敬密陳以供參考，

並祈轉電介公為禱。寵惠、泰祺弟。」

復電如下：「倫敦郭大使並轉王亮疇先生同鑒：中、日
兩國正式公開談判，正為弟等所主張，但日方託詞拒
絕。蓋此次冀察事件乃陸軍大臣林銑十郎與關東軍南大
將、天津駐屯軍梅津中將在大連開聯合會議所決定，不
顧外務省在議會宣言方針，逕由參謀本部上奏天皇後即
見諸實行，外務省退處無權。廣田對蔣大使及有吉此次
來京呈遞國書時，均避免關於冀察事件之談話，故弟等
主張一時不易達到，惟此是正辦，終必努力以期其實
現。尊慮所及，尚祈繼續賜示為荷。再所謂中校、少校
等皆奉彼軍部命來見平軍分會，並非個人行動。其所藉
口則《塘沽停戰協定》本為兩方前敵軍人所簽字，故此
次欲推翻停戰協定重作軍事行動，亦仍由兩方軍人為之
云云。此間所以不將此等情形盡行披露者，仍欲留外務
省以周旋之餘地故也。兆銘敬謹聞。」

弟兆銘。敬未印。

002-080103-00003-004-169a~172a

■ 1935 年 6 月 25 日

楊杰電蔣中正與日本武官大城戶三治談中日關係內容並認為根本問題在滿洲及蔣中正復電知悉

24 6 26

南京（無線）

2649

特急。成都委員長蔣鈞鑒：

渝密。昨晨日武官少壯派中堅大城戶由天津、太原轉京，並到部作友誼拜訪，因與職有同班關係，故態度、言語均較鄭重直率，除當時即將接談情形面陳何、唐、朱三公外，茲撮其概要報告於下。職詢中、日兩國原有共存共榮關係，而日本則迭出難題，一味高壓，毋乃太甚，似非兩國之福。彼答原因究有兩點：（1）日本國策對象第一為蘇俄，其次則英、美，並非中國。惟在準備期間，對中國不能不先行處置，滿洲懸案即為常感不安全之結核，並深恐一旦日俄作戰，中國隨襲其後。（2）以日本現有力量，自信同時可以應付中、俄兩國，但將來戰爭期間必長，若支持過久，恐少勝算，故必須先達到中、日攻守同盟，或對中國有相當之處置，方能安心。職謂中國現正努力剿共，即是防俄，利害本屬相同。如有所商，盡可從長計議，何必一再採取壓迫手段？況中國國民向講氣節，似此徒傷感情，亦非辦法。彼答蔣委員長表面頗講親善，實則著著準備抵抗，且常

有小組織之威脅，為安全計，故無法商量。職謂中國酷
愛和平本為天性，且心在建國，急當加緊之時，亦何暇
仇日？而仇日抑又有何益處？以委員長之天聰英睿，能
毋明察嗎？經職婉述後，彼即深為諒解，但云其左右有
不主張親善的，仍是阻礙，並將根本問題全在滿洲一語
一再重述，敬乞鑒核。

職楊杰叩。有亥印。

譯發

廿四年六月廿八日擬稿

廿八日下午四時核發

南京參謀本部楊次長：

有亥電悉。

中正。儉秘蓉。

002-080200-00233-053-002a~005a

■ 1935 年 6 月 26 日

**吳鼎昌電楊永泰轉呈蔣中正說明日方持覺書要
求簽字視華北為特殊區域還望經濟提攜牽制強
硬派之急進**

24 6 26

天津

2941

成都楊祕書長：

枕密。呈委員長賜鑒。因天氣不佳，飛機沿途停留，昨

始抵津，謹先報告所見如下。現在情形：（一）日方對中央處理冀察辦法已實際滿慾，但仍爭持覺書之簽字，此乃野強要挾，不無轉圜之餘地。（二）日方目前無變更現狀、樹立偽政權之企圖，但已視華北為特殊區域，隨時可自由行動。（三）此後彼在華北將力圖經濟壟斷並干涉教育，同時關於全局必繼續向公要求表示態度。（四）華北民心、軍心俱甚不安，教育界驚慌尤甚。今後辦法：（甲）對華北：（一）閻、韓對日方早有諒解，韓尤接近，公對兩人宜示以信任，並囑託其維持華北局面，隨時陳述意見，免其發生疑慮，藉保統一，以待機會。（二）對宋哲元部善後妥為設法。（三）對在河北東北系文武人員宜擇要安置。（乙）對全局：（一）公對日方冷淡，必再生事端，過殷勤又難以為繼。第一步仍宜循外交正軌，文認有吉、武認磯谷為中心，使人告以願有機會接談，凡事不作原則上之拒駁，多說明內部之困難，為辦法之商討。（二）日方和平派總望經濟提攜，藉牽制強硬派之急進。公前次主張組織經濟實業考察團赴日藉資周旋之舉，確有必要，可否請電庸之速辦。再頃晤啟予，力陳省府不可移回平津之意，啟予已以為然。此著甚關緊要，請注意平、津市與省府分地應付，可縮小範圍，各免牽連也。萬軍希望免調，亦請注意，仍囑漢卿調開為宜。又金融形勢更加惡化，此事關係全局，務請分神與直接當局早為計議。

　　　　　　　　　　　　　　　吳鼎昌叩。宥。

002-080103-00003-004 180a~182a

■ 1935 年 6 月 26 日

蔣中正電何應欽在京集議日方必極注意且必以各種手段威脅利誘

最急。限二小時到。

南京鬥雞閘何部長勛鑒：

〇。親譯。兄等此次在京集議，日方必當視為軍事幹部最後之決策，故彼不但極其注意，而且必極其威脅利誘，各種剛柔之手段，散布空氣。諒兄等集議結果必不出於一月間。中在京時，中央共同決議之方鍼，但現在時移境遷，原則雖可不變，而最後之決心不可不有，以防萬一。蓋我處被動地位，而彼得寸進尺，漫無止境，絕不能照吾人方鍼進行。兄等決議後，如可與彼方接洽，則待後有結果無論其為妥協與決裂，再請岳軍或公俠二兄來川面詳，何如？此電請汪先生同閱後，即復電。

中正。宥巳機蓉。

002-020200-00025-050

■ 1935 年 6 月 27 日

吳醒亞電蔣中正轉呈蔣百里電陳對日方策與宗旨

24 6 27

上海（有線）

2790

成都蔣委員長鈞鑒：

苢密。頃蔣百里先生囑轉呈電文如下：「奉電感涕，敢
不竭其所知？竊謂今日對日有先決問題二：一曰方策，
一曰宗旨。言方策，則因今日能認識日本者太少，求
一能知彼者不可得，遑言應付。今日，日與我政府相
往還者，曰代表財閥之外交系，曰代表軍人之參部
系。其實，與此輩解決中日問題，可斷言五十年搔不
著癢。蓋財閥有保守、急進、改革之分，軍人亦有
投機、侵略之別，親甲則乙忌，聯乙則丙怨（岡村、
喜多參部之重心支那通，而於此次華北形勢自言不
明，斯其一例）。豈止二重，實無量數。而盈虛消息
時有變遷，非有餓貓捕鼠之精神，難言應付咸宜之妙
諦。然皆枝葉，絕非根本。為我公計，蓋另有一元外
交途徑之可尋，此路一通，百事大定。往者北平、南
京皆不得其門而入，而公乃適受其累，此私心所以扼
腕長嘆，而不敢言者也。公若有意於此，不妨電塵蘇
詢其與日本駐義大使有交際往返否，俟得復後，再陳
管見。言宗旨，竊以為我公年來勞心焦思，未嘗一日
去諸懷者，凡以求中國之統一也。今以外交問題不能
根本解決之故，而為局部的對付，則適中彼軍、財兩
閥侵略派之計。今華北問題已成一種軟性的分離矣。
彼乘軍閥之壓性，利用其蜉蝣匿殼之心理，已成其分
裂之陰謀。滿洲即來因〔萊茵〕同盟，華北即南德聯
邦，然中國之禍更甚於當年之普，則侵略中蠶食派（陸
軍）雖得其所志，而鯨吞派（海軍）則更有野心。軍
人、財閥交互相競，更有革命派為其動力之源。故華

北縱能相安全局，仍有糾葛。且遼、金雖亡，何補於
宋？英法相敵，終亦聯盟。故迎拒必須全部解決，必
求根本，而目前分裂之危日益迫切，此又私心所痛而
不忍明言者。伏願本統一之精神，用一元之方策，則
未來光明仍無有量。迫切妄陳，惟祈鑒原」等語。按
電中所述日駐意大使者，查係日內大臣牧野之婿。牧
野為不贊同日軍閥之橫行者，曾在日皇前建言。謹
此，併呈。

職吳醒亞呈。感印。

002-080103-00003-004-098a~101a

■ 1935 年 6 月 27 日

徐永昌函蔣中正陳述應付華北時局管見三端日對華北今後處置中央對華北不應放棄培植國家力量慎選駐防軍隊

來文姓名：徐永昌

文別：函

來文地點：山西省府

來文日期：六月廿七日

收文：七月二日

□□字第 6542 號

摘由：函陳應付華北時局管見三端請鈞察

委員長鈞鑒：

永昌由各方面觀察華北前途，危難重重，深茲憂懼，謹

陳管見如次：

一、 日對華北已有隨時、隨事監視干涉之可能，故今後處置甚為不易。惟國家無論遇到何等環境，雖至艱至險之時會，亦未必無興復之機寓於其中，但視運用如何耳。

二、 處置華北今後不宜忽略之點為中央對華北萬不宜放棄有力之部署。為鎮抑內憂計，冀察方面之軍隊心向國家者不可太少。萬不獲已時，亦應另有變通辦法。

三、 因以上之情勢與原則，國家應於冀察方面因勢培植兩部分有為有力之國家力量，如慎選適宜之軍隊駐防冀察：慎選適當之人員擔任艱鉅，以暗植國力。無論為軍、為人，於國家有益者，則不為目下情勢所許；為目下情勢所許者，又多無益於國家。惟有選用外不見忌於日方，內實能傾心於國家者，以明修暗渡之方式維持一切，方可以存國力，此切要之關鍵也。善運政治教育之力以暗保國權：在日人監視之下，宜保人民向國之心，而章明之維持勢有不能，惟得其人以潛移默化維繫人民之精神，乃克有益，此亦切要之關鍵也。

以上三端，乃維繫華北之有機體也。有此部署，然後中央在華北方不失統系，方可以言國家之興復，切望我公詳察而審圖之。國家幸甚。肅請崇安。

徐永昌謹肅。

002-080103-00003-004-214a~219a

■ 1935 年 6 月 29 日

楊杰熊斌電蔣中正據參謀本部吳石呈報與日本武官雨宮巽談話狀況並繕呈問答內容具文附同原件轉呈

貳禮字第 77 號

成都。委員長蔣鈞鑒：

頃據本部第二廳第一處處長吳石呈儉日與日本武官雨宮氏談話狀況，並繕呈問答之內容一件。據此，除分呈在京軍事、外交最高負責長官外，理合具文附同原件轉呈鑒核。

職楊杰、熊斌叩。二禮豔印。

附原件乙份。

中華民國二十四年六月二十九號發

謹將晨間與雨宮氏商談青山會後，對於時局所作談話之內容錄要如左，敬請鑒核。

職吳石。

一、問答之內容。

問（石問，下同）：在東京與君盤桓較密，君到南京以來，雙方因職務關係未能時相過從，暢所欲言，抱歉之至。日本胸中懷抱數點，欲質之足下；

答（雨宮答，下同）：余亦甚抱歉。余之行動亦頗多顧慮，因每到外交部一次，則日本新聞記者等均來詢問，且東京方面亦即從新聞紙可以知之。至於私人訪問，現在尚好，從前則憲兵等跟隨不休也。

問：時局之趨向如何？

答：目下時局之糾紛已由巔頂下降，所剩餘之問題乃事
　　務的枝葉問題耳。

問：華北問題之結局如何？

答：華北問題因貴國自動的取締各種排日行為，及機關
　　問題之癥結已消除，現在不過結束之交涉而已。

問：平津雖告一段落，據所傳聞，察哈爾方面尚甚吃
　　緊，尤以日軍調動頻繁，長城各口布有重兵，真
　　意何在，可得聞歟？

答：長城各處初因平津方面問題，嗣則復以宋軍有進出
　　長城外開槍之兵，故日軍不得不戒備。日軍平素
　　以謹慎機警、事先主義為信條，遇事每預想深遠，
　　預作種種準備，君之所知也。長城之配兵，亦為預
　　想而作警戒之意也。如日本準備與俄作戰，十年、
　　二十年後之事，目下已著手準備是也，請君釋念！

問：現在各方謠諑繁興，有云日軍將深入華北，並有將
　　派兵德州，又有黃河以北將由日軍經手作成華北
　　國等之謠言，致人心皇皇，如此流傳過甚，實於
　　兩國之攜手大有妨礙，君意云何？

答：余亦聞此謠言甚多，曾苦心調查研究，乃知此種謠
　　言非貴國人所造作，亦非日本人所造作，實西洋人
　　為之耳。因西洋人見最近華北糾紛問題，貴國均
　　自動取締，而推斷中、日攜手將益確實，則西洋
　　人從來殖民地視奴隸視我東亞者，其勢力將消滅，
　　而慾望不得逞，遂極力造作謠言，以挑撥離間耳。

不知日本之本意，對華北只要求與日方能融洽之人
士主持一切，不至動輒發生誤會。現在貴國對此
正自動的實行，事件自不至再發。至於全般攜手
問題，則此後正可雙方掬誠相商，尚何困難之理？
西洋人見此局勢，正如兩方議婚將諧，乃生嫉妒
而起破壞耳。總之，君所問一節，雨宮敢以首級
作賭，絕無此事實。惟目下所希望者，在迅速行
結婚披露式（即結婚典禮之意）為要著耳。

問：足下所言，余深為中、日兩國慰，且為東亞全局
慰。前此余以職務等之故，未能時時聚談，實為
私交上之遺憾，而我方人士尤以在南京人士，與
貴國人士聯絡尚未見十分親密，與兩國國交亦有
遺憾。因自信國交之圓滿，當由私人之互愬衷悃
始也。

答：此節誠有同感。唯有時時談論，方足有疏通意志，
余亦深諒君之滿腔厚意也。此次喜多大佐來此，
余對於南京方面諸君之好意，曾費一晚之時間與
其詳細解析，喜多亦甚諒解，參謀本部人員尚陸
續來此，余益當詳予說明，且日人之到南京者不
僅軍而已，其他各界人士亦必來會，余必盡力以
十分善意與其說明云云。

完結。

二、所見。

按以上所問答雖無關宏旨，且屬個人言談，絕不足以為
根據，然藉是亦可得如次二種教訓：

一、有人與日軍部方面人士接近，未始於感情上不無些
須裨益；

二、多一次談話，未始不可多窺探其些須之真意；誠以
目下對日最重要之工作，實為探窺日本真意所在。無論
與日親善，或有其他企圖，彼之真意未能相當窺知，則
措置未必能得當，因在此時期措置稍有出入處，即差之
毫釐，失之千里，其關係誠非淺細也。以日本對我國，
有如許多數之駐在將校與如許嚴密之諜報網，尚不斷遣
派幹員來我國，奔走各地，其用意之深可概見矣。為是
似應迅速實施如左兩項：

一、派遣多批適當人員陸續前赴日本，以聯絡感情，刺
探日方真意所在；

二、使適當人員負責與日本駐華將校聯絡，以期先期探
知日方之行動，並聯絡感情。

以上所述，竊信效力不少，因日方將校說話較痛快，非
如外交人員狡獪曲辯，且亦相當有感情。且日本目下雖
曰日軍部當權，然細加剖解，就派別言，則有合法派與
激烈派之意見不一；就地方言，則有在京與關東軍、天
津駐屯軍之門戶各立，是對於疏通交涉，正有出入之餘
地在也。尤以如有何等交涉，應先以私人的接洽，俾正
式談話時有準備，是於主權上、責任上及交涉效率上均
有莫大裨益也。

002-080200-00234-036

■ 1935 年 6 月 29 日

顏惠慶電蔣中正稱外交立場原則國家人格務須保全決心犧牲以待外援

24 6 29

武昌

3001

成都委員長蔣：

律密。國勢累卵，由來已久。急切而言辦法，猶之病入膏肓而冀勿藥，縱有扁鵲，亦難為力。雖然有不能已於言者，我國外交立場有二大原則，一曰國家人格務須保全：夫對外交涉容有屈伸，然屈有定義，過此便損國格；國格不存，國無以立。各國爭保國格，其例不勝枚舉。最近義、亞之爭，亞王宣言仲裁，使義大利不能如日本不戰而得東三省，彼知強弱懸殊，勝負判然。然兩軍猶抗爭，蓋戰敗非辱，不戰而屈斯為大辱，中外古今原同斯理。我國今後苟欲仍厠身國際，必須保持國格，其義至明。二曰應有犧牲決心：今日中國所憚者，不外目前犧牲，此中利害言者已多，譬如人患惡疽，甲醫曰必須奏刀，乙醫曰奏刀甚危，不如敷藥；甲醫曰奏刀誠危，然或有回生之望，否則必死；乙醫曰請待體力增強，再施手術；甲醫曰毒日蔓延，絕無希望，既須奏刀，尚宜乘早。今我所採似乙醫之言，而事實所具者則甲醫之理。今日人已侵入平津，拊我項背，不久將貫我腹心，彼時而言抵抗，寧非太晚。故在畏犧牲條件之下

而言，對日無異治疽者在不奏刀條件之下而言處方，磣磣之愚，未見其可依。以上原則以言，對日交涉其在不損國格範圍以內，不妨委曲求全，逾此則應嚴詞峻拒，無效則準備犧牲。此今日必應具之決心，亦為解決國難惟〔唯〕一之前提。請再言方策：今日談外交路線，輒曰與日妥洽，或曰聯絡歐美。前者祇知有日本不知有國家，後者又思借歐美以抗日，各走極端，互有偏蔽。所謂應採取者，為多方外交。日本固應敷衍，歐美仍須聯絡。敷衍日本非舉國以殉之，所謂聯絡歐美並非以共同抗日為目的，但應增進各國在華之利益，使臻更密切之關係。若日本以為接近歐美即是抵抗日本，是根本不承認我有外交獨立權，我應一談即拒絕，毅然進行。歐美對我雖有祇表同情而袖手者，但對日絕無同情而予援助者，且世未有不能長久自救助而能言外援者。歐戰期中，交戰國多方煽動，始得美國之同情，時亙四載，美軍參戰而歐局以定，此中意義可深長思也。目前解救危局，仍非從英美入手不可。美國鑒於東省事件未得英國贊助，不願自行作主，但若英國出面干涉，則美必追隨。英在華北利益較他國特優，與東省情形尤不相同，若能使英、美抗議或再得國際同情，至少可以助長日本文治派之氣，而剎其軍人之燄，目前危局或可緩和。抑尤有進者，世界各國每逢國難，無不組織全國政府容納各派人才，共任艱鉅。我國今日應否集中國內時賢，論者眾矣。至於辦理外交，迄今各國猶在專家手中，是以我國最近《上海協定》與《塘沽協定》相較，

孰劣孰優，無庸諱言，蓋以其訂於兵事專家之手而已。
惠年力就衰，行將乞退，辱承垂詢，謹貢所懷。率直
之言，尚祈亮察。

顏惠慶叩。

十六號行營第四處第三科轉。豔申印。

批示：

滿篇主戰論。一則曰「戰敗非辱，不戰而屈斯為大
辱」。再則曰：「須有犧牲決心」。三則曰：「他時
再言抗戰，宣非太晚」。四則曰「須長期自己救助，而
後能待外援，舉歐戰四年終得美國參加為例」。不但理
由簡單，觀察膚淺，實與李杜同一頭腦。且其所主張之
外交方策，最鳴得意者為多方外交，一面敷衍日本，一
面聯絡歐美。然如何分別敷衍聯絡，仍能並行不悖，均
不能自完其說，祇逞直論。故顏之理解，不惟對日本、
對歐美、對英國不甚了了，甚至對中國之實在情形亦茫
無所知。且其最終之結論在改組時賢政府，在外交出身
人員包辦外交，尤肺肝如見。似無再與往復討論之價
值，擬置不覆。

七 · 二。

002-080103-00003-004-039a~044a

■ 1935 年 7 月 1 日

李烈鈞電蔣中正論日人侵犯政府外交與前方因應欠缺沉著與毅力故呈倉皇忙亂狀

24 7 1

青島

3101

成都蔣委員長尊鑒：

〇密。春間入京，未獲晤教。賤軀日弱，乃移青島，遂未聞問天下事，亦以公長戟百萬，折暫黔蜀，未以書報也。邇者日人侵犯益肆猖橫，公處宜有確報，而政府外交與前方因應實太欠沉著與毅力，故每一事發生，勿論事情與來勢若何，必呈倉皇忙亂之狀，狡梟如日寇益得乘機矣。刻政府當局猶有自鳴得意者，實則日人侵略無止時亦無止境也。日人昔亡朝鮮，首迫取消政黨暨軍訓，及各機關聘用日人，今日寇顯欲以行之朝鮮者行之我國也。讀《大阪每日新聞》六月廿三日〈中支關係〉一文，其結論有「日本對中國之外交唯有照理想邁進」一語，日人心理猶可想見。危亡之禍愈迫眉睫，挽救之術較昔益雜，但仍當急切圖之。昔蘇軾論周東遷為失策，張時泰以宋遷臨安為不利，蓋我國歷朝形勢誠宜注意中原也。顧以中原不振，政治依然，致人徒抱救國之心，而士遂懷消極之念。智者亦愚，愚者愈愚，能無懼哉？公領中樞，負責為重，海內依望亦較切，度有救國雄圖，呈以告同人、慰國人者。

　　　　　　　　　李烈鈞叩。東印。

譯發

廿四年七月四日擬稿

四日下午六時核發

青島探投李協和先生勛鑒：

東電敬悉。杭密。久未承教，馳系正殷。尊體健康，尤
為念念。比來國內、國際形勢皆授日人以益肆橫行之機
會，實所痛心。誠如尊電所云危亡之禍愈迫眉睫，當急
切圖之。卓見所及，固深願聞明論也。

　　　　　　　　　　　　　　　弟中正。支秘蓉。

　　　　　002-080103-00003-004-186a~188a

■　1935 年 7 月 3 日

楊杰熊斌電蔣中正轉呈吳石請對日意見速定對日方針確定交涉對象探明日本確實意旨等意見

二禮字第 78 號

成都委員長蔣鈞鑒：

頃據本部第二廳第一處處長吳石條呈對日意見。據此，
查所呈各節不無可採，理合具文附同原件轉呈鑒核。

　　　　　　　　　　　　職楊杰、熊斌叩。二禮江印。

中華民國二十四年七月三日發。

附原件乙份

為條陳意見仰祈鈞鑒事，竊維中、日強弱懸殊，形勢
偪迫，稍不善處，為祟之深，實亡我國而有餘。當

九一八事變乍發之際，石目擊情形，判斷趨勢，深知苟不急予收拾，則燎原勢成，將不可遏止。當時石正留學東土，曾陳管見於駐日之外交、軍事當軸，籲其轉陳政府，速予宏斷，直接交涉，未蒙轉達，至今引以為憾。今梟鄰之迫我者如水益深，如火益熱，撤我藩籬，毀我門戶，撓我堂奧，此誠一髮千鈞之勢。石警心憂患，寢饋不安，情迫於衷，管蠡之見，用敢瀝陳如左：

目下救亡圖存之第一前提，厥為國內精神團結一致。蓋國家之生存，悉賴全國之精神團結，尤以處茲危急存亡之秋，苟意見紛歧，勢必在在予敵以可乘之隙。曠觀史乘，國家顛覆，胥由國內之不統一，遠昔之晉、宋，近代之波蘭、朝鮮，為其殷鑑。日本之敢對我國橫虐備施，為所欲為者，全在吾國精神之渙散，弱點過甚所致。夫兩國相爭，思欲制敵，必先結異國以為與國，如我國與日戰，自以聯俄為上策。俄異國也而尚可聯，國內各方開誠相與，動以大義，團結一致，於理更覺無難。又日本對於我國能施種種離間，以遂其慾，而況同是神黃貴冑，消泯牆鬩，以禦外侮，於義尤為切近。昔藺相如之下廉頗，孔明之縱嚴尤報怨，恕簡雍踞床，其道不外開誠布公，以國家為前提而已。夫以日本之苛酷條件均忍受之矣，苟推此心以懷柔各方，而示以寬大，策其共挽危機，當非難事。

至於對日交涉，今真所謂予者倦矣，取者未厭。稍予因循，不至於國而不國不已。竊以為下列各條較為目下切

要之圖：

一、 應速定對日方針：凡事必須先將方針確定，始能
應付裕如。我國外交政策，吾黨雖有對外方針之規定，
而九一八事變以來，對日所謂「一面抵抗，一面交涉」
之策略與「可能的忍讓，最後的犧牲」之決心，要皆舉
其綱未詳其目。為今之計，對日問題當先立完全策案，
依最近「可能的忍讓，最後的犧牲」之決心而言，不外
和、戰二種。夫對日親善，未始非策，何事於戰？但處
今日之局勢而與日談親善，舍屈服外，其道無由。然屈
服必斷送國家主權，與亡國無異，故非一戰不足以圖
存。彼日本軍部之跋扈，亦正以吾國著著退讓，可以橫
行無忌。而其國內雖以軍部之所行為非是，亦無從啟其
反對之口，尤非一戰不足以挫其蠻野之鋒銳。或曰我國
今日之情勢，而言對日作戰不啻自取滅亡，不知我國於
今則人為刀俎，我為魚肉，不戰亦亡，戰亦亡。不戰而
亡，乃俯首帖耳，任人宰割；戰而亡，則所亡者土地，
而民族精神猶未亡也。且我國經濟上之地位乃世界的，
日本絕對不能獨吞，我國以戰亡告於世界，是猶輪舟遭
難之「SOS」呼聲，來援者當接踵而起矣。而況以吾國
幅員之廣袤，地形之阻塞，日欲占我全部，勢所不能。
例如歐洲戰時，比利時、羅馬尼亞其國土淪亡於敵，均
克恢復，吾國亦何獨不然？各國之評近事，均以中國不
能自助，外人未由以助為詞，以知國之所存非奮鬥不可
得也。至於作戰之一切準備，當在軍事計畫中詳之，茲
不具贅，是即「最後的犧牲」之意義也。

至若主和的外交對策，依「可能的忍讓」言，我國處此國勢屢弱、百般落後之時，不能不有賴於外國。西洋各國對我強弱懸殊之成見外，尚有種族之輕蔑，而日本對種族之畛域則較西洋為愈，且日本技術、文化等之利用，亦較西洋為優廉。如果目前與日本訴諸武力為犧牲過大，於一定之復興民族、建設國家政策之下，一時虛與委蛇，亦未始非計。於是「可能的忍讓」之限度如何，不能不為具體之決定。至具體之範圍，當以絕對不放棄中國本部版圖內之主權，保持國內政治之完整為基礎。至於經濟問題等，總以示之以十分誠意，使其不再有所謂「二重外交」之藉口。又對日行動應絕對有統制，不可使不負責輩輕啟事端。大既曰主和，則必如子產之事晉楚、勾踐事吳之苦心普之全國，以求貫徹以弱事強之政策，以待時機之至。

二、交涉對象必須確定：按現在日本一切權力均操自軍部，故在此非常時期須用非常方法，應以軍部為重要交涉之對象，不必紆折於外交官方面，致啟軍部之嫉妒，我方亦當以易與軍部談判之人物負折衝之任，庶不至有扞隔〔格〕不入之病。抑有進者，日本之權雖操之軍部，而軍部方面就派別言，有合法派與激烈派之分，如參謀部與陸軍省之意見分歧是也。就地方言，有內地與駐外軍之別，如東京與關東軍及天津屯駐軍之步武不齊是也。故須明其內幕，於軍部中更擇其最穩重而較和緩之東京方面為對象主體，似較有利。至於一般外交則應目光四射，以日本國民為對象，方針既定，務極力將

誠意表暴之於日本國民，尤以對我國同情之人士，務求兩大民族了解提攜，毫不涉於虛偽，此中如文化合作、經濟協調，不妨傾誠相與，策諸實現。

三、日本確實意旨必須極力探明：凡事須「知己知彼」。日本之確實意旨如何苟不探明，則我之對策皆成泡影。觀日本在我國有如許嚴密之諜報網與外交交涉之軍人，而軍部方面尚不斷派遣幹員來華作種種之刺探，其用意之深，可謂無微不至。唯其軍部中各派意見不同已如上述，其可出入之處甚多，絕非不可和緩、不可譬解，祇視折衝之人得當與否也。故欲實探明彼方之意旨，須以下列二事為最要著：

（甲）速派幹員多批相繼赴日，與軍部當局作剖心之談論。此幹員之組織，須以與彼方認為適當且有感情者為宜，庶可多方刺探意見，亦可聯絡感情，於交涉前途當有裨益。

（乙）對駐在中國各地軍部人員予以切實聯絡，蓋此等人員皆少壯派中堅分子，皆有甚大力量可左右軍部也。唯對此之聯絡，尤須以相當人員擔任，不露聲色，於從容談笑之間、茶餘酒後之際，得以探其真際。

總之，際此危急存亡之秋，虎尾春冰，成敗之機，惟視全國團結，共禦外侮之如何。苟能一心一德，則無論和戰，於國家之前途均可有為，否則不知伊于胡底矣。誠宜急起直追，於不動聲色之中（日人刺探之術極工，故須絕對的十三分祕密）奔走呼號，實施精神團結工作，然後共同討論舉國對日方針，一面於此期間遴選得力人

員，對日各方和緩其感情，刺探其真意，於國事其庸有
冀乎。區區之忱，伏唯鑒察。謹呈廳長龔、副廳長徐轉
呈次長楊、熊轉呈總長鑒核。

職吳石謹呈。

擬辦：

呈祕書長七・八

判行：

所陳雖頗有見地，但皆為此間所早見及，且無具體辦
法，擬覆悉。

如擬。七・十九

002-080103-00003-004-241a~252a

■ 1935 年 7 月 3 日

張羣陳儀電蔣中正與日人磯谷廉介等談話謂請政府取締排日抗日者及惟有蔣能回復中國國民黨舊態誠意謀兩國親善等及蔣中正復電知悉

24 7 3

上海（無線）

3249

成都蔣委員長鈞鑒：

哈密。極秘。謹將在滬連日與日人談話撮要披陳如下：

（甲）磯谷之言：（1）中國自聯俄容共，採用蘇俄黨
制以後，實行革命外交，由打倒帝國主義而專打倒日本
帝國主義，軍隊、學校同受薰陶，凡二、三十歲之智識

階級成見遂深。縱的方面，以黨之組織層層強制；橫的方面，以各種工會利誘威脅，以至一般人民無從實現其自由意志。此種流毒倘不迅為掃除，實兩國民族世世子孫無窮鉅害。日本所以切請中國取締排日、抗日者即由於此。中國疑懼日本侵略，日本絕無侵略之意，如謂華北事件或上海事件為侵略，在日斷難承認。蓋日本如係實行侵略，則何能僅以一紙協定了之。此外，中國如認日本有侵略之事實，請中國盡情說出，日本當予以改善。（2）日本請求取締排日以來，中國政府亦曾有文告布達官民，然黨之強制實現已深入各界，若不從根本改善，收效極微。（3）改善黨的組織及工作，惟蔣委員長有此力量。應請蔣委員長為兩民族前途計，迅下斷然決心。（4）應求蔣委員長暫返南京或上海，日本政府可派重要代表來華與蔣委員長開誠面談，一切疑雲立刻消釋，各種方案始可磋商。若僅派代表赴日本，本人認為無用。（乙）日外交官方面之言，日本軍部對國民黨甚為悲觀，認為國民黨存在一日，中、日即一日無親善可言，故主張應予打倒。然若能澈底改革回復孫總理時最初組織國民黨舊態，以誠意謀兩國親善，亦無問題。惟幹〔斡〕旋此事之力，惟委員長能之耳。（丙）綜合各方情勢，安危瞬息，關鍵在此，非仰求鈞座當機立斷，暫旋首都與日本代表先行見面，打開僵局，則一切無從進行。除由季寬兄飛蓉面陳詳情外，謹電陳聞。時機至迫，敬祈垂察為幸，謹聞。

職張羣、陳儀。江西印。

譯發

廿四年七月五日擬稿

五日下午三時核發

上海亞爾培路五二○號張主席、陳主席勛鑒：

江西電悉。

中正。微秘蓉。

002-080200-00235-082-002a~005a

■ 1935 年 7 月 3 日

王柏齡電蔣中正提議與俄結盟整頓軍備趁日俄戰後恢復故土

24 7 3

鎮江

3293

成都蔣委員長：

○密。日寇肆虐，得寸進尺，對我土地不啻囊中物，獨懼我民族精神，食不能化，故目下作精神上之占領。能與之爭我土地者，歐美鞭長，只有蘇俄為其鄰敵，目下對俄即欲作軍事上之行動，與德軍事同盟意在歐洲牽制各國，不遑東顧，德又利日擊俄之東，彼可向俄西進，故以此單純目的而同盟成，其他矛盾未暇計及，德且因此得到恢復軍備與英海軍約成，英所以讓步，亦遠東為之慮也。綜上情形，我險已極，何道圖存？職不妄以為：（一）與俄密結軍事同盟（與前此主義扶助者不

同）。（二）整頓軍備，海岸潛水艇、陸上空軍為主。
（三）俟日、俄戰到相當時期，我抄日後，恢復故土。
（四）目下極力忍耐（有此計畫，始可忍耐）。（五）
對德從商業上與以最惠條件，使其感到日之排斥。（六）
英、美、法、意等國，日、德所惡者我親善之。彼時對
遠東戰爭參加與否，不作倚靠。是否可行，謹貢參擇。

職王柏齡叩。江印。

002-080103-00003-004-208a~209a

■ 1935 年 7 月 5 日

張羣電蔣中正日據報載外務省想趁此次華北察哈爾問題解決機會根本調整中日關係

24 7 5

上海（無線）

3374

成都蔣委員長鈞鑒：

江西電計達。哈密。今日報載電通社東京消息：「日本
關於對華政策之樹立，自來外務省消極的以解決懸案為
第一。惟此次決定乘華北、察哈爾問題解決之機會一變
原來方針，根本調整中日關係。由政治、經濟兩方討論
積極政策，已以東亞局為中心草擬具體方案，確立對華
政策之大綱，以維持東亞和平為根本，俾與對蘇、對滿
政策發生關係，為廣泛意義大陸政策之一部。現在華
北、察哈爾之問題已成立解決，遂為此項方策之基礎，

故外務省再積極的調整永久中日關係」云云。復據連日
與有吉、百武等所談,均特別注重根本親善之論,有吉
且言「本擬乘兩國互換大使之後積極進行,因華北及上
海繼續發生事端,無從著手,一俟此類事件了結以後,
當努力進行」等語。證以今日報載消息,可知彼方對華
轉向積極政策已成不可掩事實,挾全力以臨我,不達目
的不止。故今後對日外交路線除妥協與決裂兩途外,不
容我再有他路徘徊。京、滬所談情形,季寬兄晉謁諒已
詳為報告,情勢異常急迫,無法再事敷衍拖延。為個人
人格計,寧為玉碎,不為瓦全;但為國家利害計,年來
內憂外患,元氣已傷,若再斲損,更無救亡圖存之力。
明清之際,努兒哈赤初欲與明室言和,以山海關外為
界,乃因廷議主戰,卒至決裂,崇禎遷延不斷,明社以
墟,演成滿清三百年之局。以古衡今,決裂實無利益。
滬上抗日空氣最烈,現鑑於情勢聲已消,況抗日論者亦
認為能妥協則妥協為宜。此真一髮千鈞,存亡所繫,務
祈鈞座宸衷英斷,速定國是,為整個之決策,並負責領
導全黨、全國,以總動員之力量,表示最大之決心,不
以一時之曲直為衡,而以永久之安危為慮。復興前途,
庶幾有豸,謹聞。

羣叩。歌未印。

002-080103-00003-004-053a~055a

■ 1935 年 7 月 7 日

**何應欽電蔣中正請返南京與日本代表相商打開
中日外交僵局及蔣中正回電應先考慮日本代表
是否確能代表國家及事前商洽內容方針否則直
接當衝更是誤事**

24 7 7

京

3511

成都委員長蔣：

〇密。極密。岳軍、公洽在滬與磯谷談話情形，已於
即江歌未電中詳陳，計蒙鑒及。此次磯谷談話比較已
往，尤為透澈。岳軍、公洽今日返京與中央重要同志
交換意見，咸謂此時實為中日外交劃時代之時期，日
方既能派代表國家之大員前來商洽，應請鈞座毅然決
然即返南京，與彼方開誠相商，打開中日外交之僵局，
尋求國家民族之出路。彼方條件如何雖不得而知，但
其條件若為我所不能接受者，屆時自可公諸國民，俾
責任由國民共負，較之目前不生不死之局亦為有利。
萬一再錯過此時機，則日人對我之壓迫亦必愈逼愈緊，
演變所至，必為各地方當局之對日競賣，如兩粵與華
北最近之現象，是其結果必陷國家於四分五裂、萬劫
不復。以職愚見，亦認此事為國家目前千鈞一髮之機
會，非鈞座暫時親蒞南京，不能解決一切。蓋日方認
鈞座為中國惟〔唯〕一之領袖，為解決中日問題之惟

〔唯〕一負責者；鈞座不來，則整個之中日外交實無
能承負之任也。國危勢迫，稍縱即逝，萬懇鈞座當機
即斷，迅決大計。如何之處？乞示。

職應欽。虞申秘印。

譯發

廿四年七月九日擬稿

九日下午十二時核發

限即刻到。南京鬥雞閘何部長敬之兄勛鑒：

虞申秘電悉。0757 密。日方是否能派確是代表其國家
之大員？其中商洽之內容輪廓如事前不能大體明晰，
不先經一番之醞釀，即由中直接當衝，是否更是誤事？
凡此皆應切實考慮，不宜操之過急也。季寬兄尚未來
川，何耶？

中正。灰巳秘蓉。

002-080200-00236-087-002a~004a

■ 1935 年 7 月 9 日

**顧祝同電蔣中正據何應欽謂與日方商議中日問
題應先明瞭其企圖與最低條件並團結內部及蔣
中正復電已告何應欽洞明日方商談內容不宜直
接衝突**

24 7 9

AD

3641

特急。AK 委員長蔣：

泌密。頃奉何部長虞申京電略稱：「日方希望委座暫回南京，與彼方開誠商議中、日根本問題，免除兩國間永久之糾紛，弟及中央同人認為時機迫切，擬請委座當機立斷，毅然回京，親自折衝交涉，打開僵局，尋求出路，以免長此拖延，陷國家於四分五裂、萬劫不復，併囑職加電鈞座貢獻意見」等語。職意鈞座欲與日方見面，必須先明瞭彼方真正企圖及其最低條件之內容，以免無法應付，進退維谷，較目前情形更難處置。現日方著著進逼，無非欲速統制中國，創造東亞霸權，應付將來大戰。此刻欲打開僵局，似應先求諸本身團結，內部集中內國〔國內〕意志及力量，再與日方交涉，為最低限度之妥協，保全國家民族之生命，為將來復興之根本。若再拖延不決，誠恐愈益困難，無法挽救。謹陳管見，以供參考。

職顧祝同叩。佳午印。

譯發

廿四年七月十二日擬稿

十二日下午七時核發

特急。貴陽。顧主任勛鑒：

佳午電悉。祕密。所見甚佩，非略明對方所欲商議之內容輪廓，不宜即與直接當衝，日昨已以此意復告敬之諸兄，亦將兄個人意見直告敬之為盼。

中正。文秘蓉。

002-080200-00237-038-002a~004a

■ 1935 年 7 月 9 日

蔣鼎文電蔣中正與日方代表商議中日問題請先與在京諸公磋商略具輪廓再蒞臨免致另生枝節較妥及蔣中正復電知悉

24 7 9

龍溪（無線）

3689

成都委員長蔣：

涷密。庚日奉何部長虞申電開「岳軍、公俠兩兄在滬晤磯谷武官商討中、日根本問題。據彼等表示，希望委座暫時返回南京，屆時日方當派代表國家之大員前來，開誠商議中、日根本問題，免除兩國間永久之糾紛。岳軍、公俠已將晤談情形電陳委座，並於今日返京與中央重要同志交換意見。此間同人咸謂磯谷此次表示，日能如是透澈，此時實為中日外交劃時代之時期，擬即握住時機，請委座毅然來京與日方開誠相商，打開中日外交之僵局，尋求國家民族之出路。雖日方之希望不得而知，但其內容苟為我所不能接受者，屆時是可公之國民，俾責任由國民共負，較之目前不生不死之局實有利。萬一再錯過此時機，則日人對我壓迫愈逼愈緊，演變所至，必為各地方當局對日競賣（如兩廣與華北之現象是其結果），必陷國家於四分五裂，萬劫不復。弟已將此意見電陳委座，請其當機立斷，迅決大計。吾兄意見如何？如認為如

需委座親蒞南京，與日方所派代表其國家之代表親自
折衝，則中日外交糾紛無法根本解決，即請加電委座
貢獻意見」等語，敬於青日電復，文曰「電敬悉。仰
見相機，因應幹〔斡〕旋危局之苦心，敬遵尊旨，
不揣冒昧，亦以微末之言，上達委座矣」等語，謹電
呈閱。文意最好在京諸公能為進一步之磋商，略具輪
廓，俟彼方代表來京，再請鈞座蒞臨，免致另生枝
節，似較妥適。鈞座必已成竹在胸，無待贅陳，冒昧
上瀆，伏乞垂察。

職蔣鼎文。青機印。

譯發

廿四年七月十三日擬稿

十三日下午十時核發

龍溪蔣主任勛鑒：

青機電悉。

中正。寒。秘蓉。

002-080200-00237-067-002a~005a

■ 1935 年 7 月 11 日

楊杰熊斌電蔣中正轉呈吳石與日本武官雨宮巽談話紀錄

二禮字第 82 號

成都委員長蔣鈞鑒：

頃據本部第二廳第一處處長吳石呈報魚日與日本武官雨

宮巽談話狀況，並繕呈問答之內容一件。據此，除分呈在京軍事、外交最高負責長官外，理合具文附同原件轉呈鑒核。

職楊杰、熊斌叩。二禮真印。

附原件乙份。

中華民國二十四年七月十一號

謹將前星期六（六日）與日本武官雨宮巽談話要旨摘錄，恭請鑒核。

職吳石。

其一、問答

問（石問，下同）：比日時局大有轉圜，依君之見解，此後趨向如何？

答（雨宮答，下同）：時局暗雲，已經開朗。因日來中、日兩方奔走結果，日有進展，下星期一（八日）即可全般解決。一切交涉問題，如最近上海發生之「新生問題」等，均予解決。余信此後中、日之真正親善定可實現，共同努力，以達夫東亞和平之坦途，不復再有無謂之糾紛矣。

問：是誠可喜！特中、日親善，一般人耳之已熟，尤以日本咄咄迫人，不可嚮爾之態度，國人惴惴然，以日本欲吞中國而後已，是所謂中日攜手者，如中國國權何？

答：一般人之言說，誠無怪其然。余可鄭重聲明，日本絕對的無此心理。中、日兩國之形勢乃如唇齒，日本無中國之不能獨存，猶中國無日本不足以因

應世界趨勢也。又中、日之關係非如夫婦，亦非如朋友，實如兄弟。蓋夫婦有時可以離婚，朋友有時可以絕交，兄弟則有血統關係，欲斷交不可，欲分離不得也。日本絕對循此定則而邁進者，獨患西洋人及一般無聊賴之輩，往往因一、二地方問題造作謠言，以離間中、日之和好，或興風作浪，以攫取不當利益。故余在南京時，對於各方面之傳聞，均悉予屏除。以日本原來之主旨及各人之信念為根據，加以冷靜的觀察與處置，深望君及當軸諸公亦如是以行，不致遇事發生誤解也。

問：余有一信念，即欲亞洲由我黃種人自主，而致之興隆。惟中、日和睦，精誠團結是賴。欲中、日真正和睦，不有梗阻，惟中國國內和睦，精誠團結是賴，君意云何？

答：是誠十分同感。中、日和睦，乃日本之最高信念，頃已言之。至於精誠團結，據余所聞，委座近極致力於此，如對西南之確實掬誠相與，大有進展，是誠可為貴國賀，亦為東亞賀者也。

問：中、日之親善，當以澈底互相了解為前提。能相表以真，相掬以誠，其所得之親善，方牢不可破。余在日本陸大研學之餘，對於日本實質，頗作深刻之研究，雖稍有得，猶嫌未足。目下仍欲致力於何以使國人對於日本之有真知灼見，且何以使貴國人之能了解我國人之真意也。

答：是誠余所最感同意也，且甚欽佩君之見解有獨到處

也。誠以余對中、日真正了解之努力，已十餘年於茲矣。在參謀部時，所苦心焦思者為是；到貴國後，所奔走呼號者為是。以故對於中、日溝通真意之工作，自謂頗盡微力，並自誓苟能於東亞之繁榮與中、日之真正親善有俾，犧牲生命亦所不顧。此番到南京，益決心盡力，故並眷屬亦不挈來。蕭叔宣武官到京時，余亦曾與言，盼其在東京方面致力於此工作，余在南京方面亦當異常努力，以期殊途同歸。余對貴部當軸諸公，尚未一一將此表暴，甚望君一為轉達也。

問：對君之精誠，表十三分敬意，自當善為宣達。此後對俄問題如何？

答：是誠爾我應討論之大問題。余前既所言白種人之奴隸，視殖民地視我黃族，為日已久。對其在東亞欲以主人翁特殊階級自居之白種人不予挫折，則黃種人終無立於世界平等地位之一日。對俄即依此目的而當行之重大問題、重要工作，爾我必須共同努力。

問：余誠以為然，尤以俄國假社會主義美名行其侵略之實，為余最所深惡痛絕。如最近對我新疆施其魔手，不啻欲攫為己有矣。殊令人舉眼西望，悲憤不勝也。

答：日本對於新疆問題，注意甚深。對於俄之橫行，甚為憤慨。天山南北，俄之勢力與英之侵潤，驅逐乾淨，使貴國光復舊物，亦為日本之志願。往年

　　　　日本參謀部曾派員往新調查，惜僅至陝西邊界即
　　　　不克前進，然對此仍注意不懈。

雨宮言：本日所談深為愉快，爾我深交。嗣後貴國方面
　　　　對日有何懷疑或不滿意事，不妨相告，自當
　　　　以誠意解析，或婉達於日本當局；即予有何
　　　　意見，亦當奉聞。總之，彼此萬無不可說之
　　　　話也。

石答：親摯之情，深為感謝。嗣後更作確切之聯絡，以
　　　　期於中、日前途兩有裨補云。

其二、所感

竊按本日之談話，係石私人行之者。事後自思，有如下
之二種感想：

一、日本參謀本部地位乃有如許之重要，而我參謀本部
獨反是。如此次日本對華北掀起如許大波，以及日來之
交涉，而我所工作者簿書往返，一如平昔，不特不克盡
救顛扶危之工作於百一，且折衝情形、交涉意見亦弗克
與聞，似宜積極設法使其強化，俾名稱其實，人盡其
才，深信於國家前途裨益不淺。

二、對日本真情之認識，當從與關係各要人作親摯之談
話始。是故本部取法日參謀本部，對於如何派遣人員，
向各方聯絡活動，實目下應具體施行之第一要務。

　　　　　　　　　　002-080200-00237-070-002a~012a

■ 1935 年 7 月 11 日

**陳誠電蔣中正盼早日來京決定如日方能有限度
要求我方能為有限度退讓派員探求日方可能退
讓限度於今年內肅清各省邊區股匪**

24 7 11

南京（無線）

3727

成都委員長蔣：

咡密。在京藉悉日方分裂與統制中國之進行甚急，此間
當局似多主張澈底妥協，且盼鈞座來京決定。以職觀
察，如日方能為有限度要求，我方能為有限度之退讓，
並有相當準備，壯士斷腕，鈞座自當毅然來京。然日本
條件之苛，貪欲無饜，當可想見。此時中國應於玉碎之
決心與準備中求瓦全，不應瓦全心理中得玉碎之果。應
一面派幹員探求日方可能退讓之限度，一面於今年內肅
清各省邊區股匪，至無可退讓時，祇有玉碎而已。再察
日方似有不戰而制服我國，而以武力與他國周旋之意
態。我若出以不意之突擊，或可與敵以意外之打擊。謹
貢愚見，以備參考，盼鈞座速下決心為禱。

陳誠。尤京印。

002-080103-00003-004-211a~212a

■ 1935 年 7 月 11 日

李烈鈞電蔣中正以為此際救國國人應有澈底感悟危亡迫切須仗民族全力又待政府善籌

24 7 11

青島（無線）

3784

急。成都蔣委員長尊鑒：

蒸電計荷及。机密。日人侵略，直欲制中國於萬劫不復，自其得志於東北、河朔後，彼國朝野皆認大陸政策次第成功，今後惟待繼續猛進耳。故愚以為際此而論救國，舉國人並應有澈底感悟如次所陳者：一、危亡迫切，急起圖存，已有時不可得之懼。二、支撐大局須仗民族全力，因應艱險又恃政府善籌。三、人民應知服從政府勝為外人奴隸。四、政府應知以主權公諸人民，共挽危亡，勝於束手被敵宰割，終於覆滅。能明此，然後救國事業始有途徑可尋。顧今日之事存亡繫之於心，取舍唯在一念，固未始不可救也。謹陳其約，倘有可採，當敘其詳，以俟衡察也。

李烈鈞叩。真印。

002-080103-00003-004-193a~194a

■ 1935 年 7 月 14 日

吳忠信電蔣中正稱此時惟有先團結內部改善國民黨及改組中央政府方可與日方談判任何人才均可

24 7 14

武昌（無線）

3948

成都委員長行轅汪祕書荻浪兄親譯：

喂密。呈委座鈞鑒。前奉宥酉電敬悉。信養電所陳業蒙鑒許，至為佩幸。綜觀各方情形，此時惟有先求團結內部，並自動改善本黨及改組中央政府，方可與日方談判，暫渡難關，徐圖復興。至對內讓步之限度，以保存基本力量為原則，凡他方所希望之條件均可容納；對外以應付日本為原則，任何人才均可使用。一得之愚，敬備參考。

忠信叩。佳未；毛慶祥。元戌武印。

002-080103-00003-004-166a

■　1935 年 7 月 15 日

吳醒亞電蔣中正轉陳蔣方震建言二元外交與統一內部等策

24 7 15

上海（無線）

4096

特急。成都蔣委員長鈞鑒：

芎密，蔣百里先生電文如下：「奉電敬悉。所謂『爾〔二〕元外交』者，欲公利用大使升格之機緣，進而與彼元首有所溝通也。此徑路有二：一為宮臣牧野，一為皇弟秩父。秩父為青年將校所擁戴，其舅父為大使松平，惜我駐英大使分量不足，未能與松平為深切之聯絡。牧野為重臣所維持，自九一八以後不敢對外交際，然其婿吉田在外交上頗有聲譽，其同鄉町田大將、床次遞相皆欲以對支那問題自維其地位，此皆有路可尋求者也。但此種事非極端慎密轉，足以招禍。秩父有皇族附屬官，將來軍事顧問恐勢所難免，與其由彼指派，孰若由我指定，則選其曾為秩父武官者，以重禮致之，以誠意待之，且可進而溝通日本上下之情，以其經濟改革成功，此真用毒蛇以治瘋症也。所謂統一內部者，欲公挾西南以為對日外交之聲勢，且預備萬一交涉不成，以為最後抵抗之預備也。為公熟計之矣，若交涉成功，則公得外交之後援，西南何敢反抗？若不成而出於抵抗，則公得國人之同情，西南又有何力可以賣國？故二者任擇其一

澈底為之，皆可成功。惟如現狀之似和非和、似一不一之勢，最易啟外人之覬覦，予內敵以機會，在形勢已非公親自出山不可。然竊謂公不能不出，又必不可輕出，內外兩協之說恐必在宵旰籌慮之中，然實行時若有絲毫隔閡，則轉足以致大挫，於事太不接近，所陳近於定理。然此旋乾轉坤之機，惟在公一人之神機默運，商量會議皆是往者不負責之談。今日寧中無人不談外交，無一人敢負責任，事機萬緊絕非往日可比，一月以後恐和局無從施行也。冒昧上陳，伏維諒察。至於近日外交形勢對策方案，容一、二日後詳舉以聞等語，特此電呈。

職吳醒亞呈。刪印。

譯發

廿四年七月十八日擬稿

十八日下午十二時核發

上海社會局吳局長：

刪電悉。茑密。希轉蔣百里先生道鑒。名論甚佩，近日外交形勢及對策方案切盼續示。

中正。皓巳秘蓉。

002-080103-00003-004-105a~108a

■ 1935 年 7 月 16 日

徐永昌電蔣中正應以日方塘沽協定後近期經濟合作遠期對俄作戰軍事協定政府與日本交涉訂約

來文姓名：徐永昌

文別：函

來文地點：山西省府

來文日期：七月十六日

十七日北平郵戳

收文：七月廿二日

□字 6917 號

委員長鈞鑒：

自《塘沽協定》以後，日方所亟亟求解決之根本問題為近期的經濟合作，遠期的對俄作戰之軍事協定。此兩問題一日不解決，日人一日不甘心。膺白初到華北，未能順利與之解決，於是日本改變方針，乃向華南、華北各部分別進行。截至近日，每一個日本武官都負有解決此兩大問題之任務，即是每一個武官都要借此在中國獲得巨大利益與成功，此最宜認識者也。

在九一八前，政府與東北對日本問題避不交涉，日乃襲我瀋陽；我仍不與交涉，日乃占我東三省；我仍不與交涉，日乃占我熱河，進迫平、津。及至《塘沽協定》以後，我又避免整個交涉，日乃分向華南、華北作各個之進擾與圖謀，馴成目下之局勢。

由上看來，我政府若與日政府或逕與其陸軍省直接交涉，是我之對手方只有一個日本，若不此之圖，則我華南、華北各地方每一負責者將遭遇多數之日本對手，蓋每一個日本武官即是一個日本國家也。夫以我中央政府對一個日本尚可以言支持、言折衝，而以一部分負責者遇多數日本，則絕不足以言支持、言折衝，其勢有必然也。而又因此一部分負責者，所遇之對手既為多數，故吃虧必多，又無窮期，此亦勢所必然也。質言之，中央政府不求對一個有身分的日本交涉，而使地方之每一部負責者對多數無身分的日本交涉，其得失利害可不待智者而辨矣。

或謂我政府之不與日本交涉，乃為一時避免重大損失計也。然則我之避與交涉果何所待？待共匪之消滅乎？恐兩年中未能肅清也。待俄、美與日戰乎？亦恐兩年中戰事不能起也。且今日我所擬避者何在？避事實乎？則日方每以兵臨，過去事實具在，無可避也。避簽字乎？則東北四省我何嘗簽字，而列強不能干涉其侵占。是今後我雖簽字，列強豈能干涉我之收復？此又不辨而明者也。今舉一例，如《辛丑條約》平、津不設兵備之規定，我曾數數背之，列強固未有何責言，是知條約與簽字賓也，事實主也。條約與簽字之效能，皆視事實為轉移，此國際之慣例然也。執此以衡，避與待皆非必需之對策。與其與日武官交涉而得較重又多之事實損失，曷如我政府與日本國家交涉，而成一損失較輕之契約乎。試以此二種情勢詳晰推較，其利害更不待智者而

可辨矣。

昔昌曾與公言：中國之能否復興，標的方面在共匪能否肅清，全國人能否覺悟，能否團結，能否以整個國家為心；本的方面在教育能否釐正，官吏能否去貪，人民能否去惰，工業能否振興。今日中國是心死的問題，不是肌膚完整問題；是夠生存條件與否問題，不是日本強迫我某條件簽字問題。撫今追昔，情景未殊。愚見如此，不言則於心不安，行止出自睿裁，惟望審察之。樞務萬端，不企覆諭也。敬請崇安。

徐永昌謹肅。

譯發

廿四年八月一日擬稿

太原徐主席次辰兄勛鑒：

七月篠函悉。〇密。貴恙愈後，仍甚盼兄能來川面詳也。

中正。蕭秘蓉。

002-080103-00003-004-224a~237a

■ 1935 年 7 月 17 日

居正于右任孫科電蔣中正稱朝野呼聲望中央早定大計華北軒然大波相續日絕不容我有休養生息機會顯見當此危機先從黨人團結共定大計再從政府組織及中央與地方關係更新改善

24 7 17

南京（無線）

4260

成都蔣委員長介石同志兄賜鑒：

佑密。兩月以來，中、日國交日趨惡劣，吾已國將不國，忍無可忍，而日之迫我猶無所不用其極，推厥用心，無非欲吾永歸其掌握而已。朝野呼聲，咸以中央獨不早定大計，將難辭因循誤國之罪。此為本黨存亡絕續之秋，有未容吾人踟躕卻顧者，心所謂危，不敢緘默，謹將弟等所見為同志兄陳之。竊意吾國對日政策自《塘沽協定》至今原有一貫方針，即對日暫為忍讓，而欲趁此時機整理內政，生聚教訓，待吾剿平共匪，統一內部，國力充實，軍備漸張，然後內部無憂，悉力以抗。此弱國圖存之苦衷，今日重加檢視，原無可議。惟此項政策至今日則已圖窮匕現，無貫徹之可能。良以吾欲為勾踐而彼非夫差，日人於我內容瞭若指掌，吾之所欲行，正敵之所必阻。故西邊剿匪稍告得手，而華北大波軒然遽起，橫恣無禮，續續而來。近更四處派人挑撥離間，冀使吾國四分五裂，以便其

宰割，彼絕不容我有從容休養生息之機會，固顯而易見也。故今日所謂早定大計，實即謂中國對日和須真和，抗則力戰，應迅有澈底之決定，再不能如今日之做法，引啟強鄰之輕視而無以滿其慾，內失國民之信仰而無以維其心，以日即於陵夷滅亡之路也。和戰大計之決定既當從速，然獨有一先決問題，則為統一內部。全部不一致實為吾致命之傷，年來對日所以陷於不戰、不和之游移狀態，其原因即在是。中央當此危機，當開誠，首先從事於黨人之團結，與西南切商合作，共定大計。此外，政府組織及中央與地方之關係，亦宜更新改善，釐定統系，務使權責明晰，人盡其才，庶能上下相安，一致對外，亦為根本問題。弟等會商數四，僉以為然，謹電直陳，用備採擇。

弟居正、于右任、孫科叩。篠印。

譯發

廿四年七月廿二日擬稿

廿二日下午八時核發

峨嵋機要課用佑密轉南京于院長右任兄、居院長覺生兄、孫院長哲生兄勛鑒：

篠電敬悉。〇密。我國外交方針應有澈底之決定，不容游移，而先決問題尤應統一內部之意志，名論不刊，敬佩無量。惟黨人團結及政府組織暨中央與地方關係之改善應如何著手進行，始能切實生效？卓見所及，尚盼續示。

弟中正叩。養亥秘蓉。

002-080103-00003-004-255a～258a

■ 1935 年 7 月 20 日
吳醒亞電蔣中正轉呈蔣方震條陳對日外交方案

24 7 20

上海（有線）

4407

成都蔣委員長鈞鑒：

芎密。蔣百里先生電文如下：「得塵蘇電告，已復，惟時間上恐緩不濟急。蓋喜多參部中國班長各處遊歷後，已於前週返日，彼陸軍內部整理案於八月一號發表，則對中國具體方案之陸、海、外三部會議，當即在此二、三週以內，而長春十八日電滿支武官會議有劃期之意義，即此後會議皆奉中央部命令而開，則陸軍部不僅作成方案，且已進一步為實行彼方方案之種種豫備。磯谷近日口氣頗鬆，此陸軍方案正在計劃中之鐵證。而影佐得高橋電謂：北方北方如百鬼夜行，令人無所措手，望北來一商。此則彼方全體已汲汲準備，雖溽暑未嘗一毫鬆懈，而我則焦勞宵旰，惟公一人言念及此，無淚可揮。私意以為公今日必須有三種具體方案：一為目前應急之策必於兩週內實行，差可爭得先著，此事重心在外使人選。二為對外方案萬不可先探日人意旨。蓋日人方案各有不同，目前所得情報多為個人擬議愚詞。戰術上待敵人攻擊方向明瞭而後安頓豫備隊，必遭失機之損。故我方須向提一方案，儘可先用私人或不直接負責者試，則彼方態度自然明

瞭，然後公可來此狀況以定大局方針。默揣此事最後
非公自出不可，然必須說有眉目方可，此眉目若不成，
此時進行待公來京而布置，則不如決心不出之為念。
三為對外計，則對內方案亦不可不早行立定。惟目前
情勢北急於南，過急則招日人之忌，若今日對北方無
辦法，則將來長江流域縱可相安，北部已非我有。叔
魯既五日京兆，敬兄又潔身引退，坐待長春會議之成，
豈不可痛？震以家族在青，擬往一視。廿二晚赴寧，
廿三在濟，廿四到青，約卅返滬，謹聞」等語，特此
電陳。

職吳醒亞叩。號印。

002-080103-00003-005-002a~004a

■ 1935 年 7 月 20 日

何應欽電蔣中正摘錄陳儀與磯谷廉介商談中日關係調整談話楊永泰呈蔣中正有關何應欽報告中日代表談話四則

24 7 20

上海

4406

限即到。成都委員長蔣：

哂密。極密。昨日季寬返滬，當與職及公洽詳談一切，
今晨公洽往訪磯谷，其談話摘呈如下：

（磯問）黃主席昨已返滬？

（陳答）黃昨返滬，張主席與本人討論其轉達蔣先生之
　　　　意見，蔣先生已採納。日本如派代表來見，
　　　　自當接見，開誠與談。但何部長之意，最好
　　　　在貴國代表未派來以前，先由我國派蔣先生
　　　　最高親信之人前往貴國一新兩國朝野人士之
　　　　觀瞻，君謂如何？

（磯）如此亦好，但係第二案。最好請蔣先生親往日本
　　　一行，往返不過兩、三星期，其效力之大遠勝
　　　於派代表，此為第一案。

（陳）第一案照目前國內情形尚難辦到，不如第二案較
　　　為穩當。欲速不達，似宜審慎。且之意思，應
　　　先有一腹案斟酌兩國情形，公平親切，期有實
　　　現之可能，然後代表見面談話方有準則，諸事
　　　易於融洽，君謂如何？

（磯）高見甚是，余當於最短期內徵詢中央部意見，與
　　　閣下以極非正式之方式彼此交換意見。但此事
　　　體大，或須相當日子。英、美、俄諸國對中日
　　　關係改善必多方中傷，希望蔣先生不為此等流
　　　言所動搖，有堅固之決心。又此事進行之方式
　　　程序，中國方面有如何意見？

（陳）預備工作（下相談）先與軍部方面作私人之討
　　　論，至討論有相當結果，當此應以外交方式正
　　　式開談，但外交方面如大使處應摘要告知，例
　　　如今日會見情形，俾資接洽。

（磯）甚贊成。本人係陸軍軍人，亦不敢代表全部之

事，但事前之商量先由兩方軍部得到諒解，進行自然較為便利。至於大使處，自當隨時摘要通知，與以聯絡。蔣大使處由貴處通知，有吉大使處由此間通知可也。英、美人均希望蔣先生長在四川，以四川為根據，不審確否？

（陳）英、美人之言不可信，但希望彼此慎重進行，勿可操切，以免增加進行上之困難也。又公兄先於巧日曾訪磯谷一次，據磯谷表示其個人意見關於滿洲國承認問題，中國既有種種困難，將來可以不提」等語，其詳情由公洽兄電陳。

職應欽。皓未秘印。

002-080103-00002-004-002a~005a

■ 1935 年 7 月 23 日

何應欽電蔣中正摘錄陳儀與磯谷廉介商談中日關係調整談話楊永泰呈蔣中正有關何應欽報告中日代表談話四則

來文號次：17

姓名或機關：何應欽

地址：上海

來電日期：漾（酉祕）

來文摘要：

今晨公洽兄晤磯谷，其談話要旨如下：

磯：黨的對內、對外政策及一黨專政主義若不改變，勢

必祇知擁護黨的一部分人之利害，而置人民及國家之福利於不顧，謀兩國之真正親善必不可能，故日本希望蔣先生有澈底之改革。滿洲事變、上海事變中國政府不能不負責任，戰爭之結果，日本係事實上之戰勝者，中國係戰敗者，日本不至於要求割地賠款，但為結束上海、塘沽兩停戰協定，而易以和平條約，中國政府必須有負責之表示。

陳：關於黨的改善，蔣先生現正在考慮中，我想蔣先生必有改革之決心。滿洲、上海兩事變之責任問題應彼此不問，圖感情之融洽，以期達兩國真正親善之目的。自〔至〕於取消上海、塘沽兩停戰協定之手續，可在平和條約內說明。現在彼此以口頭議論，不如以私人關係寫一成文之件，彼此商榷何如？

磯：私人資格寫一條文，互相討論，本無不可。請閣下寫一意見，我們二人相與商榷如何？

陳：我可試擬一篇，改日與君再談。

磯：中國政府之組織太複雜散漫，運用甚不便，迅速召集國民大會，選舉大總統何如？

陳：關於此種問題，中國有關係者亦在考慮中。

磯：國民黨之一部分人總說日本抱侵略的野心，對於中國無好意，自可聽其自然，以待將來之事實證明外，別無他法。故余意蔣先生如果有一變從前政策之決心，誠意謀東亞之福利，固屬甚善；如其不能，無寧聽其自然。

陳：君不必如此悲觀，事在人為，要看吾人如何努力為
　　兩國謀真正之福利。

處理辦法：

此電因有時間性，業已先復：

漾酉、漾戌兩電均悉。磯谷主張結束兩停戰協定，而易
以和平條約，顯係由停戰協定變為政治協定，由軍事方
式變為外交方式，此項和平條約必包羅萬象，在各項具
體問題尚未分別討論、得有結果之前，我方斷不可總括
的示以成文文件之底稿。若率爾為之，則彼方立窺全
豹，將無法應付，必益增進行之困難。雖屬私人資格草
擬，然亦足令彼方知我整個之輪廓，請轉告公洽兄切實
注意我方宜依各個問題分別先後商討，不可全般提示。
且廢止停戰協定，亦祇能於將來條約之末附帶聲明一
語，便可表示，更無須以此而預擬一種文件也。

002-080103-00002-004-006a~007a

■ 1935 年 7 月 23 日

**吳醒亞電蔣中正轉陳蔣方震分析國際局勢對日
外交好時機除軍事經濟合作外二困難處一曰黨
問題一曰滿洲問題並建言各項方策等**

24 7 23

上海（無線）

4453

成都蔣委員長鈞鑒：

芎密。蔣百里先生之復電如下：「皓電敬悉。陸、海、外三部對中國草案已各成立，其會議期似在八月八號至十五號之間，因八月陸軍人員升調就職，財部集中各省預算需一星期始可大定，此內中節目之影響於外交時機者也。美於明年大選舉，英以對德、對伊失歡於法，伊待暑退即須動兵，國聯無力，益形顯著。今冬海縮勢在延期，故英必於明年、美必於後年始能對東方有所規劃，此國際大勢之促進日人外交時機者也。至對日方案中將來最困難問題唯二，而軍事、經濟之協作不與焉，一曰黨問題，一曰滿洲問題。此二者於彼方實無甚大利害關係，而彼必斤斤較量於此者，其心蓋極險毒。蓋今日政體以黨為最高位，蓋黨而可干涉，則將來無事不可干涉，此開侵入內政之端也。滿洲國問題，國聯議決迫我解決，必使我自絕於國聯，即斷我外交之線路，此彼鯨吞之大野心，絕非區區權益問題所能饜足。竊嘗思量以謀應付，則惟有生一種掩護政府之會議以為掩護，一曰以國民會議以掩護黨政，惟必須於交涉發動以前，明令於短期內召集國民會議，則彼若有對於黨之議論，即可決絕告以此事須待全國民意決定，非政府更非外交官所敢容喙。若善為應用，則統一國家，消弭內爭，決定政制，而元首及組織問題皆可迎刃而解，而仍不背於總理之黨綱，既為今日救急之方，亦為將來民族唯一出路。一曰以退出國聯問題掩護滿洲，今英、法不和，國聯已成廢物，日本將來必以防俄、聯美、拒英為骨幹。若我以共同防俄、聯美為言，則我猶有外交路線可走。

英人向來專做後臺人物，稍加以刺激，或足以轉為我助。我若以親信人員赴美，而取聯美不反日態度，則交涉時可先以解決國聯問題為主，而外交路線仍不斷絕，此亦順勢應付之一策也。唯目下彼方著著準備，我必須於事實上求一轉變之法，則所謂大使人選是也。私意以為將來人選最適當者莫如藹士先生：一、資老與彼現在師團長階級同期，日本風氣頗講資格。二、日人專務調查個人私德，於藹公品德素所敬服，久有歷史系統。四〔三〕、才略不露，不招彼方之忌。誠能以藹公為首領，而輔以洞曉日情者如楊宣誠等，則彼重臣青年皆可聯絡，似為今日先聲奪人之一策。又今日陸軍異動一部分已發表，知其陸軍中極左派（即不顧利害之革命派，與中國有誠意）與極右派相結合，而將投機派打倒，與日本政治情勢相同。惟在野之政友會必將與投機派聯絡，今冬政治必起大風波，而彼內閣欲維持命運，則外交交涉之期至遲不能過九月也。自知越範言事，惟情激心痛，不擇其辭，伏維恕宥」等語。再百里先生今日赴青，臨行告職謂「渠過濟須一考查，再建議對華北今後辦法，如鈞座有諮詢之處，奉電即隨時可到」，並此附呈。

職吳醒亞呈。漾印。

002-080103-00003-004-110a~114a

■ 1935 年 7 月 24 日

李烈鈞電蔣中正稱政治洽民情國際得友助速籌最後一戰

24 7 24

青島（有線）

4846

急。成都蔣委員長尊鑒：

机密。今談國事者惟戰與和，此時戰固難者，然必迅籌最後一戰；和雖事勢處此，尤須沉毅，不可倉皇應之。蓋《馬關條約》既和矣，《廿一條》復辱，因而日人橫行。甚度其意，非使中國再和、三和以迄於亡，則所云和者仍不能止其侵略也。自日人唾手占據四省後，復以一中佐之言嘗試於平、津、察，我當局奉如神明，畏如雷霆，一一承諾，猶懼須臾稍遲，此誠亡國大夫之續也。中樞不振，最為危險，漾有、漾電所陳，意欲趁此飄搖萎靡之時，確樹有信用、有能力之中樞，杜日人事事干涉、步步進偪〔逼〕之漸，起全國共赴大侮之心，而於政治必洽民情，國際務得良友，最低限度之密速籌備，是誠危急存亡之秋矣，是即在我公與諸友力圖之。

李烈鈞叩。敬印。

002-080103-00003-004-202a~203a

■ 1935 年 7 月 25 日

何應欽電蔣中正摘錄陳儀與磯谷廉介商談中日關係調整談話楊永泰呈蔣中正有關何應欽報告中日代表談話四則

來電號次：4540

姓名或機關：何應欽

地址：上海

來電日期：有（申祕）

來文摘要：

今日午後二時，公洽兄與磯谷晤談，其談話情形如下：

（磯）前日所談之案如何？

（陳）將所擬綱要——即彼此尊重主權、經濟及文化之
　　　合作、軍事共同防俄等項，與磯谷一閱。（閱
　　　後即仍收回）

（磯）此種原則為兩國計，實屬至當，但現在已談不
　　　到，此係第二步工作。現在日本所希望者，即
　　　國民黨對內、對外政策之一變，將各種妨害親
　　　善之祕密團體澈底解散。蔣先生為國家計，必
　　　須先具此翻然改計之決心，然後將滿洲事變、
　　　上海事變作一結束，負政策錯誤之責任。俟此
　　　二事辦妥，再議實行親善，方能首尾一貫，行
　　　之有效。至日本絕無侵略中國之意，將來自然
　　　有事實可以證明。

（陳）國民黨之改善，蔣先生本有此決心，不過此事體

大，必須相當時日。今年十一月五全代表大會
開會，當有表現。

（磯）蔣先生如果具此決心，等至十一月亦無不可，但
日本從前亦曾聆蔣先生對日本之親善言論，但
事實上無所證明，或且有適得其反之表現，故
此次必須蔣先生有事實上政策業已改變之證明。

（陳）日本國民性太性急，操之過急，於事無濟，應假
以時日，從容討論。

（磯）蔣先生如有決心改變政策，更新國民黨，廢棄一
黨專政之腹案，其實施上應須日子。假如須今
年十一月方能解決，日本可以靜待，但希望能
提早辦理更好！

擬辦：

併有酉祕電復。

002-080103-00002-004-008a～009a

■ 1935 年 7 月 25 日

何應欽陳儀電蔣中正稱日軍部對我一黨專政視為中日問題之癥結故我應自動實行憲政等

來電號次：4514

姓名或機關：何應欽、陳儀

地址：上海

來電日期：有（酉祕）

來文摘要：

一、日本軍部對我國所懷疑者，蓋認所言一切徒為具文，而無事實之表現，尤其認定我國民黨之組織係仿俄國式，黨之政策為排日，對內為一黨專政，故中日問題之癥結所在，尤其重在國民黨對內、外政策改善一點。職等意思，本黨原預定廿五年開始實行憲政，故五全大會必須在今年內提早召集，無論如何自明年一月起即須開始憲政，將日方所最希望者，於其未正式向我提出前自動實行。二、儀在滬與磯谷四次晤談，凡所應談者已盡於此，希望蔣大使能於假滿後早日返任，將此間所已談者向日本軍部、外交當局方面相機表示，藉以探其意向。愚見所及，是否有當？謹乞鈞裁。

擬辦：

一、本年依期召集五全大會，明年實行憲政，迭經宣告國人，雖無對日關係，亦應堅決實施。惟應如何對內、對外提前先有所表示？請考慮核示！二、蔣大使似應囑其早日回任。

002-080103-00002-004-009a~010a

■ 1935 年 7 月 25 日

唐有壬電楊永泰轉陳蔣中正稱日方正裁制激進軍人我方應警戒勿為所乘以致鬆懈

24 7 25

南京

3119

急。成都楊祕書長暢卿先生勛鑒：

侑密。日方裁制激烈，軍人步驟周密，此舉於中日問題前途有甚大影響，惟在外軍人為牽制計，或將在華掀起重大交涉，以陷東京政府於窮地。故此際我方應極端警戒慎重，勿為所乘，尤不可稍有得色，致形鬆懈。雙方清理內部，排除障礙，然後方有靜進之可能。敬祈轉呈蔣先生飭各部屬嚴加注意，此間自汪先生離京後殊形散漫，連次政會空氣甚惡，或將演成彼迎我拒之局，壬竊慮之至。壬個人安危本所不計，但恐孤軍不堪久支耳。

有壬叩。有印。

002-080103-00003-004-026a

■ 1935 年 7 月 26 日

楊永泰電唐有壬已轉陳蔣中正密飭各方注意中樞無主待汪先生康復可回京主持

譯發

七月廿六日下午七時核發

特急。南京外交部唐次長有壬兄勛鑒：

有電敬悉。侑密。日軍部人事異動，我方應極端警戒，尤不可稍有得色，極佩名論，當即轉陳蔣先生密飭各方注意，目下惟華北聯航問題最易揚起大波。此外，各處地方當局已成普遍的畏日病，諒不至惹起事端，為人所乘。日軍人事異動意義之重大，更非彼輩所能知曉。中

樞皇皇無主，空氣日惡最為可慮，幸汪先生健康漸復，兩週後可回京主持，蔣先生已一再去電商之，非中樞有主，一切無從推進，現在唯冀兄苦心撐持。各方情況，並盼隨時示教為幸。

弟楊永泰叩。宥酉蓉印。

002-080103-00003-004-027a~028a

■ 1935 年 7 月 26 日

熊式輝電蔣中正不宜以私人周旋中日親善問題請派蔣作賓或張羣赴東京與日方直接談議及蔣中正復電所見甚佩

24 7 27

南昌（無線）

4602

成都委員長蔣：

嘩密。頃接敬之有戌滬電，略知公洽與磯谷談話情形，想亦另電奉呈矣。其所提出問題可大可小，仍不能視為輪廓，真正輪廓能否由武官之口而得，猶屬疑問。竊以為駐華武官輩只可與為私人周旋，略探其辭氣而止，不能以為談議之津梁。蓋其地位不免急功利、逞智能，稍涉重大問題，仍須請示其主腦而定，武官不過居間裝腔作態，狡獪盤旋而已，反足害事。故重大問題理應就正途，不可循小徑，最好請雨巖或岳軍赴東京訪問其主腦，直接談議。武官與大使若不相下，但與其主腦究不

能分庭抗禮。至慮未得有輪廓，貿然向東京談議，恐成騎虎。其實今日之僵局，已在虎背，將來不得要領，亦不過回至今日之僵局而已，較之間接討論而不得要領為愈也。冒昧陳辭，當否？仍乞察核。

熊式輝。宥酉印。

譯發

廿四年八月一日擬稿

一日下午八時核發

南昌熊主席勛鑒：

宥酉電悉。曄密。所見甚佩。雨岩當囑其早日回任，岳軍固亦欲令其一行也。

中正。冬秘蓉。

002-080200-00240-085-002a~004a

■ 1935 年 7 月 29 日

何應欽黃紹紘陳儀電蔣中正商討應從對外對內兩方面進行日方希我方從速辦理黨之改善及對內對外政策在對內問題擬請中央給予汪精衛行政全權並授權蔣汪政治會議正副主席名義執行重要事務案

24 7 29

上海

4817

即到。成都委員長蔣：

有酉秘電計達。哂密。極密。職紹竑昨由青島返滬，當
與欽、儀等對於中日問題從對外、對內兩方面慎密考
慮，其結論如下：（甲）對外方面：1. 磯谷未有具體表
示之原因，或以其陸、海、外三部正在會議對華政策，
在會議未畢以前，當然磯谷不能有具體案。2. 日方最注
意者，為黨之改善及對內、對外政策之具體改善，我方
似應對於此點自動從速辦理，在日方商討對我實施方案
期間有所表見，有所準備，否則日方方案決定之後，不
問我方意向如何，彼必斷然實行，再無迴旋審顧之餘
地。因此有下之管見：1. 在此接洽之工作已畢，應請蔣
大使從速返任，將我方對日親善方針傳達日中央部，並
多方探討日中央部真意如何。2. 外交部長應速派定。
（乙）對內問題：1. 汪先生既決定於下月初病稍愈即返
京，擬請中央對於行政方面予以全權。2. 對於中政會議
授權與蔣、汪兩先生，用政治會議正、副主席名義執行
各項重要事務案，鈞座如贊同，應請早日實現。3. 對日
根本方針確立後，應使中央同志均能明確認識，一致奉
行；如有亂發言論主張者，應予嚴厲之制裁，以免無人
敢負責任，妨礙進行也。昨接岳軍兄宥電，亦謂「內外
情勢如此緊迫，若不對內外同時並進，為最大之英斷，
祇向人的方面研究孰任外交、孰赴日本不僅無補，且恐
夜長夢多，前途荊棘愈見蔓生，更不容易著手」等語，
務乞鈞座衡酌國內外情形，俯察職等有酉電及此電呈述
各點，速決大計，早日施行，是所至禱。

職應欽、紹竑、儀。豔午秘印。

擬辦：

擬覆：雨岩兄最遲八月中旬必須由滬東渡返任外長，應否先行改派，尚待研究，所擬對內三點及有酉電之主張均屬可行。惟應採如何方式表現及其步驟如何？兄等於晤雨岩後，尚盼切實商討見告。

已令抄提發（有酉電即主張今年提早召集五全大會，明年一月起即須開始實行憲政。）

委座已親復。

002-080103-00003-004-259a~262a

■ 1935 年 7 月 29 日

陳儀等電蔣中正對日外交應由被動轉為主動如華北聯航等事由我方自動與之合作另中國國民黨之改善提前實施憲政等均係當今實務等文電日報表等二則

來電號次：01

姓名或機關：陳儀

地址：福州

來電日期：世（亥）

來電摘要：

感電敬悉。弟今日已抵閩，在滬接洽情形，敬之、季寬二兄均全明瞭，派員赴日問題，可由雨岩兄向東京接洽。此時對日外交，弟意應由被動而轉為主動，向東京當局岡田首相、林銑陸相、廣田外相等開陳我方誠意，

其勢不能拒絕之問題，如華北聯航及上海福岡聯航等
事，必不在待彼之催促，由我方自動的與之合作。此
外，黨之改善、憲政實施之提前、中樞機構之使之簡單
健全，及各幹部對內對外意見之統一，均係當今實務，
擬請轉陳委座斷然決行，則對日外交自能與以良好之影
響，時不可失，不勝切盼。

擬辦：

（此係致職電）

已先復：甚佩卓見，已轉陳委座核閱。雨岩冬晨已飛返
漢、滬，大約中旬可東渡返任，合附陳。

批示：

如擬。

002-080200-00456-151

■ 1935 年 8 月 2 日

**劉維熾電蔣中正建議對外方針速定對內團結不
容緩集中各方人才共圖建設明定賞罰**

24 8 2

南京（有線）

5044

成都蔣委員長鈞鑒：

芹密。稽候經時，馳嚮不可言喻，敬想福躬康健，頌禱
無量。前者察、冀多故，流言所播，謗及西南。熾以為
國家險象環生，自非喪心病狂，斷不出此道路，傳聞不

敢置信，厥後群疑大白，當用喜慰。是年來邦基杌陧，
與日俱增，外而強鄰壓迫，欲避不能；內而地方隔閡，
未盡消除，置火於積薪之上，恐非長治久安之圖。哲生
兄憂國情切，愛公尤深，故於離滬赴青時會陳管見，鈞
座復電當已轉青。熾夙承青睞，時忝擇稱，苟有愚者一
得，未敢壅於上聞。竊謂對外方針固應速定，對內團結
亦不容緩，誠宜集中各方人才，共圖建設，明定賞罰，
計日程功，行之數年，必有可觀。若非然者，恐時不我
與，事勢益難矣。管蠡之見，尚祈裁察。

劉維熾叩。東印。

譯發

廿四年八月七日擬稿

七日下午十二時核發

南京實業部劉次長勛鑒：

東電悉。復密。哲兄等電早已照復，惟尚無具體辦法，
請兄詳告為盼。

中正。齊秘蓉。

002-080103-00003-004-264a~266a

■ 1935 年 8 月 3 日

張羣電楊永泰日本就中國是否承認滿洲國分兩派意見及對日問題應以此著手預定對策及楊永泰復電在不承認原則下謀求因應

24 8 3

武昌

3165

成都楊祕書長暢卿兄勛鑒：

東戌祕蓉電敬悉。仔密。弟辭去鄂職，擺脫羈絆，則活動力大，奔走自由，否則常務、特務內外交縈，晝夜勞思，實深痛苦。遇機仍懇兄善為婉陳，務期得請至禱。雨岩兄昨抵此，今晨返籍，二、三日後赴京，一切已與略談。現在對日問題，第一難關即為對偽滿問題，自正常外交步驟言，我方對此問題，斷置如作懸案，暫時不提，事實上已同默認，可謂最大之讓步。但在日方情形，少壯派中之激烈者，初無與我方談此問題之意。蓋渠輩恐偽滿問題談有解決辦法，則所謂非常時不得不告一結束，一切軌外活動，將受限制，無法再施展其技倆。少壯派中之穩健者，即擁護清軍運動、贊助中央統制強化之一派，則以解決偽滿問題、結束非常時期、裁制激烈派自由行動、達到統制強化目的，為其新定國策。觀其任何一方，對華所取策略，均含有對內之作用。據京城領事范漢生來談，宇垣與林、南兩大將間均有聯絡，其主張亦以我方如能承認偽國，其他一切問題

均易商量為言，並派前三井上海支店長上仲常明（係資本家之一，已十餘年未問事）祕密來滬接洽，現正由有壬與彼晤談，情形如何，弟尚未悉。據膺白兄聽得東京消息，謂本月中旬政治或有變化，宇垣頗具有潛勢力云，足證其有蛛絲馬跡之可尋也。我人就國家及革命立場言，斷難承認偽滿，且承認之後中日問題是否即可解決，任何人亦難保障。其在日方，表面上贊同不談此問題者，固別有用心，還欲再生枝節。至迫我承認偽滿者，表面上雖予吾人以異常難堪，而事實上則尚有求此案告一段落之意。兩派為便利私圖，其主張互異，利害亦個別不同。故今日談對日問題，必須從此著手，為深切之研究，以預定對付，顧茲事體大。弟近來焦思極慮，繞室旁皇，兩害相權，苦無妥見，以資決策，未悉高明之意以為如何？尚祈示知，並請轉陳是荷。

弟羣叩。江印。

譯發

廿四年八月八日擬稿

八日下午十一時核發

武昌張主席岳軍兄勛鑒：

江電敬悉。0098 密。經已轉陳。偽滿承認問題，對國家、對革命及對國際聯盟之立場，均絕不能辦到。承認以後，無論何人亦不能保障其不再生事端，且對方內部之勢力消長無定，或主不談，或主必談，皆含對內作用，尤非遷就一方、一時之意所能了結。祇能在牢守

不承認原則之下，以謀因應。高明如兄，想必能相機
運用矣。

弟楊永泰叩。庚亥秘蓉印。

002-080200-00242-063

■ 1935 年 8 月 3 日

何應欽電蔣中正將政整會軍分會合併改組受軍委會行政院之監督直接對中央負責

24 8 3

南京（無線）

5075

特急。成都委員長蔣：

哂密。極密。北方局勢異常複雜，其所以致此之故，實由於政治機構之不健全與組織統系之不劃一，架床疊屋，層層牽制，利未收而害先見，長此推演，必非了局。以職愚見：（1）宜將政整會、軍分會合併改組為國民政府或行政院駐平辦事長官，受軍委會、行政院之監督指揮，負責處理北方軍政、外交事宜。（2）政委會、軍分會均取消，各省軍政事宜，由各省政府直接對中央負責，外交由中央直接辦理。以上兩種方案究以何者為宜，或另定其他方案，敬乞鈞裁。

職應欽。江午秘印。

譯發

廿四年八月七日下午六時擬稿

八月七日下午六時核發

特急。南京鬥雞閘何部長敬之兄：

江午秘電悉。哂密。昨電諒達，中意以取原有兩機關之一，不遽換名稱而變其性質為宜。如照兄意，則取第一方案為妥，如何決定請與汪先生詳商之。但無論何種名義，總以兄北上主持為樞紐也。

中正。陽秘蓉。

002-080103-00003-004-069a~070a

■ 1935 年 8 月 6 日

何應欽電蔣中正據陳儀提示磯谷廉介所提《中日友好條約之綱領》原文

24 年 8 月 6 日

自南京發

號次：5422

即到。峨眉委員長蔣：

渤密。極秘。公洽兄提示磯谷原案其原文如下：

《中日友好條約之綱領》

中日兩國為共存共榮、保持東亞永久和平起見，商定原則如左：

（1）雙方應以誠意互相尊重對方之獨立與主權並行政之完整。

（2）任何一方不得有破壞、侵害對方及庇護禍害對方者之行為。

（甲）軍事問題：（一）以防俄為兩國之共同目的。
（二）為達成上項目的起見，器材、技術、資源應互助
之。（三）《上海》、《塘沽》兩協定應即撤廢。

（乙）經濟問題：（一）以平等互惠、貿易平衡為原
則。（二）中國所需要之工業品在價格與其他國相等或
較低廉時，儘量購買日本國產品。（三）日本所有需要
之工業原料儘量向中國購買，中國所產工業品日本亦依
照上項原則向中國購買。（四）中國政府以自力對於財
政、金融產業有所設施時，日本以善意的精神盡力協助
之。（五）日本對中國投資如條件相宜，中國儘量容納。
（六）需謀兩國工業之協調。（七）求兩國經濟之互惠
發展，日本應率先拋棄不平等條約。

（丙）文化問題：（一）關於昌明東方文化、發揚儒教
思想，雙方應有共同之努力，以確保東方精神之特點。
（二）兩國國民間關於增進學術文化合作之團體及事
業，雙方政府均予以鼓勵及扶助」等語。

職應欽。魚午秘印。

002-090200-00016-254

■ 1935 年 8 月 7 日

吳醒亞電蔣中正轉呈蔣百里電稿建請蔣中正乘日本軍人氣之正衰策之未定應出而主持對日大局並改善我方機構等

24 8 8

上海（無線）

5350

特急。成都蔣委員長鈞鑒：

艻密。蔣百里先生由青寄來電稿如下：「北變以來於今兩月，每陳妄說，重荷垂青。今竊以為外交最後之時機將去，非我公出山，重新部署，絕不足以應將來之難關。非敢有私於公，然今公之私即國家之公，故敢貢其最後之愚忱。夫勢之強弱有定衡，而氣之盛衰有消息。外交等於作戰，則當乘敵氣之衰，而利用我氣之盛。自九一八至一二八，敵氣之至盛也，自是稍衰，而張氏乃得安坐於北平者一年餘。熱河之役又張矣，至停戰協定者又稍衰，於是兩委會又得敷衍北局者一年餘。今北變之後，彼內部合理派乃與投機派力爭，各持革命分子以自重，重臣乘之以成四部會議，此敵氣之正衰也。而二月以來，我方則感於禍至之無日，除別有肺腸者，皆能平心以謀自救，此正我氣之盛也。公不乘此大機，坐以苟安者餌彼外交派之甘言，日割零碎經濟上血肉以餧餓虎，而坐待其氣之再張，此何可耶？故欲聯絡外交、財閥以制彼軍人者，皆夢囈之談也！廣田之力何如伊

藤？伊藤只不能制止軍人，廣田政治生命至多不遜一年
耳。財閥對內則為革命派之目標，對外則為侵略派之主
體，真所謂得尺則彼之尺，得寸則彼之寸者，此又烏能
恃以對付一時者？今當乘彼軍人氣之正衰，策之未定，
以最後之決心，圖最後之和平，使面目一新，而人心為
之一變。則公今日一出，至少可保五年無事，外交之成
功可操券也。此對外之，公之宜出者一也。往者震所測
度彼外交方案必經三部會議，今報則又加入大藏省，此
經濟侵略之成案，公處可令他人處置之耶？且姑以對峙
之形勢言，彼方合四部之謀我，日日見面，窮極利害，
而我則事事須憑三、四方面之電報以判斷一切，公試以
軍略度之，誰勝誰負耶？南京且須憑電線而始能一致，
遑論全國！以震觀之，今日經濟崩潰之危，更有甚於外
交者。若不另謀一宗大款，則全國將枯竭以死，而此款
求之英、美不可得也，借之日本尤不可能也。英之談判
借款，暗中實欲與日本平分中國。借款果成，則日英同
盟瓜分南北，而日海軍未之許也。美決無大款可借，如
其有之，適足以促日軍人之怒；借小款以貽口實，尤不
合算。至於日財閥若不得日軍人十年不用兵之保證，誰
肯投資者？且果其成也，是全體受其支配也。然公一
出，則此問題亦自有妙法可以解決，天然寶庫自在公之
心中，持杖之開耳。且即以軍事言，經濟是其根本，外
交是其花果，以今日外交、經濟之危急，則公所苦心經
營之軍事直等於一竿枯木，萬不足救此垂絕之國命。此
對內言，公有不能不出之勢者二也。抑震所謂重新部

署、面目一新者，更自有說。自九一八迄熱河，抵抗雖失敗，交涉猶可言成功也。自停戰協定以迄今之北變，則交涉亦失敗矣。乃者北變之經過並屈伏〔服〕而亦失敗，以二、三黨員之故，牽涉及於黨之威嚴；以全盤承認之局，而仍留不斷的未來糾葛，果敵人狂慾之無厭，抑我方機柚〔構〕之不良。惟此電負國重責，痛定思痛，血湧心摧，今積衰之餘，若不一變面目，實不足以鼓大氣而戢戎心。且目下機柚〔構〕若不改良，雖有良策，抑且因時間部署之不及而遭失敗。此又願公之急出者三也。總之，今日公有可出之機，有成功之望，有不能不出之勢，有萬萬不可因循之危。方震自喪愛女，悒悒寡歡，留此餘生，僅蹐東海，故每有陳述，輒口不擇言。伏維矜恕而採擇之，無任惶悚，激切之至」等語。特此電呈。

職吳醒亞呈。虞亥印。

002-080103-00003-004-116a~121a

■ 1935 年 8 月 9 日

孫科電蔣中正稱應內謀團結而外交問題與日謀和宜慎定人選並盡全力發展經濟建設等

2489

南京（無線）

5471

成都探轉蔣委員長介公賜鑒：

養電敬承。佑密。至仰虛懷，敢不竭其愚誠，續為獻
替。竊以國難日亟，敵燄益張，舍團結無以圖強，非一
致不能對外，此義至淺，盡人皆知。然四年以來日言團
結，而卒未見實現，則心理所關，實非淺細。蓋共信不
立，互信不生；互信不生，團結不固。昔年季陶兄所言
之病，今正中之現。欲謀真心團結，舍從共信互信做
起，固末由亥。中央之與西南，以歷次政治糾紛未能互
信，毋容諱言。顧如何而始能將彼此疑忌之心理廓而清
之，則公之責任實較同人為重。各地軍事首領何莫非公
部屬，果能示以寬大，放棄防範態度，粵、桂沿邊不復
駐防重兵。當此國難時期，彼輩誰將喪心病狂，敢於稱
兵略地，以為十九路軍之續耶？此欲請公垂注者一。外
交問題，當此國力未充，與日謀和，自無不可。惟日方
意嚮究竟如何？我國無資望相當之人與日方最高領袖直
接商討，僅靠彼一、二非站在吾黨主義立場之日本通者
與其領事、武官隨意妄談，實中人計。前者亮疇兄東
渡，原欲以私人資格一為試探，弟意此事似仍請其繼續
進行，似較別人為宜。以渠既非親日派，亦非反日派，
而能特有其大中至正之立場也，此欲請公垂注者二。吾
國今日經濟危機愈益顯露，即無敵國外患，挽救已難，
勿論將來或和或戰，而當此時期，於培養國力、經濟建
設實當竭全力以為之。但回顧過去幾年建設成績，除公
路極有進步外，餘如鋼廠、各礦均尚徒記空言，金融窘
乏尤前所未見，則以經濟委員會於經濟統制，猶未能盡
量發揮其機能耳。竊以今後於此當急起直追，使凡有關

經濟建設之各部，咸與經委會為直接密切之聯絡，由此計劃監督，而由部執行，庶生使臂使指之效，然後經濟建設乃能邁進，不至如今日之議論多，而成功少也。此欲公垂注者三。有此諸端，均愚見認為於今後施政綱領所關甚大者，轉電瀝陳，仍候明教。

弟孫科叩。陽。青島轉京發。佳印。

譯發
廿四年八月十四日擬稿
十四日下午五時核發
特急。南京立法院即轉孫院長哲生兄勛鑒：
陽電敬悉。佑密。所見甚佩。粵、桂沿邊自共匪西竄後，久已不駐重兵，事實具在，何兄亦作此疑慮耶？亮疇如能繼續效勞，自所企盼。第今日外交問題，先貴中央整個國策之決定，內部意見步趨之齊一，而人選則尚屬次之，癥結在此，想兄亦必謂非。經濟建設誠屬重要，尚盼與中央諸同志切商及之餘，望在廬山約晤面詳。

弟中正叩。寒酉秘蓉。

002-080103-00003-004-268a~272a

■ 1935 年 8 月 14 日

陳儀電蔣中正據甘海瀾交來磯谷廉介所提中日直接交涉要領案全文內容並請先定國是再與日本交涉及蔣中正復電此等喪國條件應當面謝絕且不予轉達

24 8 14

福州（無線）

5811

特急。峨眉委員長蔣：

。伊密接甘海瀾君八月十日報告，據云磯谷向彼提示中、日直接交涉要領案全文如下：第一步：（1）中國對於滿洲、上海事變表示以全責任，直接交涉而圖解決之意志。（2）為期右交涉之成立，鑑於中國之現勢，應請委員長親自出任。（3）兩事變之原因為國府在粵時所採之容共政策，至現在雖將共產主義除去，而其政策不問對內、對外確認其尚有存在。鑑於該政策有阻礙中、日國交且紊亂東亞和平，請一律斷行更正。（4）（一）舍去右政策之一國一黨主義。（二）國民黨之組織一律撤銷。（三）更正以黃埔軍校出身之軍人為基幹組織之中央軍。（四）解散其所組織之一切祕密團體，使根絕其違反中日親善之內面策動，並禁止妨害中日提攜精神之一切行為。（5）滿洲事變勃發以來，日、滿間成立之諸條約協定，中國以祕密文書致於日本予以一律是認。（6）中國漸次努力，以求釀成中國承認偽國

之空氣,正式承認偽國時期,即實行第八項之時期,同時中國與偽國開始交涉,求達以上諸項為目的之中、日直接交涉時,中、日用祕密文書使中國默認關於偽國之內治、外交之程度為止。(7)兩事變成立之停戰協定加以更正補修,以協定精神維持華北、上海兩地將來安寧秩序。第二步:(8)以上依直接交涉確認已實現時,中、日兩國以政府名義為確立東亞和平,以相互平等之精神締結軍事、外交、財政、產業、文化各種條約,使其實現互相援助協力之實質。磯谷雖謂此係伊之私案,實亦日本軍部方針,磯谷囑其轉交於儀及何部長,並望儀最近去滬再與商議。查磯谷所謂第二步,即關於儀七月二十五日給彼閱看而即收回之《中日友好條約之綱領》(其談話大要曾由何部長電陳)。當時彼僅言此係第二步工作,而未提第一步之完全方案。今彼既提第一步,究應如何對付,應否由儀去滬面談?均懇鈞裁詳示。對日交涉已處於非解決不可之地步,事實既不允許遷延,時機亦不可或失,惟中樞有確定一貫之政策,又有健強敏捷之機構,實為辦理外交之前提。此兩條件不具備,縱對磯谷交涉,亦恐終無結果,務請鈞座即速東下先定國是,然後再與日人交涉。是否有當,伏乞採擇。

職陳儀。寒印。

譯發

廿四年八月卅日擬稿

八月卅日下午三時核發

急。福州陳主席公洽兄：

寒電悉。0764 密。吾兄對此等亡國條件之感想如何？
敬之於未告中之前，已交甘退還謝絕。以後對於此等
事，兄亦應當面謝絕，且不能轉達於中也。

中正。卅秘蓉印。

002-080200-00245-024-002a~006a

■ 1935 年 9 月 12 日

蔣作賓函蔣中正回任後與廣田弘毅等交涉滿洲問題等情及日方當局態度

介公鈞鑒：

前在川、盧敬聆指導，至為佩感。在京拜別後，即準備
出發。八月廿五日乘俄國皇后號東渡，廿七日抵長崎，
廿九日抵神戶，卅一日抵橫濱。沿途均接見新聞記者，
發表政府及我公之態度，並願與日謀親善之誠意。各方
對之，空氣甚佳。九月二日晤廣田，略談大概，約定四
日再談。四日因林陸相辭職，改約七日詳談，屆時偕丁
參事前往，廣田亦偕祕書在官邸相候。初即以我公指示
各節與之詳談，其措詞頗為沉痛，渠亦深為動容，漸次
談入以後辦法，談話大要已如另紙。談話中所列各原則
等均為日人平日所表示，認為當然應辦之事，故談話時
列入，以為將來地步，於進行上亦至為有益。連日來又
將尊意向其他重要方面表示，除少數軍人外，亦多諒
解。再查日本各方之意，對於滿洲問題，深知吾國萬難

承認，亦似不甚堅持，惟軍部與外務省意見仍難一致。
賓初到東時，即有接近軍部方面者來云無論有何意見，
須先與軍部商洽，否則縱為軍部所應贊同之事，亦必出
而反對或破壞之，甚至發生惡影響。然賓為外交立場起
見，只能認外務省為對手，一切意見祇能向外務省交
涉。但欲求事之成功，又不得不暗中間接設法分向軍部
疏通，前曾將尊意及各原則告知近衛公爵（渠在軍部方
面頗有潛勢力）及秋山（渠為軍部方面之策士）等，並
託其徵詢軍部統一之意見。近衛公爵謂：貴國此次決心
及所談各原則若在荒木等當局，當毫無問題，即刻可以
照辦。不過現時尚須向軍部及關東軍方面分別疏通，恐
須稍緩時日，始有以報命云。日本軍部方面，自永田局
長被刺後（反荒木派積極進行排斥運動），荒木派又漸
擡頭。蓋以荒木派頗主張維持中國現政府及現勢力，用
溫和手段使其與日本軍部一致共同防俄。至非荒木派之
少壯派則主張搗毀中國現狀，用強硬手段使中國屈服，
再與一致共同防俄。如關東軍之板垣、土肥原及軍部之
酒井、影佐等，均屬於後一派。欲使其完全上外交軌
道，恐非短時間所能辦到，此所謂困難中之困難也。
好在現時日本各方面自賓到東後，已深知吾國決心與
日謀親善，若能因應得法，或可望其漸趨好轉。不過
中央各機構及黨部組織，當絕對防止外人置議。然日
本朝野關心中日事者，希望中國改革之意則甚殷摯也。
又蕭武官連日與軍部之楠本、影佐等接洽，彼等仍堅持
非承認滿洲國，不能談論其他問題，並謂此時若置滿洲

問題不談，縱中國欲與日本親善，日本亦決不與中國親善，因中國不承認滿洲國即為無誠意云云。併以奉聞。手肅。敬頌鈞祺。

　　　　　　　　　　　蔣作賓謹上。九月十二日。

附與廣田談話報告壹份。

　　　　　　　　002-080200-00250-086-002a~008a

■ 1935 年 9 月 21 日

何應欽電蔣中正擬與汪兆銘及朱培德唐生智等慎密考慮及視與日方接洽情形再決定是否赴日

24 9 22

南京

8277

急。成都委員長蔣：

皓秘。養電奉悉。渤密。遵與汪院長詳商，汪院長亦謂在目前環境之下，如能由職赴日一行，於中、日國交不無相當裨益。惟職所最顧慮者：（1）即日方招待形式上是否能如我所預期，不致影響我國家立場。（2）我國內少數不明大體者或因職之赴日而引起其他誤會，似尚須於事前作相當之考慮。因有此兩點，故職尚擬與汪院長及各有關係同志如益之、孟瀟諸兄作慎密之考慮後，並視與日方接洽情形如何再行決定，謹先呈聞。

　　　　　　　　　　　職應欽。馬戌秘印。

　　　　　　　　002-080200-00251-047-002a

■ 1935 年 9 月 21 日

楊杰熊斌電蔣中正蕭叔萱與日本軍官影佐禎昭等談話情形報告

字第 124 號共 59 字

委員長鈞鑒：

據駐日武官蕭叔宣第十八號報告稱與日本軍官談話情形，除另抄送何部長暨汪兼部長外，謹隨文抄呈。

職楊杰、熊斌叩。御馬印。附抄件。

中華民國二十四年九月廿一號

駐日陸軍武官蕭叔宣第十八號報告

目錄

一、九月五日在阿部大將寓談話

二、九月六日參謀本部中國班班長楠本實隆談話

三、九月七日陸軍省滿蒙班班長影佐禎昭談話

四、九月八日第一師團長柳川平助中將談話

五、九月九日在鄉軍人會副會長和田中將談話

一、九月五日在阿部大將寓談話要旨如左：

（宣問）：宣到日以來，對於中、日提攜實覺盡微力，蔣委員長亦頗著眼東亞大局，決心與日本誠意親善，但少壯派有以承認滿洲為言者，此徒使事態愈難收拾也。蓋談及滿洲問題，則中國惟有要求撤消而已。

（阿部答）：以余個人所見，對於暫時不談滿洲問題頗為同意。先由他事著手進行，以免因此

問題妨礙親善提攜之進行也。

（宣問）：川島任陸軍大臣，此人對華意見如何？

（阿部答）：川島對華無特別見解，仍以陸、參兩部對
　　　　　　華主管者之意見為參考。故君務與主管
　　　　　　者交換意見。

（宣問）：日本報紙屢傳張主席輩有來日消息，是否可
　　　　　靠？宣因未得國內消息，故亦未明真相。
　　　　　但以閣下之意，張主席來日有無意義？

（阿部答）：張主席離日久，何妨以私人名義來此一
　　　　　　遊，順便與知交晤談，藉以聽取意見。
　　　　　　但不可期待太切，因際茲時機不能有多
　　　　　　大收穫也。

二、九月六日與參謀本部中國班班長楠本實隆談話：

1. 滿洲問題係中、日惡感之主因，如欲真提攜須先除
去此惡因，欲除去此惡因惟有速速解決滿洲問題。
今不解決此問題而言親善與提攜，無論何人皆知其
為偽，如此偽親善、偽提攜實毫無益也。我等同
學，不應誑語，故竭誠奉告日本對於滿洲絕難取
消，不惜冒天下之大不韙而退出國聯，不惜以世
界為敵而維持「滿洲國」，則其不能取消也明甚，
中國對於此事只有二法：

a. 因滿洲問題而對日發生惡感，此係理之當然。至
於提攜親善，無不是偽。

b. 自東亞大局及中國自身現狀觀之，若認抗日為
不利，則只得忍痛承認之。今不言承認而言親善，

三尺童子皆難相信為真。又上海、華北兩停戰協
定亦趁此時速為清算，改為政治協定。

（宣答）：勉強承認亦係不自然，惟有取消則甚為自
然。今日本不取消，中國不承認，是中日
關係前途將因此而停頓。自東亞大局遠處
著想，君之此說過於偏激，余認為十分遺
憾也。

2. 灤洲劉案尚在調查中，已委天津軍辦理。中、日如
此下去，結果於中國有害，若不速有歸著，日本
殊難久待矣。

宣告以灤案余個人所得情報與貴方所得者不同，且歹
人何國蔑有，日本能擔保其必無乎？（楠本答：視其
背影如何，而加以適宜處置，最為必要。）

3. 報傳張主席擬來日一節，真否難知，如非為解決滿
洲問題而來，則來日頗無意義。蓋交換意見業已
數年，彼此均已認識，此外更無交換必要也。

4. 上海、福岡航空聯絡一節，於兩國無害而有益。
中國縱云「飛機不足，不能與諸外國同時開始聯
絡」，但日本與中國如此接近，較任何國不同，
自應先各國而行聯絡，何必顧慮各國仿效。

三、九月七日陸軍省滿蒙班班長影佐禎昭談話：

1. 撇開滿洲問題而談親善，是顛倒事實也。日本介
在中、滿之間，日與滿係不可分，日與滿好而中
國與滿不好，則中、日亦無從好起，事理至為明
顯。故在此現狀之下，而談文化、經濟、軍事之

提攜，絕非可能之事。故承認「滿洲國」係一先
決問題，但即時承認抑係將來承認尚不必爭，此
遲早問題。中國必須先有承認決心，而後想辦法
漸漸移轉國內空氣，例如中國先行除去「偽」字
稱呼是也。承認困難之點，據傳如承認滿洲，則
政府有倒潰之虞。試問中、日如果真合作，各派
有何法以倒政府？且中、日合作後，中國對於共
產黨討伐至為輕易，蔣委員長亦何至如此勞苦外
交辭令，以為不談滿洲問題可以親善，均係騙人
之語，若我等則直言無隱也。

四、九月八日第一師團長柳川平助中將談話：

（按：柳川係荒木派第一健將，前任陸軍次官，現有傳
其再為陸軍次官者，似屬不確。）

1. 承認滿洲國如一時做不到，可讓諸將來再談，此
時尚無急急。滿洲事實已成如此局面，日本亦可
不急也。且承認滿洲與否，不應由軍部少壯提及，
另有外交途徑可循，中國只埋頭按正道做去，不
仇日、不排貨，循國際應走之路行去，不必提及
親善或提攜，而已向親善提攜之路前進矣。凡談
親善與提攜者，則其人必不親善、必不提攜也。

2. 前方軍官任他如何胡鬧，未得中央許可或加以推
進，斷不能自由行動。前方雖有意見，中央如認為
非正當，不以為然時，則不予以推進。故中國只
判斷其事理之如何，不必以少壯為對手而多所顧
慮。滿洲、上海兩事變此係例外，誰是誰非，暫

且不談。華北戰爭以余所知，中央只認長城線為
滿洲國境，故平、津指日可下，而去令停止攻擊，
隨即撤兵。即此一事言之，中央祇以事理為憑，
斷不至為少壯所牽制。此外，至去歲八月以前，
前方軍官有無非理言動，君可一按事實便知個中
消息。此後如何，則非余所知等語。其意即彼在
次官任內無此現象，八月以後情形如何，因彼已
轉任師團長，真相莫明也。

宣乃提臧〔藏〕本失蹤，鬧得滿城風雨事以難之。彼
答此係須磨判斷錯誤，以為被害，及至事實明白，日
本亦祇得認錯而已。

宣又提酒井前次在華北行動時，林陸相對新聞記者
談話，亦認天津軍行動尚非無理等語以難之。彼答：
「日本新聞極不道德，所言均不可靠，如信新聞所
言，則中、日永不能親善。總而言之，中國盡可循坦
坦大道行去，日本標榜王道主義，豈能以強凌弱，對
華加以非理乎？以亞國之弱，幾不成國，義大利果能
一口吞併之乎！日本雖強，何能滅亡中國乎？中國有
此自信，則何憚非理之加乎？余與君忝屬舊交，知無
不言，言無不盡也。」

五、九月九日在鄉軍人會副會長和田中將談話：
宣聞川島新任陸軍大臣雖無色彩，似仍與真崎接近，乃
以詢之和田中將求其答解。陸軍派系無論何人，本不肯
告人，因與其自身及國家關係甚大也，宣與彼以師生關
係，故彼亦義無容辭，其談話如左：

1. 余任陸大教官時，川島係余學生。川島畢業後留校為余補助官，代記學生成績之點數等。故知其為人穩健，絕無私心、無黨派，林陸相推荐川島即以肅軍之事託之也。渡邊大將（現任教育總監）與林陸相過於接近，恐其下手太驟。至林陸相則嫌太弱，而川島手段則介在渡邊及林銑之間，故最為適宜。

2. 真崎、荒木前此分任教育總監及陸軍大臣，彼等欲作私人勢力，故對於接近自己之人多所扶掖，而一部意志薄弱之人則與其勾結。今彼二人皆去職，已無能為矣。其殘存勢力不足十人，此後分期異動，可以漸次肅清，不足為慮。秦中將業已編入預備，步兵學校長松浦中將、陸軍省整備局長山岡少將、陸大校長小畑少將、第一師團長柳川中將及鈴木貞一大佐皆在被擯之列，即真崎、荒木自身亦將不保，謂予不信，請拭目觀之。

3. 君云真崎憤慨，盡可無慮，蓋愈憤慨愈促速亡也。至所云石原莞爾及橋本欣五郎大佐不特不與同系，且對真崎、荒木之行動極端反對之。

4. 新任軍務局長今井中將及人事局長後宮少將皆余舊部，均係穩健之人，可信其無大差。

5. 宋哲元與日惡感已深，此次被任平津衛戍司令有無問題，余甚懸念。

（完）

■ 1935 年 9 月 22 日

蔣作賓呈蔣中正有關與日相岡田啟介談華北事件滿洲國等中日問題宜速解決

介公鈞鑒：

前日與岡田首相接談，其措詞與對廣外相無多差異，僅有簡略之不同，惟對於華北事件責之甚力。渠謂華北事件誠有錯誤，然此亦因滿洲問題而起，滿洲國已為日本承認，成為事實問題，不能更改。對於此問題，似不能不有一辦法。又謂中、日兩國問題，宜趁此歐事紛擾、無暇東顧之時趕緊自行了結，否則歐事平靜，恐不免伸手向東方干涉也。蔣公真意已切實了解，吾人當努力以期其成，並煩致意問好云云。查日本近來對於義、阿之爭甚為注意，在軍人方面甚盼其早日發生戰事，彼等即可在東方為所欲為，甚至欲乘此時機取得所謂南方生命線，如南洋、英屬、荷屬等等。若英、法調停得告成功，又恐歐美合力以向東方處置中、日問題，故此時一切注意，較尋常尤為緊急。實到東後本我公意旨，曉以東亞及中日利害，開誠相示，各方漸覺吾國確有誠意，頗能瞭解，不似以前之絕對不可理喻也。秋涼，維珍攝萬端，手肅。敬頌鈞祺。

蔣作賓謹上

九月廿二日

002-080103-00002-002

■ 1935 年 10 月 5 日

楊杰熊斌電蔣中正據蕭叔萱電稱連日與少壯深談其結果中國對日現狀未改善前日本不能親近至滿洲問題日本亦不迫中國承認等語

24 10 5

南京

9461

成都委員長蔣鈞鑒：

調密。據駐日武官蕭叔宣微電稱：「連日與少壯深談，其結果係中、日非不能接近，但中國對日現狀未改善以前，日本不能親信。至滿洲問題，日本亦不迫中國承認等語。此中微妙叵測，非電函所能詳述。職如能前往華北各地視察後，屆時再行面秉」等語，謹先電呈。再查該員前曾電部請赴華北視察經商，何部長認無必要，未予准行，合併陳明。

職楊杰、熊斌叩。尾御印。

002-080200-00254-039-002a

■ 1935 年 10 月 9 日

**外交部總務司電蔣中正據蔣作賓稱與廣田弘
毅談及中日親善問題決對華提三大原則認為
中國須先放棄以夷制夷之外交尊重偽滿與聯
盟防共等**

24 10 9

南京

9816

長安蔣委員長鈞鑒：

使密。頃接蔣大使電稱：「昨與廣田談多事後又中日親
善問題，茲擇要電呈如下：廣田謂月餘來與各方商討對
華政策，並將貴國所提意見一併徵詢，現已大致決定對
於貴國所提三大原則，認為應當照辦，惟實行順序貴國
須先同意下列三點：第一點，中國須絕對放棄以夷制
夷政策，不得再藉歐美勢力牽制日本。如仍舊陽與日
親，陰結歐美以與日仇，絕無親善之可能。第二點，
中、日、滿三國關係須常能保持圓滿，始為中日親善
之根本前提。欲達此目的，須先中、日實行親善。在
日本方面，中國能正式承認滿洲國，方認中國確有誠
意。在中國方面，或有種種關係有不能即時承認之苦，
然無論為何，對於滿洲國事實的存在須加以尊重，一須
設法使滿洲國與其接近之華北地位不啟爭端，二須設法
使滿洲國與其接近之華北地位保持密切之經濟聯絡。第
三點，防止赤化須中、日共商有效之方法，赤化運動發

源某國，在中國北部邊境一帶，有與日本協議防止赤化
之必要。以上三點中國政府如能完全同意，日本對於貴
國所提三大原則即逐漸商議實行。賓答第一點請觀以後
事實，不必懷疑。第二點關係複雜，當報告政府加以研
究。第三點中國將來或不至絕無商量之意。廣田又謂以
上所談係兩國政府意見，今後須本此意見引導國民，使
之同意；此時希望勿向外公表，以免惹起實行上之障
礙。賓又謂為實行兩國親善起見，在外官吏人民所有言
語、行動須切實注意，免惹起誤會以致障礙。廣田又謂
果能速解決若干問題，使兩國人民均了解其誠意，則此
誤會自少，又請賓在歸國前多談數次云云。詳由面陳。
賓齊」等語，謹電呈閱。

外交部總務司叩。佳印。

002-080200-00255-087-002a~004a

■ 1935 年 10 月 13 日
**蔣中正電汪兆銘蔣作賓原電文未到如要求尊重
偽滿等事則形式較減輕**

急。汪院長尊鑒：
蒸電敬悉。蔣大使原電文至今尚未接到，如其為所使要
求放棄以夷制夷之外交、尊重偽滿與聯盟防赤之三條，
則形式似較減輕。而其內容即為脫退國聯、承認偽國與
聯盟對俄之變相，亦即實施此內容之第一步也。故其意
義深重，不得不鄭重考慮。惟弟意，我方應立對案之原

則，無論施行何事，非求其切實有效，必須尊重中國之
主權與不妨礙中國之統一，先使兩國國民去其疑竇，恢
復情感，方為根本之辦法。故對方應先恢復外交之常
軌，尤其對於華北之戰時狀態，更須首先解除，以立兩
國政府之信義，則事事當可討論，而期其有效也。未知
兄意如何？請詳加研究。弟定本日飛太原一行，約日內
返豫，再定行期。

弟中正叩。元午機汴。

002-020200-00026-030

■ 1935 年 10 月 13 日

楊永泰電蔣作賓奉諭轉請廣田弘毅制止其在華軍官策動事緩提

東京蔣大使勛鑒：
○。奉委座諭屬轉電兄。對汪先生復兄蒸電請廣田嚴
屬制止其在華軍官之策動一節，可暫緩提。以其政府
無制止之力，且求之不惟無益，而且有害，更不可急
惶之態。此時祇有自立自求，不求於人，乃為惟〔唯
〕一救國之道。

中正（代名詞或用楊祕書長名義）。○○。

002-020200-00026-031

■ 1935 年 10 月 17 日

汪兆銘電蔣作賓謂對廣田原則第三點擬於不妨礙中國主權獨立原則下與日本協議有效辦法

致東京蔣大使：

二五六號來電經與蔣委員長商定日本對於我國所提三大原則，既認為應當照辦，而其外交方針均能以兩國外交當局為對手，如其果能照此實施，則對廣田外相答覆如下：關於第一點，中國本無以夷制夷之意，以前糾紛皆由中、日兩國未能建立親善關係而起，今為實現親善起見，中國與其他各國關係事件決不使中日關係受不良之影響，尤不使有消極的排除日本或積極的妨害日本之意味。日本與其他各國關係事件亦取同樣方針。關於第二點，日本對於中國之不能承認滿洲業已諒解，今後中國對於滿洲固不能為政府間之交涉，然對於該處現狀，決不用和平以外之方法以引起變端，且對於關內外人民之經濟聯絡必設法保持。關於第三點防止赤化，數年以來，中國已盡最大之努力，對於在各省滋擾之赤匪，不惜以重大之犧牲從事剷除。故依此原則，可與日本協議有效之辦法。以上對於廣田外相所提三點均已明確答覆，但必須於中國所提三大原則為實施之前提。其最要者，除滿洲問題外，一切應回復九一八以前之狀態，尤如《上海停戰協定》、《塘沽停戰協定》及今年六月間華北事件中、日兩國軍人之商議，皆足使中國在其領土以內不能充分行使主權，致不能鎮壓或消滅隨時發生之

紛擾，徒傷中、日兩國之感情，盼望日本毅然撤消，以
謀中國地方秩序之安寧及中日關係之根本改善。以上，
請即面晤廣田外相傳達後始回國，並盼復。

兆銘。篠。

002-080103-00002-010-004a~006a

■ 1935 年 10 月 18 日

楊永泰電蔣作賓外交部今電其中有須修改處請相機應變

（特別機密，並須以楊祕書長代名詞譯發。）

東京蔣大使勛鑒：

〇。外交部今日發電諒達。其中有「願與日本協議有效
之方法」一語，此「願」字可改為「擬」字。又其下
「但應於互尊主權獨立原則下行之」一語，可改為「但
必須於不妨礙中國之主權獨立原則下行之」。又「至於
中國所提三大原則，切盼早日商議實行」一語，似可改
為「但必須於中國所提三大原則為實施之前提」。若能
再將此節即「至於中國北部邊境一帶至獨立原則之下行
之」一節完全刪去，改為「故依此原則，可與日本協議
有效之方法」，較為簡明。請兄相機應變，但此改正字
句不必明言委座之意，而以出於兄之自動改正為妥。在
東京亦不可再與他人協商，應嚴守祕密。兄意如何？復
電直寄南京委座。

永泰。巧。

002-020200-00026-033

■ 1935 年 11 月 30 日

**吳醒亞電蔣中正據蔣百里稱日政府文治派得勢
廣田力增華北問題若中央內外兼顧土肥原賢二
亦不難就範**

24 11 30

上海

6519

即到。京蔣委員長鈞鑒：

號密。蔣百里先生囑轉之電如下：「據日友及海軍中人
言，昨晚日政府為預算徹宵爭議，結果高橋占勝，陸軍
要求增額僅予半數，是文治派得勢，廣田力量亦增，華
北問題果中央內外兼顧，土肥亦不難就範」等語，此說
出於相當人物之口，似非無見等語，轉呈。

職吳醒亞呈。卅酉印。

002-080200-00260-003-002a

■ 1935 年 12 月 4 日

**何應欽電蔣中正有關多田駿等與陳儀等談話
摘要**

24 12 4

北平

6744

特急。南京委員長蔣：

渝密。極秘。茲將最近多田、土肥原與公洽、桐聲、擇一等談話摘要如下：（1）多田云：國民黨及南京政府始終未變更以夷制夷之政策，中、日親善實談不到。尤其是現在之黨國要人更無信用，每當日方壓迫之時極表示好轉，事過即背信不理。日方認為整個之好轉既無望，只好從局部好轉漸及全部。何某係國民黨要人，不欲與其談判。（2）土肥原云：「華方自治將實現之際，何來係咐？但民意所歸，何安能阻止？日方認為為實行中、日親善，非實行自治不能達此目的，可倣西南政委會例，表面上不脫離南京，但實質上則須絕緣也」等語。又酒井昨到津對劉玉書云：華北問題雖已成僵局，但彼極欲從中幹〔幹〕旋，使其好轉，並不使其擴大。擬本以前之意，以和平方法謀問題之解決，並約玉書今日再談，如何？再陳。

職應欽。支未行秘印。

002-080103-00019-080

■ 1935 年 12 月 6 日

何應欽電楊永泰代呈蔣中正殷同與多田駿晤談告以何應欽北上日方之反應

24 12 6

北平

A4848

特急。南京楊祕書長暢卿兄親譯，請代呈委座並轉達益

之、孟瀟、有壬諸兄：

冬日桐聲兄與多田晤談，首告何部長北上賦有廣泛權限處理一切之事，多田當表示「（1）對我方辦法有相當滿意，但乏實行性，以前受騙多次。（2）對於黨最好實行苦頭打。（3）對宋、孔不能離開，一切事不能辦，亦辦不到。（4）或者委員長捨身赴日，以求諒解。（5）中國十三年關稅自主，日本曾極力幫助，而現在之結果日本貨稅最重，一切有利於歐美並受其操縱。（6）反對幣制改革純係嫉妒問題。總之，現在一切均趨於意氣用事，非理可喻。（7）根本不願與何部長見面。對何本人毫無問題，因其負有使命，不能與談」等語。謹聞。

　　　　　　　　　　　　　　弟應欽。魚未行秘印。

　　　　　　　　　　　　　　002-080103-00019-024

■　1935 年 12 月 6 日

何應欽電楊永泰代呈蔣中正據報日本對於何應欽之暗中活躍外海兩省正與陸省商探聯絡辦法又日機在北平上空散發冀東自治傳單

24 12 6

北平

A4849

特急。南京軍事委員會楊祕書長暢卿兄，請代呈委座並轉達益之、孟瀟、有壬諸兄：

哂密。電通社東京五日電稱：「日軍中央部方面對於何
應欽之暗中活躍，擬於必要時向何作退去勸告，外、海
兩省刻亦正與陸省商探作緊的聯絡辦法，以期萬無一
失。據聞關係當局所持態度如次：南京政府現一面則命
駐歐美大公使向外國交涉，以圖依第三國之力牽制日
本，而完竣暴露其假裝的親日態度。因之，日本當立向
華北指謫其仍得依賴歐美情形，以促其反省」等語。又
成隊日機自支日起連日在平市上空飛翔，並散發慶祝冀
東自治傳單。謹聞。

弟應欽。魚未行秘印。

002-080103-00019-025

■ 1935 年 12 月 8 日

丁紹伋電外交部並轉蔣作賓據報廣田弘毅下命
速擬有關中日經濟援助合作議題及根本博赴華
與日武官協議聯絡方式

來電第 72720 號

來自何人：丁紹伋

來自何處：東京

發電：24 年 12 月 8 日 5 時 28 分

收電：24 年 12 月 8 日 18 時 20 分

南京外交部。二九九號。八日。

呈閱並祈轉蔣大使。據報，昨日廣田命桑島、來栖兩局
長速擬對華具體案，其主要題目為：（一）限於經濟問

題，採中、日互相平等主義。（二）為形成中日經濟
集團，日本對於中國在可能範圍內援助物質、技術。
（三）日本對於中國之通貨管理、匯價安定有無設定信
用一億元以內之餘地？又關於中國之資源開發及鐵路、
運河、通商、貿易之進展等必要的物質、技術，日本能
否予以援助？（四）中、日、滿諒解成立各種合辦企
業開始時，三國當共同防衛，使其不受外方之破壞。
（五）上計各計畫以五年乃至十年為階段，繼續其事業
云。謹聞。

仮叩。

此電已代轉蔣大使。

002-080200-00260-091-002a

■ 1935 年 12 月 9 日

**何應欽電楊永泰等據殷同電云板垣征四郎仍持
強硬意見認為幣制改革為親英排日中國有聯蘇
抗日意圖此次平津事態難以根本解決等情並謂
除非蔣中正出馬周旋**

24 12 9

北平

a4897

急。南京軍委會楊祕書長暢卿兄，並轉益之、孟瀟、岳
軍、有壬諸兄：

哂密。暢兄庚亥秘京電奉悉。接桐聲庚酉電云：「小山

自長春來電，板垣仍持強硬意見，與多田同。據談此次動機：（1）幣制改革顯為親英排日。（2）中國有聯蘇抗日之意圖，發動須在一九三九年。彼方在陝西方面得確報，故現有一切均認為一種對日敷衍手段。（3）此次半事態縱令一時解決，決難根本解決。（4）現在彼方對華意見以京、滬為最和平，次為東京，次為長春、天津。此次喜多縱來，未必能為有效之抵制。」又密息：「滿鐵車輛運輸日見緊急，似有大部隊移動之模樣，其目的地聞為沿長城及多倫一帶，並非直趨平、津，大約俟其部署定後，必仍有突發事件為其進據要地之根據。彼邦熱望我國表示真正態度，並謂除介公親自出馬周旋外，其他任何人均難置信」等語。特聞。

弟應欽。青午行秘印。

002-080103-00019-039

■ 1935 年 12 月 20 日

外交部電蔣中正有關張羣與有吉明為調整中日關係事談話紀錄

張部長會晤有吉大使談話紀錄

在座：高司長宗武

有野祕書

時間：民國廿四年十二月二十日下午五時卅分

地點：部長會客室

事由：調整中日關係事

寒暄畢

部長：自九一八以來迄今四年有餘，中日問題始終未能
圓滿解決，究其原因不外每遇一事，輒為一時之
解決，未作根本之打算，故遷延迄於今日。貴
方未能認識我方之誠意，我方則感覺貴方要求
無厭，太難應付。此後吾人如不求兩國關係根
本的調整，將所有糾紛告一段落，則中日前途
不堪設想。此種意思，本人歷次以私人之資格
雖屢與閣下言之，想在洞悉。故今日欲以外交
當局之立場向貴大使表示者，共有兩點：（一）
本人願以最大之努力，商討中、日間整個關係
之調整；（二）用何種方式進行商談，亦願交
換意見。

有吉大使：兩國關係現因許多小問題尚未解決，欲求
整個問題之解決恐非易事。日政府所提三
項原則，蔣委員長已於上月二十日會談時
表示無條件的贊同，貴部長之意見如何？

部長：蔣委員長言無對案，係對三項原則之實施而言，
絕非無條件的贊同。今年九月七日及同月十九
日、十月七日及同月二十日，蔣大使與岡田首
相及廣田外相談話紀錄，余已閱悉。我政府之
意見，業由蔣大使轉達，希望貴方提出更具體
之意見，以便商談。

有吉大使：蔣大使答覆廣田外相之意見，本人認為甚屬
空洞。如第一原則所答，中國本無「以夷

制夷」之政策等等，皆太空泛。

部長：貴方對我方認為不滿者，可更提出具體意見。
　　　簡單言之，我方希望不外掃除一切障礙，恢復
　　　原狀，以便進行真正親善工作。至於討論方式
　　　或照重光次官與丁參事所談之方式，或由雙方
　　　各組代表團，加以有關係之軍事、經濟等專門
　　　家會同商討，均無不可。因三原則與外交、軍
　　　事、財政三者俱有關係也。

有吉大使：若舉行此種會議，則非有準備工作不為功，
　　　　　否則即開大規模之會議，弄成僵局，不易挽救。

部長：總之，與其談抽象之原則，不如談具體之辦法。
　　　貴方之希望可盡量說出，我方可以接受者自予
　　　接受，其不能接受者自不接受。即雙方意見相
　　　差太遠，亦不妨由討論而求接近。

有吉大使：我人希望先決定原則，然後談具體問題。若
　　　　　原則不決定，一談具體問題，必至發生衝
　　　　　突而無所成。前者廣田外相與蔣大使所談
　　　　　之三原則保留之點仍多，今若驟談具體問
　　　　　題，似非上策。

部長：我國所最希望者，中日問題有一根本解決之方
　　　法，藉使兩國糾紛得以解決，經濟提攜得以實
　　　踐，三原則自可繼續商討。如目前之一波未
　　　平，一波又起，絕非兩國之福。換言之，解決
　　　中日之糾紛與調整中日之關係，為吾人之最大
　　　使命。

有吉大使：中日問題求一根本之解決，在理論上自無反
　　　　　對之理，但事實上非常困難。若論根本解
　　　　　決，則滿洲國之承認問題將包括在內。以
　　　　　中日關係之複雜，即費三年五年功夫，恐
　　　　　亦難以解決耳。

部長：百年大計固非一朝一夕所可解決，然最切要者，
　　　最低限度亦須使目前中日糾紛告一段落。若如
　　　今日之枝枝節節，絕非兩國之幸。此吾人之所
　　　以暫擱東北四省問題不談，而先謀調整兩國之
　　　關係也。

有吉大使：貴方是否有具體方案？

部長：目的既同，方案自不甚難，但在進行商談解決
　　　中、日雙方問題時，日方在華北一切策動務須
　　　停止，否則不良影響之所及，一切問題將無從
　　　解決。此點極盼貴大使明瞭並特別注意。

有吉大使：本人名義上雖為特命全權大使，實非全權。
　　　　　貴部長所談根本解決中日糾紛之意，甚為
　　　　　贊同，當即轉達廣田外相。

部長：此點最為重要，希望共同努力打開難局。

有吉大使：冀察自治委員會已告成立，未知貴方中央
　　　　　能否以授何部長之六項權限轉授宋哲元
　　　　　氏，予以就地解決中日問題之全權，否則
　　　　　北方問題或有再生枝節之可能。倘於《塘
　　　　　沽協定》簽訂後，中央方面即予黃委員長
　　　　　以較大之權限，則中日問題或不至於如今

日之困難也。

部長：關於此事，有四點務請注意：（一）給何部長之
　　　六項指示乃中央之方針，並非給何部長之權限；
　　　（二）六項中有大半關係內政問題者，其有關
　　　三項原則者，自應由此間作整個之商討，無可
　　　分割；（三）地方權限與中央權限不能相混；
　　　（四）此種方針係對中央駐平辦事長官而發，
　　　現在何部長既因貴方關係不能到任，業已返京，
　　　情形自與從前不同。

有吉大使：不論是權限或方針，總之此六項內容為解決
　　　　　華北問題所必備者，希望中央照舊授予宋
　　　　　委員長，以求華北問題得具體之解決。

部長：貴方認為華北問題之發展，因為我中央未肯負責
　　　接洽之故。現在余既允與貴方開誠商討一切，
　　　自無分別進行之必要。俟商議有結果後，如須
　　　華北地方當局執行者，將來由中央命宋委員長
　　　執行可也。

有吉大使：學生運動逐漸擴大，殊堪憂慮，擬請注意。

部長：請閱今日王教育部長之談話，可知政府十分注
　　　意學生何以有此舉動，應轉請貴方亦特別加以
　　　認識。

有吉大使：本人今晚因事返滬，當將尊意轉達政府。本
　　　　　人不常在京，有時或囑須磨前來商議。

部長：此問題只限閣下與本人商談，恕不與須磨接洽。

有吉大使：本人或因事不能來京。

部長：如此重大問題，須彼此共同努力，方有成功之希
　　　望。總之，本人不願與須磨或其他第三者談判。
有吉大使：敬遵台命。
談至此，遂拜辭而去，時已七時半。

002-020200-00026-046

■ 1935 年 12 月 24 日

外交部譯呈有關日報刊載調整中日關係以雙方努力為必要及太田宇之助所撰〈蔣中正之心意與日本攜手乎〉暨中野正剛著〈日本外交之反省〉摘要，有關中野正剛等人簡介

調整中日關係以雙方努力為必要
招入居室談話語語帶有熱心
在南京太田特派員廿三日發
（照譯廿四年十二月廿四日《大阪朝日新聞》）軍事委
員長蔣介石氏終於就任行政院長，名、實均已一手掌
握。軍事、政治兩方面之權力，並以最屬國府難題之中
日關係應行調整革新，乃自負責任，擢用人才，組織所
謂日本派內閣，而行出馬解決。當此時期，余（太田特
派員）乃受本社之命，視察中國中央部方面情勢，由日
本出發，通過上海逕赴南京，欲一親聆蔣院長之抱負與
決意。蔣氏對余請求破除一向慣例，特允於首都南京與
日本特派記者單獨會見，並於廿三日上午十一時半接見
余於中央軍官學校官邸，洵可謂為時勢之變化也。廣大

西洋花苑間之中央軍官學校磚砌新屋，不知其為若干幢
之旁，蔣院長瀟灑之住宅在焉。宅為新的二層樓，乃屬
不及百坪（每坪方六尺）之平凡洋房，無論如何，不能
料為乃今日中國權勢無匹之人之根據地也。門前固矣，
圍牆之內到處立有武裝兵士，尤以邸宅周圍及正門警備
之嚴重，宜乎人之首肯也。余由外交部情報司李司長及
行政院參事陳銳氏領導前往，行經僅十二疊（每二疊為
一坪）、正面懸有蔣氏母堂影片純中國式裝飾之應接
室，等候五分鐘，更被導入蔣氏居室。此為約五十疊細
長純洋式之室，傢具壯麗，一望而見蔣院長著土黃色軍
服，一人正立其間，滿臉笑容，與余握手後殷勤讓坐。
蔣氏較之約五年前會見時頭髮少了好多，口旁亦有白
者，唯與豫料相反，乃頗健康，精神充滿，毫無多年勞
苦疲勞之色。

余對蔣氏就任行政院長先致祝辭，並說明此次之使命。
對此，蔣氏除致謝外，關於本社此次之企圖，並謂於增
進兩國之理解上頗為良好，對余表示歡迎等情。於是乃
入本題，不料蔣氏對於余以中日關係為中心所提示關於
政治、外交十項之質問有：「承詢各項已悉，本日與君
因係舊知關係，作為個人相見，政治的談話擬俟諸其他
機會」等語，避免即答，請予諒解。顧蔣氏不知不覺
間，亦經觸及政治問題，以熱心之面目而有：「余為
改善中、日間國交，當以非常之決心而行努力，唯中
日關係如何始能好轉，願聆意見，以為參考」，並謂
「中、日間予以改善事非雙方互相努力，難期達到目

的，是以希望貴國方面亦行大大努力，兩國國交趨於
深進，相信東亞和平自能放出光彩」各等語。對於「互
相」一語尤反覆言之，迨經余告以廣田外相對於改善
兩國關係亦在非常努力，蔣氏乃深予頷首，並謂：「歸
國後請向貴國朝野各位道候」，蓋亦善於款語也。余
乃祝蔣氏健康而行握手辭退，邸內穿中山服之使用人
暨正門前三各之步哨，咸極嚴肅恭敬，殆可窺見蔣氏
之教育矣。

■ 〈蔣介石氏之心意，與日本「攜手」乎？〉

太田宇之助於南京

（照譯一月十七日《大阪朝日新聞》）當欲觀察中國中
樞情勢之際，恰值軍事委員長蔣介石氏新兼行政院長，
駐節中央，名、實兩方均屬總攬政治、軍事之實權。余
之第一希望，厥在與之會見，並以業經得此機會為幸。
關於蔣氏健康，固已時有所聞，以為在難局之中東奔西
走，席不暇暖，得勿因忙於軍務、政務而呈憔悴之色。
顧乃與總司令時代兩人對面會見時所見之蔣氏相較，雖
頭髮更形稀少，短髭間有白者，足證其間之勞苦；然顏
色頗佳，精神旺盛，不僅毫無消極之態，且較從前益臻
豐采。詢屬北伐以來十年間善能維持其力量，而益行擴
充之人物也。至關於政治、外交問題，蔣氏謂當介紹外
交部長張羣氏，囑向張部長詢問，遂避不及此，而行開
始雜談。顧雖如是，話題且及於中日關係，於寡言之

中，對余曾有「改善中日國交應如何方妥，願聞君之
意見」暨「改善兩國關係，非互行努力不可；中國方
面當大事努力，希望貴國方面亦行充分努力。兩國國
交如趨於深進，則東亞和平當益放光明」等語。

余與蔣氏會見，雖未獲從蔣氏本人口中充分聞及關於此
次出馬於負責地位，對於打開中日關係之決心，顧即此
不僅已可於言外窺知其切實之希望，且可從南京方面各
要人異口同聲之所談，而獲聞知蔣氏強固之決心焉。

蔣氏不似汪兆銘氏之兼任外交部長，而別以為其股肱之
張羣氏居於此項地位。舉凡外交交涉，悉以委讓於張部
長，以是蔣院長與有吉大使最初會見時，亦經說明此
意，而避直接交涉，此殊有負日方之期待，於是無寧以
汪氏自當其衝，依其政治家見地，驅使唐有壬次長痛痛
快快擔任解決中、日間問題時之為愈云云之聲浪遂高，
對於蔣內閣乃形失望，甚且以惡聲聞焉。惟是據華方對
此之所陳，謂汪院長背後尚有蔣氏，得其諒解，故能以
某程度之自由裁量，依比較的自由之立場而當解決之
任；而蔣氏則因於軍事委員長之外尚兼行政院長，處理
今日中國極其複雜之一切軍事、政治，是以除有不能顧
及外交之理由外，尚因蔣氏為國民政府唯一無可替換之
人，設若因對日外交失敗，地位至於動搖，在中國殊了
不得。是以外交方面使張羣氏負直接責任，所以儘量擁
護蔣氏之地位也。

蔣內閣成立，同時外交部長張羣氏、內政部長蔣作賓
氏、實業部長吳鼎昌氏、鐵道部長張公權氏悉係日本留

學生出身。日本通至有四名入閣，前之二者以參與外交
問題為主，後之二者以參與經濟問題為主，同時作為一
種智囊團，在蔣氏之下布置強固的對日外交陣容。此種
事實，良足以證蔣氏之決心。是以中國方面有在今日情
勢之下，蔣氏整備對日陣容不能更進於此。此蓋蔣氏最
後良策云云之說也。

與蔣氏會見之翌日，余乃訪問新任外交部長張羣氏於外
交部，獲聞就任以來最初關於對日外交之根本方針，彼
時張部長大意曾謂決以互信、互讓之基礎精神，而講求
兩國關係之全面的改善策。嗣經訪問蔣作賓氏於內政
部，蔣氏於縷述駐日大使時代自己地位困難情形後，並
以熱心之口調謂：「蔣院長此次以非常決心，而謀中日
關係之一新。余信此如成功，雖不能謂為百年，至少亦
當為中、日五十年之大計」。又蔣介石氏側近之某氏亦
謂：「蔣公對於日本之思想，較諸三年前確有變化，刻
正為改善兩國關係而努力。蔣公與共產黨不兩立，固屬
明顯。關於此點，似亦有與日本協力之決心。」

中國國民黨之所謂北伐完成後，雖因滿洲事變而失滿
洲，及所謂反蔣運動相繼而起，然國民政府並不滅亡，
蔣氏地位並不動搖，於茲達十年矣。中國蔣氏時代所
以能繼續至於今日之理由，固由於蔣氏之實力遠勝於
其他群雄，而中國人民因滿洲事變之刺激與發憤，促
成國內內部之團結而力避內爭，向於國內建設事業亦
為其大原因，可無疑也。

近年經濟不況，愈增深刻之度，內憂外患，重疊而生，

實陷於空前之國難。是以時至今日，為防國內之動搖，各方面莫不支持蔣氏，至少亦有不能積極的反對之情勢，因而蔣氏地位乃愈形強化，而益臻安固。

蔣氏迫於內外各種情勢，去年曾為對日政策之一大轉換，固已為一般所周知。是後華北方面兩國間發生問題，迨至最近問題更形頻出，依新政權之成立，始有告一段落之態，唯是問題則並未能決也。蔣氏之心意，似以為關於日本可讓則讓，唯如有反其年來努力之國內統一方針，而有損及行政主權之形式，則無論如何不能忍受，今後兩國關係得無達於此限界線之虞乎？

一九三五年中國之對日外交，固已解開「日本為敵乎，亦為友乎」之課題，而樹立為友之方針矣。唯是三六年之課題，則已迫處於不可不決定「與日本戰爭乎，抑合作乎」之情勢，余以為蔣氏當出以與日本合作之決心也。中國方面為期兩國關係之全面的調整，而為中、日會議之提案。會議之成立自始殆已不成問題，唯是茲事之有種種涵義雖可無疑，而中國方面之根本的意思似不可不予以參酌。蔣氏於五全大會述及與日本提攜之方針後，曾有極其悲壯之演說，謂最後有犧牲國家之決心等語。余至南京而知此，非美觀之辭，乃屬實在之心意也。

■ 中野正剛氏著〈日本外交之反省〉摘略

載今年一月號日本《改造》雜誌

一、闡明上年十二月五日英賀爾外相在下院之演說，與同日美郝爾國務卿之聲明二者之用意：中野認為英國政府當局者在公開議會席上，對日本行動表示遺憾，是日英同盟以來數十年中未有之事。前項外交演說其與歐戰勃發前對德之英外交文書相似，美國務卿之聲明亦與英外相之演說相呼應，其中似有深厚的默契。

二、歐戰時關係各國之情形：

英法俄之聯合、義大利之背盟係當然的結果。美國之加入，德之所以失敗，由於德之傲慢，並無明確的認識及英國之巧於宣傳。

三、（1）先敘日本現狀與大戰前德國相似之點：（一）以英為敵。（二）經濟產業貿易威脅各國，尤其與英國成為危險的對立。（三）內外環境促成不可避免之危機。（2）繼述九一八事變前後日本對外政策之檢討：九一八事變前賴夙興夜寐、勤勞節儉以分一點商人主義的利益，是當時日本政府之政策；九一八事變後，日本劃期的大陸飛躍，認為完全是受內外情形必然性所驅使。（3）終述歐戰後關係各國之經濟、財政情形及其相互間之關係，並認義阿戰爭之經過，將為歐洲各國從事協調，進行極東之一種預備演習，對義大利之經濟封鎖或將用為將來與日本抗爭之經驗。

四、滿洲事變勃發之原因：謂因國際聯盟閥一羣之極東進出，與在滿日本當局之軋揉而起。及偽滿成立後，

列強不承認之度意。又謂中日偽裝親善由於第三國強大勢力挑撥南京政府作用之反映，更述英國對華借款之計畫。

五、（1）說明美國提前總選舉之原由。（2）英國世界霸權之再建。（3）英對德、俄之協調。（4）蘇俄勢力之華北侵入。（5）華北五省獨立計畫之破壞，縮小為冀、察二省之自治計畫。（6）日本政府之維持局外中立狀態，後對於華北安定實為彌縫一時，貽禍將來之政策。

六、（1）列國之空軍政策及中國之空軍建設足以威脅日本。（2）英、美、俄均以挫日為共通目的，但各避犧牲，結局將煽動中國作全面衝突。（3）蔣以四川為根據之攻守計畫。（4）日本海、陸軍作戰之困難。（5）英、美將乘日本之疲敝而作經濟封鎖，俄更乘之而進出北方。

七、結論 —— 為強化國防、振作財政、擴大生產力，應相互認識目前之實情，排除一切之迷妄之舉動，樹立以亞細亞人生活為基礎之世界政策。

亞洲司

002-080103-00001-009-001a~013a

■ 1935 年 12 月 25 日

吳醒亞呈蔣中正轉蔣方震分析對日交涉和國際局勢

委座鈞鑒：

頃蔣百里先生送來呈鈞座壹緘，用特轉呈，敬乞察核。肅請鈞安。

職吳醒亞謹呈。十二月二十五日。

竊以中樞既定，則今日之先務當為整理機構，謹就對日交涉範圍內言之，則有二事：一、歐美之外交機構，宜加以改革也。此後外交以日、英對立為基礎，以經濟為主題，以上海為焦點。日人對我之根本要皆發源於應付歐美，廣田接任以來，每年必派要員巡閱歐美、南洋各地，傳達政府方針，探取國際形勢。往者談抵抗，人咸注視歐美，其實今日（交涉時）注意歐美之要更甚於當年。今我駐外各館，於日本情形既未明白，於國內情形更多隔膜，似宜以一年為期特派要員，一方對各館說明東方形勢，傳達中央方針，一方與以應注意之要點及應活動之義務。且日人外交部長皆從歐美選任，對於政府報告皆有相當威力，其中更有作用，況此時所謂交涉原則（不以夷制夷），亦以對歐美為重心乎。

二、財、交、鐵實應在統一的經濟機構下，以對付日人也。經濟侵略如水銀瀉地，無孔不入，今合作名義勢將實現，而任其各方行動，則糾紛必多，似宜暗中設一統一機關專為經濟上對日交涉之用，何者應與，何者應

拒,事前先有一種決定。應與者不必過懂,應拒者亦須
早為防備,由一處決定,不令各部單獨應付,並可由此
經濟問題牽制其軍事、外交。

再據最近確息,永野全權實攜有對英妥協方案,以長江
勢力與造艦計畫作交換條件。蓋造艦計畫英、日容易接
近,經濟利息英、日形成對抗,其情形與日、美正相
反。對此意曾對英微露,英人表面接受而傳其消息於
美,美記者乃斷章取義,宣布永野於軍縮會議中可以談
政治問題,可以停止潛艇製造。畢德門此次在公開會場
痛擊日本,其精神在挾制英人(不與日本合作),並非
對日,故最近英、日暗鬥勢所不免,而日人必乘明年一
年內英、美事實上不能聯合對付遠東時(美明年選舉)
攫取長江權益,其方法、時機必視英人之舉動以為斷。
今艾登出任外交,國聯必加活動,日人在此二、三月中
內有議會之爭,外則軍縮會議未了,此正給我以準備之
機會,未可再失也。敬抒管見,伏候鈞察。

方震謹上。

002-080103-00003-007

■ 1936 年 1 月 21 日

外交部呈蔣中正有關日外相廣田弘毅在貴族院演說對華三點政策全文

(東京二十一日電)外相廣田本日在貴族院演講其宣傳
甚久之對華「三點」政策如下:

（一）　根本調整中日關係，而後「吾人即將準備對華作精神的及物質的援助」。

（二）　因鑒於中、滿兩國在華北之密切關係，中國政府承認滿洲國。

（三）　在東亞掃除共黨活動，拯救中國脫於赤禍，蓋赤禍不只危及中國邊地，且及其內地社會組織。

廣田外相又稱「中國政府不只表示同意，且已提議開始交涉，余確信吾人將能建立一基礎，使中日關係完全重新調整」。

廣田外相之外交演說全譯文

（一月廿一日午前十時在東京貴族院）

關於帝國之外交問題，得將最近之經過及本人之見解報告諸位，實不勝光榮。帝國之國際地位，近來日益增高，其責任亦日趨重大。所幸帝國之意向——努力於世界真正和平之確保之帝國意向，已逐漸被世界所公認，尤其帝國之專心努力於東亞安定，亦為各國所認識。善鄰關係之確立，亦得漸漸實現者，誠堪慶賀。第一、我盟邦「滿洲國」不唯日趨進步發達，即與帝國之關係亦已臻於更形密切之狀態。是以帝國在該國所有之治外法權已漸予撤廢，同時滿鐵附屬地之行政權亦在調整，以期有所貢獻於「滿洲國」之獨立發展。帝國與「滿洲國」之密切不可分之關係，除過去成立之共同防衛外，並在經濟方面鑒於兩國之應相提攜，故另已設立日、「滿」經濟共同委員會，彼新興「滿洲國」之儼然的成立及其健全的發達，實為東亞安定之前提條件。為完成其目的

起見，吾人更須進而努力提高該國之國際地位，及增進其與鄰接諸國之善鄰關係。換言之，吾人一方須盡全力努力於中、日、「滿」三國之調節，他方須致力於日、「滿」、俄三國關係之善處。

日、「滿」、華三國之關係雖已逐漸改善，然尚不能謂已歸常道，是故吾人痛感有使此三國關係更進一步，完全恢復常態，藉以強化東亞安定之基礎之必要。

帝國政府因此特加慎重密議，業已樹確固不變之對華方針。此種方針，大體含有下列三項主旨：第一乃中、日兩國關係之根本的調整，即中國不論在任何形態下，不唯應消極地放棄過去之非友好的行為及政策，中、日兩國更應積極地互相協力，以求親善提攜之實。蓋中、日兩國之對立，其不利於雙方固不待言，即自東亞大局而論，亦不容忍待。中國若對帝國採取非友誼的行動，或徒弄利用第三國之常套手段，企圖擾亂東亞之安定，則誠為吾人不勝遺憾之事。然而中國對於此點若能充分覺醒，則帝國為中國之發展起見，自不吝予以有形、無形之支援。是故帝國根據上述大局的見解，爾來隱忍自重，頻促華方之反省，誘導其自覺本身在東亞之責任，以冀對日政策之轉向。

中國方面亦逐漸認識大局，已於前年表示改善中日關係之意志，在第六十七回議會中，帝國政府曾闡明對於鄰邦不威脅、不侵略之根本政策，並已利用此項機會，努力冀求兩國國交之常態化，進行兩國利害之調整，然而不幸關於此點，迄今未能獲得充分之成果。本來為使中

日關係完全復歸常態，尚須同時使中國與「滿洲國」之關係重登常軌者，乃自明之理。尤其在中、日、「滿」三國各種利害綜錯之華北方面，更感有此種必要。然而中國對於與華北接壤之「滿洲國」既未予承認，而華北方面又因北方長期間之地方的特殊的傳統，釀成一時相當不安之空氣，然此種形勢，已於最近因冀察政務委員會之設立驟形緩和矣。

誠如上述，吾人不唯必須調整中、日之直接關係，抑且必須同時調整中、日、「滿」三國之關係，否則欲求東亞之安定實非易事。是故我既定方針之第二點，要在於此項目的之達成，亦即為完全調整中、日、「滿」三國關係起見，若非中國承認「滿洲國」之存立，與彼締結國交，調和雙方之利害關係，根本不能解決。是以吾人一方希望此種時期之從速實現，同時他方在實現以前，華北方面實有採取適當手段，庶不致使中、日、「滿」三國之關係臻於惡化。

中國目下之最大難關，可視共產主義之運動，東亞之不安亦最易使赤化運動乘隙而入。中國之邊疆固不待言，即在中國內部之社會組織，亦頗受其威脅。中國赤化分子之跋扈，殆非吾人所能想像。本來赤化運動之危險原不限於東亞，而東亞實為彼輩活躍最盛之天地。是以吾人為東亞之安定計，為世界之安定計，自應防止東亞之赤化運動，使中國脫離赤化之危險，此不獨為中國自身之重大事件，抑且為世界共通之要務，我既定方針之第三點要亦在此，即帝國為防止赤

化起見，擬與中國協力一切。

以上三點雖為帝國政府之確定方針，然亦並非新奇之考案，乃為達成東亞安定之大目的之當然的基礎觀念，同時亦可謂立國於東亞者之共通方針。

中國政府對於此點，亦已充分諒解，除已贊同上述三原則外，最近且曾提議依照三原則之趣旨，進行中、日親善提攜之交涉。帝國政府對於此項提議雖無異議，但觀最近中國學生之抗日運動，實有背上述三原則之趣旨，吾人不勝遺憾。然而此種事態依中國政府之措置，不久將行改正，在良好之空氣下，吾人希望促進交涉之開始，一方對於中國政府之提議茲特表示贊同，他方正在期待中國政府之交涉，開始準備完了之通牒。此項交涉若得逐漸進展，吾人確信中國關係之根本調整，定能藉此奠定基礎。

其次，關於日、「滿」、俄三國之關係，帝國政府爾來亦常努力於和平親善之確立，中東路買收交涉之成立，實已排除三國間多年之障礙。

帝國與「滿洲國」既已負擔共同防衛之義務，則與「滿洲國」及鄰接國之政治上、軍事上之關係，自與帝國有直接之影響，是以吾人對於日、「滿」、俄三國之關係，實有予以特別注意之必要。

「滿洲國」與蘇俄因兩國間之國境線頗長，且有境界不明之地，是以常易發生紛爭，現在彼此正在討論以解決紛爭為目的之混合委員會之設立問題。「滿洲國」政府之主張，乃在究明國境不明之地點，惟於日、「滿」、

俄三國之關係足使吾人關懷者，實為蘇俄在其邊境殖民
地東部西伯利亞準備過大之軍備一事，此事不唯直接對
於「滿洲國」民，抑且對於我帝國人民亦予重大之刺
戟。關於此點，吾人正在隨時要求蘇俄當局之考慮。

去臘十二月九日以來，帝國對於倫敦舉行之海軍軍縮會
議甚為重視，至於此次帝國全權代表之所以脫退該項會
議者，想亦為諸君所熟知。帝國政府對於該會議之根本
方針，與前年倫敦預備交涉當時所報告者別無二致。去
年十月，英國政府為準備舉行會議起見，曾向帝國政府
徵求關於建艦限制案及質的軍縮問題之意見。當時帝國
政府曾在答文中表示見解，以為欲求維持促進世界之真
正和平，各國必須充分考慮各國之生存及其必然的需
要。同時為保證各國間之不威脅、不侵略之事態，必須
施行澈底的軍縮，是以帝國根據上述見解，率先努力
向和平邁進，並闡明帝國政府對於海軍軍縮之根本主
張，要在冀求此種澈底的軍縮之實現。帝國全權代表
根據上述精神，在此次會議中極力提議，決定共通最
大限度，廢止持有攻擊性能之主力艦、航空母艦以及
甲級巡洋艦之大減縮等等。然而帝國代表雖竭盡全力，
不唯我公正妥當之根本主張不為各國所承認，即各國
之提案亦與我根本方針明白相反，當時尚冀在會議中
在可能範圍內作成協定，圓滿解散，但終又不為各國
所容，以致帝國代表不得已而脫退該會。

觀乎現今世界之情勢，到處充滿不安與糾紛。各國似皆
傾向於軍備之充備，因而軍縮之精神大受阻害，此亦可

謂為冀求澈底軍縮之帝國提案未被採諾之一原因。然而帝國政府不論軍縮條約之有無，對於不威脅、不侵略之精神自予尊重，既無誘發軍縮競爭之意思，亦不變更保持世界和平、協助軍縮之方針，是以軍縮會議雖已脫退，而帝國對於出席會議之主要海軍各國之親和政策，則依然不變。尤其對於英、美兩國，因與帝國保有傳統的、歷史的親善關係，更可無容多贅。日、美兩國以太平洋為界，東西分處，因地理關係各有其活動領域，自無發生衝突之理由。

至於帝國與英國對於分布於世界各處之政治上、經濟上之綜錯關係，深信定能互相調節，維持傳統的親善。帝國與英國自治領之友好關係日益增進，通商與交通亦日形密切，即如對於澳洲，為答聘以前雷商（譯音）外相之親善使節，已派出淵大使訪問新西蘭，努力促進帝國與該地之親交。再如南洋方面，帝國為期經濟及通商之發展，熱望增進彼此間之和平親善關係，是以對於最近成立之菲利賓聯邦衷心望其圓滿發達。

帝國對外貿易逐年增加進展者，實基因於國內生產力之發展。此種趨勢，乃輸入、輸出雙方之現象，與貿易諸國間已舉共存共榮之實。本來各國間貿易之健全的發達，為促進世界經濟之振興、國際間之親善上所不可缺者，可不言而喻。然而觀乎數多外國依然採取阻止國際自由通商之各種限制手段者，實不勝遺憾。

原料品之供給及生產品販賣市場之確保，本為現代國家尤其我國——人口眾多、資源缺乏之我國，在經濟存立

上所必需之條件，是以吾人以為實有恢復通商自由，取消不必要的貿易限制手段及開放門戶之必要。同時，國際政局之安定亦須依照此種方法，方能達成。否則若從事障壁之高築，縮小世界，以致增加糾紛傾軋，誠可謂文明之倒行逆施。

世界各地果能實現人與物之自由交通、資源之開放、機會之均霑，則自由與信賴之空氣益增濃厚，世界之和平日益增進者，可無疑異。帝國政府之立場，乃依此種見解而來，以調節關係各國與我國間之利害為目的，進行友好交涉，致力於通商之增進，客歲對於加拿大之產品，不幸雖曾適用我國之《通商擁護法》，其後因兩國間之妥協，已得取消該項法案之適用，誠堪慶慰。

近來世界有力之政治家，常有欲以一己之意見支配他人；若不附從，則加以和平破壞者之罪名，吾人頗覺遺憾。吾人以為對於本國之任務如能自覺，對於他國之立場如能理解尊重，方足以論世界之和平。至於理解尊重他國之立場，大多必先理解尊重他國之文化。帝國除固有之文化外，夙已汲取歐美各國之文化，藉以完成現今之地位。而今必須更進一步介紹我國之文化，融合東西，增加各國間之理解，以期貢獻世界之文化、人類之和平幸福。

誠如上述，帝國國際關係之前途雖極複雜多歧，而國際上之地位則正在向上發展。吾人謹特奉戴關於脫退國際聯盟之聖詔，至希外則敦進國際信義，內則官民各盡所職，協力邁進，以當目下之世局。

（完）

002-020200-00026-048

■ 1936 年 1 月 22 日
外交部發言人對廣田弘毅演說發表聲明文

非正式，二十五年一月廿二日發表

外交部發言人關於日廣田外相演說中三點之說明

路透電訊載稱，日外務大臣廣田在日本貴族院演說外交方針，敘及「對華三原則」，謂中國業已表示贊同云，其中一點且有包括承認偽國之意。記者以所稱三點，各報所傳出入頗大，當訪外部發言人詢明真相。據稱廣田所謂「對華三原則」，當係指去年九月中廣田外相對我蔣大使所提出之三點而言，緣於我方鑒於中日關係雖經雙方之竭誠努力，而年來仍迭次發生糾紛，殊有一波未平、一波又起之概，故我政府於去年秋間，向日政府提出改善中日關係之基本辦法，旋廣田外相對蔣前大使表示中國所提辦法，原則上非不可行，惟須請中國先同意三點：第一、中國須絕對放棄「以夷制夷」政策。第二、中國對於「滿洲國」事實的存在，必須加以尊重。第三、中國北邊一帶地方之防止赤化，中、日須共商有效辦法。我方以該三點措詞過涉空泛，無從商討。當要求日方提示其具體內容，日方迄今尚未提出，而廣田外相演說謂中國業已同意，殊非事實。最近張部長接任後，即提議中、日兩國必須依正常辦法經由外交途徑

進行交涉，以期兩國關係可得根本調整。現廣田外相在其議會演詞中，對此提議表示贊同，並重申對鄰邦不脅威、不侵略之根本政策，努力冀求兩國國交之常態化，進行兩國利害之調整，此則與我方主張並無二致。此後循此途徑進行交涉，兩國關係自可改善。

002-020200-00026-049

■ 1936 年 1 月 25 日

蔣中正與磯谷廉介談話紀錄調整中日兩國邦交意見

蔣兼院長接見日使館武官磯谷談話民國二十五年一月二十五日

磯谷：今日承貴院長撥冗賜見，甚為感謝。本來貴院長就職，早應前來道賀。此次武官因奉命回國，特來京晉謁，一面表示慶賀之意，一面即向貴院長辭行。

院長：早願與君相見，憾無機會。今日在君回國之前相晤於此，極為愉快，並謝君慶賀之意。

磯谷：此次到南京後，曾與張部長（羣）、何部長（應欽）長談關於中日問題，研究之處甚多。茲因回國在即，諸事擬向貴院長作坦率明白之陳述。

院長：昨日張、何兩部長來報告談話經過，本人之意見與彼等大體相同，今日與君相見，以後更可

互相瞭解，日益親洽。請於此機會不必客氣，
暢所欲言。

磯谷：武官所欲陳述者甚多，匆促恐不能盡。向來貴我
　　　兩國人士相見只說客氣話，心中所欲說者總不
　　　肯完全道出，故彼此隔閡始終不能剷除。武官
　　　本為拙人，今日談話即不存客氣，如有錯處，
　　　還請貴院長隨時指教。據武官所見，中、日兩
　　　國本無不能親善合作之理由，現在兩國何以不
　　　能親善，其中必有原因。今日兩國官民當務之
　　　急，即須研究此種惡因而設法剷除之。

院長：此意極是，本人亦以為然。中、日兩國無論在
　　　種族、文化、地理、人情各方面皆甚親近，而
　　　且在歷史上中國與英、美、俄、法等西洋各國
　　　之關係，皆不如與日本關係之長久而親密，故
　　　本人絕不信兩國有不可解之糾紛或不可了之事
　　　情。今日雖至如此情勢，只須兩國負責當局各
　　　本誠意，共同努力，必可達親善之目的也。君
　　　於中國歷史極為熟悉，應知最初侵略中國者為
　　　何國？挾其堅甲利兵由香港打到北京，出上海
　　　打到漢口，實為侵略中國第一個國家。其次則
　　　為誰何諸國？最近自十三年至十六年又為何
　　　國？史實昭然，盡人皆知。至於日本與中國雖
　　　亦有衝突，但事過境遷，尚猶保存敦睦，故據
　　　歷史的事實所昭示者，中、日間並無有必不可
　　　了之事故，尤其是中國民族性向來愛和平，重

信義，崇禮讓，尚道德，現在一般國民雖因貴
國待我不好，亦難免有不好之感想；倘貴國態
度能稍轉好，從行動上表示誠意，我國民眾必
將特別表示好感。因中國民族性與「躬自厚而
薄責於人」之哲學思想如此，故余敢斷言中、
日斷無必不可了之事，要在兩國當局之能負責
解決而已。

磯谷：對於貴院長高見，武官極為欽佩。中、日兩國
關係所以演成現在之情勢，自有其原因。本來
武官對於貴國國民革命甚為欽佩，而且個人亦
頗有關係。當國民政府在廣東成立時，所採救
國之方針未始不好，惜運用多不得法。如「打
倒帝國主義」、「解放被壓迫民族」等口號雖
屬空洞泛指，非以日本為目標，但日本與貴國
關係最為密切，因此貴國一般民眾事實上即認
定日本為唯一之目標，無論貴國官民皆以日本
為侵略國。貴國此種失當之宣傳與國民一般之
誤會，武官以為即是中日關係惡化之主要原
因。其實日本並無侵略之心，並非侵略國，如
貴國當局能使一般國民瞭解此種事實，而不誤
認日本為侵略國，則中日問題必可解決也。貴
國官民所以指日本為侵略國之事實，當然是
「九一八」事件，但直到「九一八」事件發生
之時，日本當局實無一人謀占領滿洲，甚至可
說全無干涉滿洲內政之企圖。但當時貴國政府

堅決不與日本交涉，而專向國聯宣傳日本為侵略國，由此兩國背道而馳，於是演成今日之情況，故不得據此以證實日本為侵略國也。

院長：此話余亦相信有些理由。但東三省問題演成今日之情狀，不僅貴國許多朋友自覺不快，中國人實尤有同感。正惟有此教訓，今日兩國負責當局亟應設法糾正過去之錯誤，而謀兩國關係之調整。兩國當局誠能以往事為教訓，而毅然速圖之，必可達此目的。貴國多數朋友總以為中國政府當局雖具調整兩國關係之誠意，但中國之教育排日教育所造成之民心排日此而不能改變，調整恐終不可能。余意現在中國之教育是否排日且不具論，即果如所云，亦不免過於重視矣。余今日可坦率相告，今民國雖已成立二十五年，一切皆無整個系統與永久規模，尤其中國教育迄今尚沒有確立一貫與不變之精神，幾乎完全隨少數領導者一時之感情為轉移。如十三年在廣東所實施者，乃極端排英之教育，而且顯已收效，但時勢一變，而今安在？故中國此種隨感情而變動之教育，貴國人士豈有不知？實在沒有特別憂懼之理由。余今日言此，實不勝其自愧。總之，要希望貴國當局明白轉移感情的事實為急。多數日本朋友或又以為中國國民黨向來抱定打倒帝國主義之方針，對外採取倔強之態度，因而斷定現在政府

　　當局雖可負責解決中日問題，但黨部方面以及一般黨員絕不能諒解。余意在去年五全大會以前或有此情形，值得相當顧慮；但在五全大會以後情勢業已不同。今日余可為君告，國民黨事實上已授現政府以處理外交之全權，現在之行政院即係以此種事實為背景而組織，尤其本人此次出任院長，即表示可負責根本調整中、日兩國之關係，以求黃種之共存共榮，進謀世界文明之進步，以發展我平生之志願。由此可知顧慮政府既決定外交方針之後，黨方難免加以阻撓，此過去可有今後絕無之事也。

磯谷：貴院長抱負偉大，極所欽佩。但黨部之存在實為中日關係惡化之一主要因子，總宜剷除。今後如黨部方面再有使中、日惡化之動機，望政府能斷然割下。

院長：此毋庸顧慮。既有黨必有黨之主張，此主張乃由多數人所決定，少數人如不遵守多數之決議，當然可以黨紀制裁。據余之友人言，與君研究中日問題時，君甚重視以上關於教育與黨部兩個問題，其實依余所見，並不成問題，可不必顧慮。

磯谷：適聆貴院長高見，頗感愉快。貴院長雖如此說，但事實上排日教育與國民黨黨部之繼續存在總有可慮。將來萬一有何事故，望貴國政府能確實彈壓。

院長：此不必顧慮，余早有決心，為兩國前途之關

係，當然不容以小亂大，且苟有越出範圍之舉動，我政府早有紀律，此不必顧慮。

磯谷：貴院長雖一再申明不必顧慮，但依武官所見，排日教育與國民黨黨部在事實上依然為中日關係惡化之因子，貴院長以為不致發生事端，恐與事實不符。貴國常宣傳日本為侵略國，武官以為並非侵略國，此點請貴院長了解。但無論如何，日本總須發展，而且以後仍須繼續發展，但日本並不存心侵略他國領土與破壞其經濟，只以和平之手段謀發展，萬一有人阻撓日本之發展，日本必竭力抵抗，務必達發展之目的。貴國對於日本之決心，當能了然也。日本之發展不但為日本之利，對貴國亦甚有利。向來西洋各國發展甚快，不斷向東發展，今後東亞國家亦應向西發展；日本之發展，即為維持東亞之和平安定，如貴國能明識此義，而與我日本攜手，共同向西發展，日本亦必伸手表示歡迎。現在日本官民一致認定日本之發展乃天然之使命，不但日本，貴國亦必須與日本攜手，共同發展，歐美任何國家如對日本之發展加以干涉，日本必起而反抗。現在已下此決心，中、日兩國攜手之結果不僅兩國均可發展，亦不祇東亞可以安定，對世界和平與人類前途均有莫大之貢獻。甚望貴國政府能見此大方針，與日本攜手共同努力。

院長：此意我完全了解。日本國勢發展亦有利中國之
　　　說，並非今日初聞。吾黨總理孫先生亦常常道
　　　及中國與整個東亞賴有日本，始有今日。此意
　　　他人猶或懷疑至今，余等親受孫先生之教訓者，
　　　蓋莫不洞明。其實不特此也，余亦知貴國無領
　　　土野心，因現代各國（當然包括日本在內）國
　　　力之發展不在領土，而在經濟，要領土是萬不
　　　得已的舉動；貴國無論朝野，一切有識之士當
　　　然深明此理，不致有何領土野心。自「九一八」
　　　以來，勉強造成現狀，使中日關係至此地步，
　　　余心至為慚愧。所望自今以後，中、日兩國官
　　　民改正前失，使日本不僅在事實上不為侵略國，
　　　而且在形式上亦能使人無可指摘為侵略國。欲
　　　達此目的，方法甚多，果能彼此開誠研究，不
　　　僅可使外國人再不能造日本侵略中國之謠，且
　　　可使中國一般國民亦不以日本為侵略國。試舉
　　　一例，為君言之。前此蘇俄挾「世界革命」之
　　　口號向東亞發展，其野心不僅在侵略中國，亦
　　　欲侵略日本與整個東亞。在民國十三年以後，
　　　已不僅在事實上侵略中國之領土，且更進一步
　　　侵略中國人之思想，但一般國民不能看出，不
　　　認蘇俄為侵略國，甚至一般青年受其麻醉，反
　　　而竭力贊助。蘇俄分明為侵略國，因其方法變
　　　更，遂使我一般國民不能窺破，而且一部分人
　　　反而親之信之，何況貴國本無侵略之心乎？蘇

俄的陰險詐毒，固不願貴國效之，但就此方法，貴國又何必憂愁不能洗雪侵略之名乎？故余以為頗有供貴國官民參考與反省之價值。

余嘗為貴國著想，以為今日切要之圖，莫若設法使中國一般有智識、有道德、有國家思想之人能相信日本對中國無領土野心，且進一步能認定中國非與日本攜手，前途頗多危險。余以此意並非理想，確是可能之事實，可仍以蘇俄為例。蘇俄所利用之共產黨，即為有智識、有精神、亦有國家觀念之中國人。我國一般國民總認日本利用漢奸侵略中國，而不知蘇俄利用共產黨侵略中國，其故即在於此。故余以為貴國如真有與中國攜手之誠意，第一即須摒棄一切無知識、無道德、無國家觀念之無賴分子，而以最有知識、最有道德、最有愛國思想之中國人為對手，而採開誠協商、密切合作之態度，如此則中國一般國民當然不相信蘇俄，而相信日本確無領土野心、確非侵略國，於是中、日一切問題俱可迎刃而解矣。由此可知中日問題之解決並非難事，只須雙方有負責之人，且此負責之人必須真正愛國而又確具遠識，彼此皆為兩國共同遠大的利益著想，如此在中國方面無論國民與黨部，其心理甚易轉變，必無阻礙。

總之，中、日兩國絕無不可解之仇隙，而今日實為澈底解決中日問題千載一時之良機。就中

國而論，此次余既出而負責，如果中日問題再不能解決，則以後恐數十年或數百年皆無解決之機會矣。故余甚盼磯谷君歸告貴國人士，余此次既出膺政府艱鉅之責任，一切絕不推諉，實有澈底解決中日問題之決心，中、日一切問題無不可依據兩國共存共榮之原則澈底解決。不但能解決，而且余確能自信凡由我負責辦理之外交，必無人指為賣國，因全國國民皆能相信余為真實愛國之負責者。

磯谷：貴院長既下大決心，能負全責，實行其抱負，武官已甚明悉。但貴國國情與日本不同，貴院長如照所述之方針實行與日本攜手時，多少必發生障礙，恐難免有人指為賣國賊，故貴院長之決心恐不易貫徹。

院長：余已申明無人會說我賣國。

磯谷：果如所云，當然甚好。但依向例觀之，恐終不免有一派人出而反對，多少必發生障礙。

院長：關於此點，余再可鄭重聲明，除少數不愛國而有意搗亂之反動派以外，絕無反對余之赤心為國、至誠為民之主張者。對於此種不愛國、不守法之分子，政府自有紀律制裁。今日最大多數之國民皆知余心，相信我，故國內無論何人，如反對我，必遭失敗。我國古書所說「仁者無敵」，此理絕對準確。余既下決心，必貫徹余之主張也。

磯谷：甚望貴院長本此信念向前邁進，適云日本必須發
　　　展，乃指和平的發展，但如有阻礙，自必抵抗，
　　　此固日本不變之大方針也。邇來中國一般國民
　　　總以日本為侵略國，故竭力排日，而日本一般
　　　國民則常憤恨中國之排日，故主張侵略，一切
　　　不幸之事情，皆可由此兩國國民往復循環、日
　　　益嚴重之錯誤的根本觀念中發生，至堪憂懼。
　　　將來日本必使中國國民能不誤認日本為侵略國，
　　　即在可能範圍以內不侵略中國，所望貴院長與
　　　中國政府亦能使一般國民不再排日，以轉變日
　　　本國民之心理。

院長：此固理所當然。凡明理之中國人必不排日，凡明
　　　理之日本人亦必不侵略中國。余向來不相信日
　　　本必侵略中國，惟必有明理之人始易於講話。

磯谷：今日初次拜謁，承貴院長假以如許長時間之談
　　　話，並開誠賜教，極為感謝。又武官今日所陳
　　　述者不過原則之研究，並無若何具體意見，請
　　　貴院長明瞭精神之所在可矣。再武官乃陸軍武
　　　官，所陳述者並不能代表日本一般官民之意見，
　　　不過陸軍省方面一般之方針大概與此相近而
　　　已。此次回國之後，必將貴院長指教各點向各
　　　方面隨時報告。

院長：此意甚對，余頗願與磯谷君談話。以後關於中日
　　　問題，最好請磯谷君與我中央外交當局直接談
　　　話，不宜再有其他在中國之日本軍人任意與中

國各地軍人交涉。今後余即認磯谷君為日本軍人唯一代表，中國政府有話即與君商談，所望貴國政府亦能認君為唯一軍人代表，使兩國之談判十分便利，邦交必日益親密，一切問題當易解決耳。

磯谷：自己個人一切意見，大概可代表陸軍首腦部之意見，當隨時報告貴院長；貴國方面一切意見，武官亦當傳達於陸軍省。日本方面意見固不能隨便轉述，但中國方面如要知日本陸軍省方面整個意見，武官隨時均可陳述。

院長：適所云者，即是此意。今日初次晤談，極感愉快，以後希望能隨時暢談。（完）

002-020200-00026-051

■ 1936 年 2 月 6 日

高宗武函蔣中正抄送一月二十二日張羣會晤須磨彌吉郎談話紀錄及去年十一月二十日蔣中正會晤有吉明談話紀錄

來文姓名：高宗武

文別：函

來文地點：外交部日期：二月六日

收文：二月六日京字

摘由：抄送一月廿二日張部長會須磨及上年十一月二十日、本年一月卅日鈞座會有吉各次談話錄

附件：紀錄三份

擬辦：

擬存二、六。

判行：

如擬。

本年一月二十二日張部長會晤須磨祕書談話紀錄及上年十一月二十日、本年一月三十日鈞座會晤有吉大使兩次談話紀錄，謹各抄錄一份送請鈞核。

謹呈院長。附件

職高宗武謹呈。二月六日。

張部長會晤須磨祕書談話紀錄在座高司長宗武

時間：民國廿五年一月廿二日下午三時卅分

地點：部長會客室

寒暄畢

須磨：今晨方自敝國回任，因有數事須報告貴部長者，故來奉擾。本人此次返國時，曾遵命將貴部長調整中日問題之抱負轉達敝國朝野，敝國人士甚為贊同。茲有一重大事件即須奉告者，即敝國駐華大使已定有田八郎氏，此次本人動身時，廣田外務大臣特命本人於到達南京時，正式向貴部長徵求同意，未悉閣下之意如何？

部長：有田係余舊友，個人甚表贊同，容報告政府決定後再行奉告。敝國駐日大使亦已決定許世英氏，並亦已電令丁參事向貴政府徵求同意，未悉貴總領事已聞知否？

須磨：在船上由無線電訊得此消息，抵滬後有吉大使亦
　　　曾談及。關於有田大使之同意事，甚望貴部長
　　　早日決定通知，是所至盼。此次本人回國時，
　　　各界人士皆已晤及，即對軍部亦曾交換意見。
　　　總括各方意見，皆認為製造良好之空氣實為中
　　　日調整會議前所必需之工作。例如上海、福岡
　　　間之聯航問題若能及早解決，裨益必非淺鮮。
　　　敝國故遞信大臣床次對兩國間聯航問題非常注
　　　意，現遞信大臣望月尤具熱心，此次亦曾與本
　　　人談到，甚盼此四年來中、日之懸案早日解決
　　　云云。

部長：對有田大使同意事，俟政府決定後即行通知。上
　　　海、福岡間之聯航問題與華北貴國飛機之侵犯
　　　我國領空事件有連帶關係，若貴國飛機在華北
　　　之不法舉動不早解決，則上海、福岡間之聯航
　　　問題殊難談到。

須磨：華北方面近來聞似很安定。

部長：事實上仍係危機四伏。

須磨：總合敝國各方面對貴國問題最關心者，為華北問
　　　題與財政問題。例如財政問題，此次李滋羅彭
　　　之來華，在本人雖已明瞭，但敝國國民總覺得
　　　貴國對於財政金融祇與英、美商量，不與日本
　　　商談，而日本之財政專家亦頗不乏人，若能約
　　　定前來談談，空氣自然不同。總之，製造良好
　　　空氣，實為要圖。頃談之上海、福岡間之聯航

問題，實以早日解決為好，此本人之所以不厭
一再言之，未卜貴部長之意如何？

部長：中、日間之困難問題，在聯航問題之上者甚多，
若能根本解決，此事自非難辦。不過，此事與
華北侵犯領空問題有連帶關係。若此刻即談此
問題，本人認為尚早，此點特請注意。中日貿
易協會業已成立，倘能由雙方專家多多交換意
見，自有益處。

須磨：將來有田大使來華時，當常駐南京，上海辦事處
亦當搬到南京，房子現已覓到。關於中、日會
商事，廣田外務大臣之意希望事先多多交換意
見。若有必要，即另組專門委員會亦無不可。
不過，為避免各方誤解及引人注意起見，似以
勿取正式或特殊會議之方式為妥，未知貴方對
此已有具體方案否？對於三原則問題，客冬有
吉大使會晤蔣院長時貴部長亦在座，蔣院長表
示原則完全贊同，但無對案云云。

部長：蔣院長之所認原則贊同，乃希望貴方提出具體之
方案。因為該三原則實過於空泛，無從商討。
此意，本人前晤有吉大使時亦已提及，今貴總
領事問我方有無具體案云云，是無異先生出題
目令學生作答案之方式。在理論上，原則既係
貴方所提，具體案自亦應出自貴方，因我方無
論如何不能推測貴方所提原則真意之所在也。

須磨：三原則包括內容甚多，具體方案無從提出，所

以只能提原則，不能提具體方案，例如：第一
點之放棄以夷制夷云云，如貴方之不許排貨、
排日運動，皆包括在內，中國此後之一切問題
不能超越日本。第二點之中、日、「滿」經濟
提攜一層，即「滿洲國」之承認問題、《塘沽
協定》之改訂問題、《辛丑條約》之修改問題
均包括在內，並非如三百萬元、四百萬之借款
問題之簡單也。第三點之共同防共問題，即日
本亦從此不能與蘇俄訂互不侵犯條約，必要時
《日蘇漁業協定》亦須取消，雙方皆受極大之
拘束。換言之，三原則問題即實際上之中日攻
守同盟，故貴國對此一點須有深刻之認識與重
大之決心。但因此貴國亦可將貴國之希望與要
求提出，日方可以商量。至於由日方提三原則
之具體案，實不可能，因三原則所包括之內容
即十年、十五年亦作不完也。

部長：對於三原則如此之解釋，今日初次聽見。總之，
有吉大使不日來京，一切可從長計議也。

談至此時已四時三刻，須磨遂具辭而去。

蔣委員長會晤有吉大使談話紀錄
在座：張主席、唐次長、堀內祕書、須磨祕書、有野祕書
時間：民國二十四年十一月二十日下午五時
地點：軍官學校
寒暄畢

有吉：華北問題現在非常緊張，希望中央處理華北問
　　　題必須順應華北地方之現勢，免得發生糾紛。
　　　因華北與日、「滿」關係非常密切，若中央不
　　　順應地方現勢，加以實力之壓迫，必為華北地
　　　方當局所反對，而日本關東軍亦必因華北地方
　　　關係而抱不安，其結果則糾紛必現，此乃大不
　　　幸也。

蔣委員長：所謂順應華北地方現勢究是何意？

有吉：即華北地方之自治運動是也。

蔣委員長：華北軍隊皆聽命於余，自用不到壓迫也。

有吉：華北自治運動乃是事實。華北與日、「滿」關
　　　係密切，若中央不順應現勢，則華北地方治安
　　　不能維持，故本人以為中央尚以適應地方現勢
　　　為妥。

蔣委員長：自今年二月間會晤貴大使後瞬將一年，回憶
　　　　　　當時我人之談話甚為美滿，但六月間忽然
　　　　　　發生河北問題等等，本人甚為遺憾。今日
　　　　　　願乘此機會與貴大使談談整個大局，不必
　　　　　　單就華北而談華北問題。

有吉：貴委員長對廣田外相三原則之意見如何？

蔣委員長：贊成其對案，但三原則中之二、三兩項多涉
　　　　　　華北問題，故必須中央派大員赴北方主持
　　　　　　政務，方能與日本負責者商量辦法。余對
　　　　　　華北問題早已決定辦法，現因在開會期中
　　　　　　無暇及此，但可奉告即取消北平軍分會，

由中央派一大員主持華北軍、民兩政，此
點貴大使可以報告政府。

有吉：此種辦法在華北形勢變化中似乎太晚，最好順應
地方現勢許其自治。

蔣委員長：華北自治運動多是日方策動，中國方面並無
此事。

張主席：只要土肥原不作顧問即可。

有吉：關東軍因與華北利害關係甚多，故對華北自治運
動加以同情之援助則有之，若說全是日本策動
中國方面絕無此事，則未必然。

（附註）：嗣談及中國貨幣改革問題及福岡、上海間
聯航問題。關於前者，委員長答以中國此次之貨幣改
革完全出諸中國之自主，日方所傳係李滋羅彭之策動
以及向英借款等等皆非事實。現在此事任何國家皆不
反對，故日本亦應多多贊助，以致促進兩國之邦交。
關於後者，委員長答以福岡、上海間之聯航余素反對，
因華北日機之自由飛行若無解決之辦法，欲談福岡、
上海間之聯航則余絕不贊成。
此紀錄係張部長於二十五年二月四日口授，由宗武追
記。宗武謹註。

蔣院長會晤有吉大使談話紀錄
在座：錢主任、須磨祕書、高司長、有野祕書
時間：民國二十五年一月卅日下午五時
地點：陵園孔公館

事由：辭行、談三原則問題

有吉：在任中多蒙照拂，甚為銘感，今日特來辭行，
　　　並致謝意。

院長：貴大使對中日邦交之努力，我國朝野有口皆
　　　碑。今突聞奉命返國，不勝惜別之感。深望貴
　　　大使歸國之後，仍照舊為兩國邦交繼續努力。

有吉：後任有田大使年富力強，且有經歷，必能勝任
　　　愉快，為中日邦交努力。

院長：此固當然，但東亞人素重感情，貴大使駐華多
　　　年，各方感情多甚融洽，一旦離去，不但余甚
　　　惋惜，即我國國民亦必不勝依依之感。今日貴
　　　大使在此臨別之時，對余個人若有所贈言，則
　　　實余所樂聞。貴大使返國後，仍望時時光臨。
　　　牧野、幣原、芳澤諸先生晤時，請為致意。

有吉：盛情甚感。數年來余對貴院長之懷抱與誠意甚為
　　　了解，但日本國民尤其軍部對貴院長能否真與日
　　　本握手一點多抱懷疑。幸最近此種懷疑心理已逐
　　　漸減少，例如代表日本軍部之磯谷武官，此次晉
　　　謁院長返滬後之感想，亦與從前大不相同，此乃
　　　極可喜之事。但望貴院長今後仍注意此點，此皆
　　　余個人言論，並非以大使資格對貴院長所說者，
　　　貴院長在東京倘有相託之事，余自可一一照辦。
　　　此外尚有一點，今天既來辭行，本不便提及他
　　　事，但既遇院長，竊以為亦不妨順便說說，即前
　　　所謂三原則問題是也。自廣田外相在議會演說發

表後，或以通訊社之誤傳，或以譯文之誤譯，以致貴國當局發生誤會，至有外交部發言人之否認此事，性質非常重大，論公論私，皆不能不促貴院長之注意，未悉貴院長之意如何？

院長：余對此事亦甚擔心，貴大使見張外長之談話余亦已知悉，余對此事之意見與張外長完全相同。

有吉：去年十一月廿日余會見貴院長談及三原則時，曾親聞貴院長謂「贊成」、「無對案」，今日忽然由外交部發言人打消，殊為遺憾。廣田外相之演說係根據余之報告而作，故本人立場甚為困難，廣田外相之演說全文未悉貴院長已看到否？

院長：廣田外相之演說全文余已看到，我人對此自不應被通信社或洋文譯文所誤，且我人說話亦不會有所變遷，余當日之所謂「贊成」、「無對案」者，乃贊成三原則之商討也。回想貴大使那次為華北問題而來，余以三原則關係華北者最多，故欲派大員赴華北與貴國負責者在華北商量。所謂無對案者，係指俟開始商量後再提對案，並非無條件贊成三原則也。況贊成與承認又有不同乎，此點務請分別清楚。

有吉：當日在座者除余外，尚有今日在座之有野、須磨兩人，他兩人所聽到者亦與余相同，不料今日相差如此之遠。總之，此事關係頗大，余個人尤為困難，請院長注意。

院長：余之處境亦甚困難。前日貴國外務省發言人說

中國最高當局已贊成三原則，此誠使余為難。
總之，余對此事之意見與張外長對貴大使所說
者大致相同，但余對此事在可能範圍內總期不
使貴大使為難，請照余意轉告廣田外相可也。

有吉：此事性質非常重大，不料雙方相差意見如此之
遠，中日關係時有變化，甚為遺憾，或因此而
發生問題亦未可知，今日不知能否照貴院長之
意報告廣田外務大臣？

院長：可照此報告廣田外相，余為減少貴大使之困難
起見，不願有所辨明，亦不願說當時余為軍事
委員長，不負行政上之責任。總之，我人個人
之談話無關緊要，若外交上發生如此之誤會，
則性質非常重大矣。

002-080106-00001-002

■ 1936 年 3 月 24 日
蔣中正電張羣對磯谷廉介明示尊重中國冀察主權改善國民感情之立場

南京張外交部長勛鑒：
廿六日不能回京，最快亦須廿七日晚方得到京。對磯谷
應坦白表示如其能尊重我冀察主權，改善國民感情，則
諸事非無妥商餘地。而且我等正努力於此，勿以尋常之
應酬語視之。如東北問題能同時解決，一掃兩國之阻
礙，更為切盼也。兄與有田在京談話詳情，請即派員北

上與宋明軒詳談，或託周作民兄北上代達亦可。

中正。敬戌機溪。

002-020200-00026-054

■ 1936 年 3 月 29 日

蕭叔萱電蔣中正與寺內壽一會談其可代表日全陸軍對於中日親善決無異議

姓名或機關：駐日武官蕭叔宣

地址：日本東京電

來電月日：三月二十九日

來電摘要：

十九日電奉遵。職連日訪軍部各要人，俟月初呈遞國書後回國。本日與寺內大臣在其官舍會談，影佐亦在，寺內云可以代表全陸軍，對於中日親善絕無異議，但望中國真面目實行，勿徒口說。除滿洲係已成之局無法變故外，餘事囑與影佐詳談等語，蓋彼不能明瞭我國情形也。影佐當即與職開誠談話，毫無隱飾：（一）委座如能排除或改善反日一切障礙，則無事不可商談，冀察政權亦可復歸中央。（二）冀東不久可取消。（三）山西赤匪務向西南壓迫，勿令東進或北進以刺激日本，否則日本決不（電碼不明）。（四）日本決不願製造第二滿洲國際，致釀成中日結局解難分之仇。且同我到陸軍省，示以本年一月中日部所下與各部通達之要旨，以示真實無欺。惟委座若不能根本排除反日一切障礙，則華

北政權終難取消。（五）日俄衝突決不致擴大，即可解決。要點如上，詳情俟面陳。

002-020200-00026-055

■ 1936 年 4 月 7 日

外交部長張羣與須磨彌吉郎談話紀錄

時間：民國廿五年四月七日下午四時○分

地點：外交部

事由：華北問題等

在座：楊雲竹

須磨：山西方面共產黨勢力逐漸擴大，此消息確否？

部長：據吾人所知，我方之進剿著著勝利，現已不成問題，不久即可肅清。或逃竄陝西，決不至再擴大。新聞惡意宣傳，萬不可信。

須磨：共產黨有二萬人，確否？

部長：決無此數，範圍亦漸縮小，吾人亦關心此事，每日從軍事方面，得知詳情，可以放心。

須磨：我方政府有時不明真相，聞部長言，甚為放心。聞軍隊開入山西者人數頗多，有三師團、四師團然乎？

部長：約有三師。

須磨：此數可敷分配乎？

部長：可無問題。外方謠言謂何部長北上，純屬造謠。

須磨：是則何部長並無北上之計畫。

部長：無此必要。

須磨：冀蔡〔察〕政委會成立以來，工作著著進行，此
在貴國看來，是否認為滿意？對行政、財政、
人事諸事有何意見？

部長：漸見進步。依本人觀察，照現狀進行下去，可望
逐漸改善，貴方看如何？是否有何糾紛？

須磨：余無所聞，聞交通、經濟、外交等委員會已成
立，然否？

部長：未聞成立交通委員會，閣下常與張部長等晤面，
所知當甚詳盡。

須磨：華北問題頗為機微，雙方情報之交換與事前之解
決十分重要；否則難免誤解，且可由誤解擴大而
為問題。此事特別與山西共匪問題有連帶關係。

部長：余有一事欲詢問者即華北，貴方駐屯軍增兵問
題，究竟現有若干人？是否二千人？

須磨：現有一千二百，確數余不詳記。增兵之原因主要
由於軍事之需要，將於五、六月間實行增加。

部長：依本人觀察，此增兵實無必要，徒增人民之刺
激而已。

須磨：增兵事，希望貴國勿以此為問題。

部長：君以為有此必要歟？

須磨：要之，日本有一種「不安」心理，增兵目的在除
去此種「不安」。三原則之第三項，含有此□，
增兵即此項之一表現，此點請貴方諒解，決無
侵略貴國意思。

部長：擬增數目若干？

須磨：余不知，尚未確定，但決定增加則係事實。

部長：余總以為不增加為宜。

須磨：此事望貴方勿成問題，如以是為問題，恐不明
　　　真相者又大事宣傳，難免發生惡影響也。

部長：余不知日方有何不安？但如增兵，確足以增加我
　　　方之不安，故余以為不宜增加。

須磨：部長意見已完全了解，惜此事已確定耳。

部長：余向本「大事化小，小化無」之意，如此雙方
　　　均有方便，尤以在今日情勢之下為然。

須磨：率直的說，關於華北問題，部長已與有田大臣
　　　談及，貴、我雙方對華北各有不安；貴方之不
　　　安，余亦已想到，我方亦有一種漠然之不安，
　　　但能在此不安之中覓得一諒解之好機會。解決
　　　華北問題，樹立親善基礎，則一切進行均有便
　　　利，請部長拋開一切議論，與日方進行商酌，
　　　從事準備，日方決不吝共同進行，共同打開一
　　　條路徑。貴國對華北希望，大體予以決定，進
　　　行商討，俾彼此均可安心。如將現在不能一致
　　　之點設法使能一致，則一切問題均可解決。日
　　　方屢次聲明絕無侵略華北之意，甚可提出書面
　　　簽字作證。

部長：我方之希望，殆全為消極的性質。其內容不外
　　　主權之不侵犯、內政之不干涉、統一不被破壞
　　　之諸點。如此數點可以辦到，則我方不安即可

解除，兩國間自可進行其他一切商量。

須磨：部長所述消極的諸點，我方亦承認。現貴方之所
以尚不諒解者，因在華北尚未開此途徑耳。

部長：余與有田大使曾談及此，如能作到以上諸點，則
可逐漸實現吾人之主張，一切問題即可以外交
方式進行商討也。

須磨：華北必須有具體辦法，例如去年十一月唐次長所
談之「六項目」等，此不過舉一例，至少須有
一種適應華北特別情勢之辦法，六項目亦可，
八項目亦可，總希望部長對此盡力。如此，我
方可對貴方約定部長所談消極的事項。要在部
長下具體的決心，而非為理論的辯論。

部長：日本對華北之「要望」如何，在日方應明白說
出，否則令我方「暗中摸索」，殊感困難；要
在相互明瞭其立場，相互尊重其立場耳。

須磨：余確信部長所說，我方對華北之希望並無一「標
本」而主張非如此不可者。例如以前之「六項
目」一類範圍，由部長負責作成，與各方相商，
兩國就此諒解時，日方可就消極的事項為確切
之打算，望部長下大決心。此種對華北雙方所
抱之不安雖最為微妙，但亦最容易解除，只要
開一道路。但希望不要附條件的主張，日本先
提出明瞭的要求，然後方能相商，而請部長自
動的表示決心。倘不如此，日方有困難，日方
有決心，此今日所欲奉告者。總之，要求日方

先表示態度一節，為貴國計，決非得策。自然
我方專要求貴方定一方案，亦不可，應由兩國
同時進行，設法接近，則雙方可互明瞭其立場。

部長：可否進一步解決滿洲問題，如何？

須磨：本人主張兩國須作到攻守同盟，今日外蒙與蘇俄
　　　既有議定書，實為最良之機會。部長為軍事之
　　　權威，請從大處著眼，下最大之決心。

部長：難事無法談到，雙方先從容易處作起亦可。

須磨：今日特奉告一條路線，由此則可實現余前此奉談
　　　之所謂「結婚」，雙方極欲結婚故也。

須磨：關於西南問題，請問胡漢民氏來京乎？王寵惠先
　　　生雖與胡談晉京事，結果是否圓滿？

部長：不知此事閣下如何觀察？

須磨：余之印象頗為不良，陳濟棠氏總欲利用胡，不令
　　　入京，余有此感想。

部長：據本人觀察，雙方關係決無漸趨惡劣事，雙方亦
　　　無爭執；胡本人始終未云不來京，一般情況亦
　　　已逐漸良好。

須磨：陳濟棠之令兄陳維周氏最近來京，聞與統一幣制
　　　事有關，並已得諒解，確否？

部長：此事余無所聞。余與陳鹽運使並不認識，但據本
　　　人推測，想係為聯絡而來。

須磨：此外有一大問題，有關於雙方空氣之好轉者，
　　　即為購用我國材料事。貴方現在實有此需要，
　　　希望從此事進行。購用日本製品事，去年以來

實大見好轉，我國實業家均一變從來之論調，咸謂中日關係已可好轉，此事實於貴方甚為有利。蓋日本物價極廉，重工業非常發達故也。但聞貴國仍多從他國買入，例如武器等。最近聞貴國招商局從義大利購買輪船，客船、貨船總價達三百萬鎊，一面從中國輸入原料，作為交換，不知確有此事否？

部長：余夙主張，中日親善之基礎在乎經濟，此為本人一貫的主張。余以為現在好轉中，且自中日貿易協會成立後更多促進，民間對此亦能協力進行。張部長、吳部長均經濟界巨子，對此方情形十分熟悉，前途必有希望。所稱招商局買船事，絕無此事。蔡局長為余舊屬，就任甫及一月，該局負債累累，清理一事，極感困難。最近曾與余晤談，曾談如何維持該局現狀事，況對義大利，各聯盟國正實施制裁中，中國為聯盟之一員，自不能違反聯盟決議，中、義間貿易關係已完全斷絕，閣下所得消息未免可笑。

須磨：聞部長見告，甚為放心。日本絕不欲貴方吃虧，希望中國買進便宜物品，自於中國有利。特別為船舶等，買日本製品絕無不利。此外如關於償還期之延長等，余亦願任奔走之勞。

部長：如從此方面成功，亦中、日關係之一助，余願助成此事。

須磨：多謝部長盛意。

須磨興辭退出，時已五時十分。

《中日外交史料叢編》第五編《日本製造偽組織與國聯的制裁侵略》，

頁 360-366。

■ 1936 年 4 月 19 日

毛慶祥電蔣中正言有田八郎對華外交華北問題與冀察政權直接交涉等六原則

號次：260

姓名或機關名：毛慶祥

來處：南京

皓戌京電

4 月 20 日到

4 月 20 日送出

摘要：

〔前略〕（三）滬通訊社致西南執行部刪電，有田對華外交：（1）華北問題與冀察政權直接交涉。（2）由文化、政治、軍事等方面援助冀察政權，促其擴大強化。（3）與國民政府開始正式談判，急謀調整中、日經濟關係。（4）候經濟關係之調整成功後，再進一步促成中、日、滿之關稅同盟。（5）對於滿洲國之存在，不必強迫中國承認，但最少限度亦須令其默認滿洲國參加中、日、滿之關稅同盟或經濟集團。（6）對外蒙、新疆東漸之赤色勢力，務須共同採取有效之防止辦法。

002-020200-00026-056

■ 1936 年 5 月 4 日

參謀本部密函外交部關於日本對華北最近之企圖

逕啟者：

頃據密報：內關於日本對華北最近之企圖一則，足堪貴部注意，除抄送行政院、實業部、財政部外，相應抄同原件隨函附送，即希查照密存見復為荷。此致外交部。

附抄件乙份。

抄密件

據報，日本外務省以為欲完成日、「滿」與華北之經濟集團，必先開發華北之經濟，故擬於本年即依直接交涉主義，與華北地方政府著手謀多年成為懸案之龍煙鐵山、中日合辦之滄石鐵路、山東鐵路等之解決。但僅依日本資本之流入，決難達到所期之目的，必須華北人民自身之經濟生活根本加以改善，故現決定之方法於次：

（一）方針——1. 對於華北農業，由日本作技術之指導，謀農產品與日本工業之聯接。2. 對於華北礦業，並在其技術上、資本上力求合作。3. 對於交通運輸事業，並在其技術上、資本上加以援助。4. 設立相互貿易之媒介機關，謀彼此民間之接近。5. 改正關稅，恢復協定稅率。

（二）經費——日本外務省先擬改正現行之對華文化事業特別會計法。舊有預算為日金六百萬元，

將於今年度起改為七百萬，即每年增加預算百
萬，以供華北農村更生計畫之用，而對華文化
之新生面以上述各項經濟提攜方面為標準，依
日本之技術的、經濟的援助，俾增進華北人民
之購買力，進而救濟華北對外收支之不均衡。

（三）農業——至於具體方策，因鑒於素稱棉產之華
北栽培智識之幼稚，故所產棉花其質較印度棉花
尤劣，故宜改善其棉花栽培法，並獎勵羊毛，使
與日本工業相聯接；即外務省將與農林省當局會
商之後，在天津及其他農業上之樞要地設置農事
試驗場數所，派農業技師，備農業指導用品，而
在經營上作具體的指導。至於農村更生之途徑，
即將使農業作多用之經營。同時提倡牧畜手工
業，並組織各種共同設備，使販賣金融消費之合
理化，並擴充農民子弟之農業教育，使華北之農
業與日本之工業力保持密切之關係，以華北原料
品之供給作日本工業之別動隊。

（四）礦業——在礦業方面，將來之調查、開發頗不
充分，故亟須日本技術、資本之援助。鐵之埋
藏量及採出量惟極貧弱，但亦不能放棄希望。
煤油及其他礦業亦然。至於煤炭則埋藏豐富，
如有日本資本、技術之援助，則頗可有利，故
應糾正日本財閥與資本家之認識，使其立於國
家的見地上，將勸其投資。

（五）鐵路——但開發此等產業之鐵路網頗不充分，

故決定新設滄石、山東及其他數線之鐵路，積極使之漸次完成，並謀內地與海之聯絡，以增進天然資源之輸出；且棉花之栽培獎勵，不特僅供日本紡織工業之原料，將增使在其生產本地成為製造品，以與日本紡織業謀緊急之聯絡。為精神的、技術的、資本的各種用度作緊急之提攜起見，擬依雙方之意而設立如日美、日英間之貿易協議會，一方將華北對日關稅全部撤廢或加以改正，另作華北獨自之中日協定稅率，以求交易之便利云。

《中日外交史料叢編》第五編《日本製造偽組織與國聯的制裁侵略》，

頁 439-441。

■ 1936 年 5 月 5 日
外交部密函參謀本部關於日本對華北最近之企圖

案准貳禮字第三〇三號
來函以：抄送日本對華北最近之企圖密件一則，希查照密存見復等因。查上項密件抄件一則已經照收，除密存備考外，相應函復，即希查照。
此致參謀本部。
日本對華北的企圖
日本政府主張對華經濟提攜，須以中日兩國關係之政治協定為依據，且認為以一完整之政治協定代《塘沽停戰協定》最為適當，但此必須包括承認「滿洲國」。

日政府亦體念此承認「滿洲國」一問題所生之困難，故於目前不欲以此相強。似以為可成立關於解決冀察局面及取消冀東組織之協定，不提出「滿洲國」承認問題。日政府告余，彼方贊成維持中國海關行政，而對於中國任何地方當局並未助其創設特別稅率，彼方無意干涉中國內政，冀東方面之種種困難亦認為純係中國問題，日方無意參與。日政府之意見以為：南京政府應與冀察政委會成立一直接協定，建議該項協定之條件為：第一、南京政府須同意將華北關稅收入之一部分，按時解付冀察政委會。第二、南京政府須同意將稅率大加減低，尤其對於現在走私之主要貨物，其稅率應大加縮減。

余向日本當局指稱：此種建議不易為中國政府所接受，因直接指定關稅之一部分解付冀察政委會，事涉違反借款條約，又稅率之大加縮減必減少海關稅收，而此海關稅收正力需維護者也。

然而，中國政府對以上所言，豈無提出意見之可能乎？例如：當關款必須保留，全部付作歸還債款時，能不規定冀察政委會每月自河北海關收入總額中提出補助費乎？此種補助費可為河北海關稅收三分之一，若每月稅收超過二百萬元，則或可高至為收入二分之一。此外，冀察政委會對於在河北捕獲私貨之純粹售價，亦可全部或大部收受之。此種規定，將予冀察政委會以堅強誘導，使其保持最大額之海關收入與防止走私，而不致損害國民政府之國課也。

目前關於稅率之縮減，以余觀之，似覺中國政府不能照辦，以其涉及損失稅收也。但余相信對於稅率之精密修改，規訂某種貨品，如人造絲，其稅率大加減低，可不致損及國課，或可於國課有利益也。現今對於數種貨品課以重稅，但以其價格低落，而是種課稅方法致使稅收無有，僅足以鼓勵走私耳。余意，勸中國政府最好設置一小委員會，由華籍海關官吏一人，英籍與日籍海關官吏各一人組織之，奉令對於現行稅率逐項研究，並建議如何修改，方足保持最大額之稅收。

中國政府若採納此種建議，則冀察政委會（此政委會之人員，可能時應重新更換）應恢復河北省之全權，自當有所規定，即：殷汝耕之政府組織應完全撤消，海關巡船應恢復冀東海岸之緝私工作。日本軍事當局如遇海關與日人衝突時，應承諾相助。

《中日外交史料叢編》第五編《日本製造偽組織與國聯的制裁侵略》，

頁 441-443。

■ 1936 年 5 月 25 日
張羣發表中日關係演講詞

張部長對於中日關係之演詞民國二十五年五月二十五日中國之於鄰國，願以最大之努力輯睦邦交，乃勢所必然。而中、日兩國間，以同種族、同文化之關係，亟應互相提攜，共謀發展，更不待言。乃自九一八以還，歷史上罕見之國際風雲紛至沓來，致兩國國民間之感情漸

形疏遠，刺激愈多，而疑慮愈深，其情勢錯綜複雜，往往不能衡之以常規。兩國有識之士，莫不引為深憂，而亟欲設法恢復兩國政府與人民間應有之情感。自日本廣田前外務大臣於六十八屆議會創導對鄰國「不侵略不威脅主義」，年餘以來，雖其實施改善之計畫未見十分明確，實際上亦未收若何成效。而其維持和平之苦衷與努力，一般人士深為了解。月前廣田大臣升任首相，駐華有田大使調任外相，日本對外政策似未有根本變更。最近有田外相在第六十九屆議會揭櫫之策略，乃欲確保東亞之安定，以貢獻於世界之和平，由國際信義之確立，以增進人類之福祉。此不獨為日本帝國之國策，亦為我東亞人民共同之願望。

中、日兩國處於今日之情勢，若不速謀國交之澈底調整，不獨為兩國本身之不利，即東亞和平亦將受其影響，故本人受任外交部長以來即具有充分決心，主張由外交途徑調整中日關係。日本對此主張，似具有同樣決心，惜乎調整之方法與調整之問題，兩方迄未進行具體討論。就中國方面言，任何問題苟以增進兩國福利、鞏固東亞和平為目的者，均在設法調整之列。任何方法苟以互惠平等、互尊主權為基礎者，均得認為調整之良策。總之，所謂調整，以地言不限一隅，以事言不限一事，以時言非為目前之苟安，而為雙方萬世子孫謀永久之共同生存。中、日間縱不幸而有嫌怨，則世上無百年不解之仇，其間自有恢復和好之道。而解仇修好，其責任在於今日雙方之具有遠大眼光與富有毅力之實際政治

家，深望雙方負責當局就大處、遠處著想，各用最大之努力，樹立善意的諒解，袪除敵意的禍根，尤須相互明瞭其立場與困難，迅速經由正當途徑開誠協議。若僅指陳空泛原則互相評論，或以威脅報復之手段互相傾軋，於事必無裨益，不若就互有利益之具體問題從長計議，以謀適當而公平之解決。

日本對外貿易之願望，非欲打開現代所謂經濟集團與經濟武裝而謀日本國民經濟之發展乎？日本既以發展自國國民經濟為目的，則對於經濟上唇齒相依之中國，遇有可以摧殘其經濟基礎之情勢，自必深感同情，而樂見此種情勢之改善。譬如現在中國北部因受大宗漏稅貨物輸入之影響，中外正當商人無法從事貿易，致市場日漸衰落，經濟基礎為之動搖，而國庫之重大損失猶其餘事。我國海關當局雖已盡其全力防止私運，而阻礙橫生，未能收效。倘日本真欲與中國提攜，則一轉念之間，一舉手之勞，此種情勢立可改善。

中國一部分地方受共匪之侵擾，日本常引為關心之事。以近代國交之密切，一國安寧之變動，其影響每及於鄰國，是為我人所深切了解者。故數年以來，中國政府已竭其全力從事剿共，現大部分共匪已告肅清，所餘殘匪為數無幾，中國自信此項殘匪稍假時日，必可完全消滅。中國處於任何情形之下，絕不能須臾放棄剿共政策，亦絕不能容忍主義相反而欲以暴力推翻現有政體之任何組織，在國境內任何地方從事活動。

最近數年內我國人之努力，亦惟於自救自助中謀國家之

更生與民族之發展而已。我人不談合縱連橫之說，不圖
遠交近攻之策，在本國求自存，在國際求共存，我人不
獨欲以最大之努力謀自身之安全，並願有關係各國共同
努力，確保東亞之和平。

002-020200-00026-057

■ 1936 年 7 月 26 日

高宗武呈蔣中正最近外交報告和對日方案

最近外交報告

（一）關於日本軍部人事變動之報告 —— 自真崎去職
後，宗武極為注意，當即電令駐日使、領館嚴密調查報
部，所有重要復電均已由總務司轉呈鈞座，諒達鈞覽。
以宗武觀之，荒木、真崎之失勢，實即形成宇垣派之抬
頭。此後日本對華之小搗亂或可減少幾分，但對全部政
策仍難樂觀。惟宇垣乃極有政治頭腦之軍人，並得政
黨、財閥以及一部分軍人之支持，再過相當時期，日本
政權或即落此人手中。客歲六月，宗武在贛晉謁時，曾
面陳宇垣之宜聯絡與朝鮮總領館之宜妥為布置，深蒙採
納。頃據駐朝鮮總領事來電稱：宇垣總督與高橋藏相請
其回國，傳達彼兩人對於中日問題之意見，而宇垣之重
視對華政策，可想而知。

鈞座若有意授其注意之點，以私人資格與之聯絡，則
宗武絕不敢告勞。總之，任何中國之政治家，目前不
能離開對日問題而不談；猶任何日本之政治家不能離

開對華政策而不問也。近數年來，宗武親睹對日外交
陣線之紊亂與意見之分歧，處處皆足以促我國家之危
亡，深以為痛。宗武之意，今日之對日方針，一方固
宜予以相當之敷衍，最低限度以期五年、十年之內不
再積極與中國搗亂。然此非為國之犧牲精神，健全之
陣線與完美之組織不為功，絕非自己本位、各行其是
者所能勝任也。一方仍須運用歐、美之勢力以遏日本
之侵略，蓋對日外交若專以日本為對手，則絕無光明
之一日，因中國即使百方忍耐，亦絕難滿足日本之欲
望。此外，國家本身最低限度之國防建設與財政建設
皆急不容緩。若能三者同時並舉，則或可渡此難關。
國家欲謀統一，外力欲來破壞，若就歷史之眼光觀
之，乃一極普通之事實，毫不足怪也。

（二）關於日本關東軍在長春會議之報告 —— 據報關
東軍在長春開駐華武官及特務機關長官會議，除聽取各
駐在地報告外，並研究對華北軍政長官取密切聯絡方
法，並未討論經濟提攜事云。

（三）駐俄大使館關於第三國際在莫斯科開會之報告
—— 據該大使館電稱：第三國際現正在莫開主席團會
議，內容祕密，美國以美、俄復交，有禁共產宣傳之
約，如該會議有與此相反之決議，則將認為違約。惟據
一般觀察，此次集會至多或將對法西斯蒂及國社黨有所
表示云。呈委員長蔣鈞閱。

高宗武謹呈。七月二十六日。

002-080103-00004-003-001a

■ 1936 年 8 月 9 日

張季鸞呈蔣中正遵囑向川越茂轉達政府方針及兩廣事解決之道另述己見

國家調整，各種洽談

委員長鈞鑒：

熾章昨晚回滬，今晨見川越大使，已將尊囑轉達，
即：「我公不久將赴廣東，由廣東回南京，彼時將據
政府既定方針關於種種具體問題、準備計畫與日方商
洽。惟近聞綏遠受擾情形可慮，希望此期間無意外發
生。」又「日方若慮中國政府於解決兩廣後將轉趨強
硬，此屬錯誤，實則兩廣了後，政府願認真努力於外
交之進行。」以上為轉述我公託帶之話。

此外，附以鄙兄：（一）綏遠若被侵，政府職責上不能
坐視。（二）觀察我公甚明瞭日本情形，對於調整國交
有計畫、有決心，而自兩廣解決後，中央負得了任何責
任。（三）觀察我公數年來，甚欲努力辦中日外交，無
如今日之真摯與便利者。此實良好機會，不可失去。
（四）關於日本之對俄備戰，中國並不欲加以妨礙，故
即關於內蒙之事，日本亦儘可與我中央商量。

川越氏雜談甚久，綜紀要點：（一）對我公意見甚同
情，對綏遠事謂不能即作負責之回答，允去設法。
（二）謂日本對俄國策殆已一定，中、日談話應談此
事。「關於此點，熾告以我公曾談過如中、日間自身

之問題能解決，則關於兩國之國際問題亦可以談，彼
謂我公此意極是。」（三）綏蒙問題現在全劃歸關東
軍，關東軍過去本敵視傅作義，近聞亦有意與之妥
洽。（四）日本軍隊不會加入。（五）彼近日中將赴
北方視察，趕月杪回南，彼時願與我公晤談。

熾請其可將赴北行程通告我政府，以便早約定會晤時期。

川越氏自承日本政情複雜，反不如中國之好辦。

綜合觀察，川越對中國政情認識明瞭，對我公是好意，
對熾章所言表示信任。

專此報告，敬頌鈞安

張熾章敬上言。八月九日。

002-080103-00002-014

■ 1936 年 9 月 14 日

張嘉璈電蔣中正言張水淇謂喜多雨宮要求我方表明聯蘇或聯日

姓名或機關：張嘉璈

來文月日：九月十四日

摘要：

昨電審囑張水淇祕書訪喜多詢明真意，茲得復電如下：

頃晤喜多、雨宮表示意見大致相同，列報如下：

（一）蓉案不重要。

（二）重要在立刻調整全部國交工作。

（三）前項工作第一步在華北合派防共調查員。

（四） 調查結果即行決定如何共同防共工作。

（五） 何部長赴日以此次大演習期迫，且兩國根本問題未定，或宜延至十一月間操演時再去。

（六） 最緊關鍵，要求我方表明究聯蘇抑聯日，如我方不能表明聯日，彼即認為聯蘇。彼認我聯蘇，即辦其應辦工作。

（七） 望部座從旁協贊全部調整工作，尤望院座、部座早日回京。

擬辦：

呈閱。

002-020200-00026-059

■ 1936 年 9 月 23 日

張羣電蔣中正今日與川越茂續談我方解決蓉案及排日問題

25 年 9 月 23 日

自南京發

號次：4509

黃埔蔣院長鈞鑒：

設密。今日與川越續談，須磨仍在座。羣先說明中日關係急須調整之必要，遂力言我方準備依照國際慣例解決蓉案，次就排日問題詳述鈞座開示之三點，告以我方對於取締排日已辦及擬辦之事，嗣就華北問題中之防共及經濟合作二事說明我方意旨。關於防共除指明區域外，

並告以此係我方國策之轉變，以後合作之事可以此為嚆矢；經濟合作主張先就冀察間提議組織銀團投資，由雙方專家討論合作方案，餘對關稅、聯航疑問及取締鮮人各問題，均逐示答覆。最後提出中國希望於日本之俱〔具〕體問題：（一）《塘沽》、《上海》兩協定之取消；（二）冀東偽組織之取消；（三）華北非法飛行之終止，另訂聯航合約；（四）走私之停止與緝私之自由；（五）察東、綏北偽軍及匪類之消滅。川越謂防共與經濟合作均指全國，不能談局部，璧先以廣田之第三原則明言北部邊境，而川越仍堅謂包括全部。彼口稱：今日談話係繼續上次所談，上次彼方未提之問題，我方不能提出。須磨質問：方所提五項，究係希望抑條件？璧答以必須同時討論，以期達到整個調整目的。川越、須磨謂此不成話，幾欲拂袖而去。璧告曰：貴方對我所提如有意見，盡可說明，俾從長討論。又謂：院長即將回京，本人可隨時面洽辦理。川越謂無可再談，於嚴重空氣中握手而別。詳情容續陳。

張璧叩。梗戌印。

002-090200-00018-044

■ 1936 年 10 月 2 日

許世英報告與有田八郎等就中日防共交通聯絡
關稅和華北問題調整之談話要點等五則，翁文
灝呈汪兆銘請接見川越茂時明言對日本所提各
項能否接受之明確答覆

來電第 80233 號

來自何人：許世英

來自何處：東京

發電：25 年 10 月 2 日 6 時 35 分

收電：25 年 10 月 2 日 20 時 50 分

南京外交部：第五九九號。二日。

極密。上午九時起，日首相、外相、海相、陸次桑島
會議，大概因雙方南京迭次談判結果知我方限度與真
意，非彼方酌量變更，必成僵局而釀危機。聞擬有方
案派桑島今晚十二時半赴京、滬傳達協助，此恐為最
後決議。如彼方諒解我方立場，表示轉圜誠意，則請
視其內容如何，我亦儘可能限度將較有利便及不難者
先作一結束。其他分別輕重，或作懸案，或拒絕能暫
緩局勢，庶於制憲及統一建設均有便利。桑島到時請
派員優禮歡待，多與接談，以覘究竟。但同時亦請以
陸、海人員分別酬宴武官，免生疑忌，反得周旋。廣
田明晚赴演習地奏報。又某記者對桑島此行有慮更強
硬增危機者，愚以為如此則不必派員，或應派參、陸
要員前往，屆時乞密示接談情形。

英。

002-080103-00002-013-009a~010a

■ 1936 年 10 月 2 日

駐日大使館電外交部稱日方認為中國政府有妨礙交涉進行之傾向有意停止交涉等

來電第 80247 號

來自何人：駐日大使館

來自何處：東京

發電：25 年 10 月 2 日 21 時 53 分

收電：25 年 10 月 2 日 24 時 00 分

南京外交部：六〇一號。二日。

各報載日方認為中國政府對於日本政府要求條項未能十分了解真意，有妨礙交涉進行之傾向。是以本日廣田、有田、前田、梅津在首相官邸，桑島列席，商定川越晤院長之日本政府方針，及交涉停止後護僑之自衛的措置。決派桑島攜帶重要訓令傳達於川越，並側面援助川越不參加正式交涉。三日午前十一時，由神戶乘長崎丸赴華。

駐日大使館。

002-080103-00002-013-011a

■ 1936 年 10 月 2 日

駐日大使館電外交部報告日政府決定即派桑島主計至南京傳達政府真意

來電第 80248 號

來自何人：大使館

來自何處：東京

發電：25 年 10 月 2 日 21 時 54 分

收電：25 年 10 月 3 日 00 時 15 分

南京外交部：六〇〇號。二日。

外務省本日正午口頭發表如下：此次中、日交涉含有使兩國關係變為極少或極壞之重大意義。中國方面立於與日本握手與否之重大歧路，是以日政府正以慎重態度從事交涉，並對於現在時局之重大性已十分考慮。故日政府有將日方真意（似有脫漏）蔣行政院長、張外交部長充分澈底了解之必要。交涉開始以來，政府與川越大使之間以電報往復傳達意嚮〔向〕，實有不能十分傳達真意者，是以有田外相二日晨決定急派桑島東亞局長至南京傳達政府真意，俾交涉時川越大使得以傳達帝國政府真意。

大使館。

002-080103-00002-013-012a~013a

■ 1936 年 10 月 4 日

駐日大使館電外交部報告日派桑島主計要求承認華北特殊地位及解決懸案等問題等

來電第 80262 號

來自何人：大使館

來自何處：東京

發電：25 年 10 月 3 日 15 時 10 分

收電：25 年 10 月 3 日

南京外交部：六〇二號。

奉四八六號電，因甫晤有田，似可不發。昨因院長行期，未見回訓，於午後五時致一私函，遵照指示各點另行起草，措詞委婉懇切，稿另寄呈。今日上午有田電話邀於下午二時至官邸談話，晤後詳情續陳。又桑島昨晚離京時發表談話，大意此次交涉包含根絕排日、承認華北特殊地位及解決懸案等，尤於華北問題中國須能瞭解日本真意，使之明朗化，則一切關係可獲解決端緒。但若干懸案其目的並非即欲乘此一舉解決，應先解決中日交通聯絡、關稅問題，但不能即作外交交涉不成之想。又日本提案並非外交要求，乃係真正調整之提議，非互讓問題，中國苟不諒解，則交涉不能成立。

大使館。

附註：此去電係用私人名義密函外相，由電報科謹註。

002-080103-00002-013-008a

■ 1936 年 10 月 4 日

許世英報告與有田八郎等就中日防共交通聯絡關稅和華北問題調整之談話要點等五則，翁文灝呈汪兆銘請接見川越茂時明言對日本所提各項能否接受之明確答覆

來電第 80292 號

來自何人：許大使

來自何處：東京

發電：25 年 10 月 4 日 03 時 08 分

收電：25 年 10 月 4 日 9 時 47 分

國交調整，各種洽談

南京外交部：六〇三號。三日。

下午二時ARITA（有田）約赴官邸談一小時。首藉天氣預報謂今日有暴風雨，實際並未如何，暗射當局，覘彼態度。彼笑謂風雨過時，天氣或更明朗，揣知昨電桑島任務在轉圜不誤。彼云桑島赴華，為傳達日方真意於川越，以補足電報所不能盡，當由川越詳向院長、部長說明，俾臻理解，圓滿解決，但不直接參預交涉，大致與報載聲明略同，並謂迄今公式非公式，已談多次，故極望院長參加交涉，聞院長不久可回京，外交固由部長負責，但事體重大者，部長亦須商承院長，而日方真意亦期能直達院長之耳，易臻諒解，更可直裁。故希望院長臨席與部長、川越鼎坐而談，彼此不攜僚屬，庶便關懷盡情，均少顧慮，故欲

勞部長向院長傳譯，俟各要案表示可否，商定大體
後，其細部及輕微者再由川越向部長續商，屆時彼此
均攜僚屬，並非鉅細均煩院長列席之意云云。因知二
日首相官邸會議對於卅日三省會議軍部所主張僅川越
與院長二人對談一點已加修正，故答以川越與部長交
涉重大問題時，院長臨席，因有簡捷方便。院長早有
調整誠意，聞已到廬山，報載將回京晤川越，其尚未
到京晤談者，固或別有要公，或亦貴方有難題，院長
須預加詳加考慮者乎？閣下深明國民政府立場及我國
民意，今院長既將會談，務望貴方以相諒互助精神減
去難題，以免徒增院長顧慮。欲藉此試觀桑島所提新
訓令修正，但未決定程度。彼答以：「迄今川越與
部長僅談二次，尚未將日本真意具體說明，恐部長亦
尚未完全理解。其實川越所辦，即予在南京時與部長
談過者，彼時互易心照，請部長重新回憶即得。今若
憑抽象的綱目，易有種種的推測與疑懼。今後鼎坐暢
談，將具體內容及真意詳細說明，院、部長當能理
解，非僅一方有利之事，則其交涉易於順利進行，或
有出乎一方意外者。譬如就共同防共一例而言，僅抽
象的題目可裝入種種不同之內容，易生疑懼，若知再
行互換具體內容，想可了然。餘類推。總之，今日全
在中國願與日本握手與否為最重要之點，雖知院長立
場，縱使或有種種異說，非盡易辦。然迄今院長遠
離，輾轉傳遞不免隔膜，難以洞明日本真意，請不必
預懷疑慮，鼎坐詳談，彼此真意自明，以便就各要案

明示可否，於交涉進步利便實多，請轉達云云。揣知因我方有備，不甘屈伏，而彼亦非利於用兵時期，但依迄今聲勢及體面，又未便益加何項，大約新訓令綱目仍舊，而內容較原案略輕減，以期轉圜，未可遽作樂觀，不過某某項因交涉情形或不堅持耳。因答院長極有責任心而爽直，可行者當允行，此固為與日本握手表示；如有不可行或須緩議者，應請撤消修改或暫作懸案，此亦非不與日本握手之表示，因謀堅實之真握手，必須不強人所難而去其障礙，此點預求閣下諒解。彼笑頷謂：如知其內容與真意，當無難題。答以無難題固所深願。若將交涉比作考試，吾有譬喻凡考試不獨怕難題，且怕多題，希望貴方去其難題，並乞減少題目可乎？彼答不難，則多亦無妨。答以考試須備好紙墨、好茶點，若要求應發上好紙墨、茶點如何，蓋因日方不欲討論，部長試觀其意。彼笑謂如計中上，當無可以贈送，意似先看彼方所求如何。本日詞氣禮貌更周，想係轉圜地步。請視其內容如何，出以誠懇真摯態度。倘彼此過得去，或將難而推作懸案，暫告結束，勿令老羞成怒，再釀危局。再興辭前，謂昨見日本報紙電告在滬陸戰隊照片警備森嚴，致使人心不安，影響甚鉅，望速注意和緩。

英。

002-080103-00002-013-001a~007a

■ 1936 年 11 月 10 日

蔣中正電張羣預擬與日本談判破裂時宣言須言明不惜犧牲以完整華北行政主權為調整國交最低限度等

發電號次：175

25 年 11 月 10 日

張外交部長勛鑒：

密。破裂時宣言須預擬定，望先行電商為要。文中應以「完整華北行政主權」為今日調整國交最低之限度。否則匪特無調整誠意，且無外交可言。須知今日完整華北之主權，乃為中國生死存亡惟〔唯〕一之關鍵。故願準備一切，以期國交早日之調整，雖至任何犧牲，亦所不恤之意須特詳明，並可預告英使以此意也。

中正。灰巳機洛。

002-080200-00271-032

■ 1936 年 11 月 12 日

高宗武呈蔣中正最近外交報告和對日方案

高宗武君擬呈方案似頗簡當，請賜察閱。

職陳布雷呈十一月十二日

委員長鈞鑒：

日禍之急，宗武已屢為明公陳之。茲擬就對日方案呈奉參考，謹請察閱是幸。

高宗武謹擬。

對日方案

本方案以準備抵抗為根本方針。惟徵之目下國際情形，細察我國之實力，自無絕對抵抗之可言；然觀日本之野心無已，則一路妥協，決定不足以自存。故為目前計，絕對抵抗固為不可能，但絕對妥協尤為事實所不許。惟有以「用妥協以準備抵抗」出之，換言之為「暫時有限度的妥協，為有計畫、有準備的抵抗。」此外，英、美、俄之應如何聯絡，國內共匪之宜如何處置，其他準備工作之實行，亦皆當前之問題。茲分述如左：第一、應確切認識日方要求之真意：

（說明）欲明瞭日方之真意，必須先了解日軍部與外交當局之關係，日方要求由軍事而政治，更由軍事、政治而及於經濟，可謂為軍、政、經之三位一體。其目的不外使華北為滿洲第二，對我國取得第一發言權，使我永遠為日本之附庸，永遠不能復興，永遠不能得他國之援助。彼之執行機關，則軍部與外交機關又表裏為奸。（我國每有人謂其外交與軍部衝突，此就對華政策而言完全不確，在最近之情勢尤為錯誤。）軍部則以「直接行動」（實現政策）為目標，（對河北張北事件及最近之勸告足以證之）外交則以恢復常軌為號召。軍部直接向地方進逼，外交當局則麻煩我中央。其真意即外交官號召其「名」，軍部斷行其「實」。中央縱可稍事搪塞遷延，而地方則勢須解決。於是彼就已解決者引為藉口之根據，未解決者

則又作為新要求之資料，如此循環不已，結果我之主權益消滅，而彼之慾壑終難填。有如左圖：

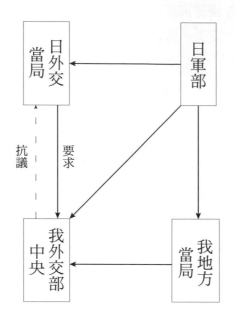

日外交當局 ← 日軍部

抗議 ⋮ 要求

我外交部中央 ← 我地方當局

我外交部只有被動威信日失

彼軍部步步成功對我地方之壓力日大彼外交當局佯裝不知結果我中央之統治愈難主權喪失益甚

至於三大原則云云，乃外交詞令也。

（辦法）為明瞭日方最近之真意且為目前緩敵計，可即派望高德重之大員，切實與日方作最後之談判，此際應注意者：

（一）須儘量樹立切實有效與共遵共守之原則。

（二）須避免曖昧之用語，如「華北」、「以夷制

夷」、「經濟提攜」、「共同防赤」、「東亞主義」等
字句。（註）日外交當局慣用空洞語辭，其含意既伸縮
自如，其真意則別有作用，此乃我方所最忌而日方最有
利者。

（三）須以我國民政府外交部為交涉之對方，任何事
件不得藉口於「地方事件」、「軍部關係」為口實。

（四）遣派大員可明白對日切實說明我方最大之讓步
與最後之決心，絕不可專用過去懇求親善之論調而自示
其弱點，因對日外交不妨刀刀見血，懇求親善絕無用處
也。（外交上絕無乞憐懇求所能了事。）

第二、應明白決定我所能讓步之最大限度：

（說明）《塘沽協定》以來之對日外交處處讓步，原欲
委曲求全，而結果適得其反，臨機應付之無限度讓步為
害最烈，不可不從速設法補救。

（辦法）為明白決定我方讓步之限度，應由中央領袖諸
公切實磋商，並須參考各關係機關幹部人員之意見，此
時應注意者：

（一）應保全國家之主權。關於一部分之領土與權利，
為環境所迫，可以忍痛犧牲，而國家整個主權須努力保
全。至於應爭與不必爭之界限，尤須明白規定，以求交
涉之合理化。

（二）應注意儘量與歐美各國為均等待遇，保持均勢，
以求目前之生存。中、日間樹立特殊關係，於中國只有
不利。

（三）一切問題應有明瞭之限界或範圍。

第三、應使外交部努力有效之工作：

倘上述政策決定後，則我之外交部之工作，自偏於消極的緩衝工作：

（一）設法延緩阻止日本之進逼。

（二）力求國際的安定。

（三）喚起國際上對我之同情，並增進各國之友誼，以貫徹我從容準備、增強實力之目的。外交部能作到此地步，即為相當之成功。至於英、美、俄、德、法、意等重要國家之宜，特別加用工夫，自不待言。

此外，為周密審慎計，似可設一外交名實相符之諮詢機關，聘請外交界之耆宿及專家組織之，專備諮詢並審議重要事項。在執行時，應謀關係機關之聯絡，尤以外交、財政與軍事機關之橫的聯絡為最重要。倘若仍如目前之各行其是，毫無統制，零星讓步，無異自取滅亡。

002-080103-00004-003-002a

■ 1936 年 11 月 21 日

蔣中正電張羣以後對日交涉應注重在南京而不必令許世英在東京多見有田八郎等

機關或姓名：張部長

去電日韻：馬辰

譯發時間：25 年 11 月 21 日

張外交部長勛鑒：

○。以後交涉應注重在南京，而不必令許大使在東京多
見有田，以外交手段與態度不甚高明，只有被對方利
用，而無益於我也。

中正。馬辰機洛。

002-080200-00423-058

■ 1936 年 11 月 21 日

外交部函行政院中央斷無承認宋哲元所陳與日方商談中日經濟提攜一案之理

案奉鈞院第六八一四號訓令開：

冀察政務委員會委員長宋哲元感電所陳與日方商談中
日經濟提攜一案，前經飭交交通、外交、財政、鐵道、
實業五部核議具復在卷。該部意見如何，應即迅速呈
復，以憑核辦，除分行外，令仰遵照等因。查所陳四
原則、八要項，前者極為空泛，後者所包甚廣，而對
於適用之地域則均無明白規定，此應注意者一也。依
照第三原則，中日經濟合作以日本軍為居間人，如此
協定，世所罕見，此應注意者二也。八要項內，列舉
航空、鐵路、煤鑛、鐵鑛、築港、電業、農業、漁業、
水利、交通等項，無一非中央政府統制之事業，而絕
無一字提及中央，此應注意者三也。來電謂無協定，
但既有具體條款，又稱「文曰」，顯已作成文書，何
得謂非協定？此應注意者四也。根據以上各節，中央
斷無承認該項文件之理，但究應如何表示，並於若何

適當時機確切表示之處，應請鈞院裁奪。是否有當？
理合呈請鑒核施行。

謹呈行政院。

《中日外交史料叢編》第五編《日本製造偽組織與國聯的制裁侵略》，

頁 466-467。

■ 1936 年 12 月 5 日

行政院密令外交部有關處置冀察政務委員會與日方商談中日經濟提攜四原則八要項一案之原則

查關於冀察政務委員會與日方商談中日經濟提攜四原則、八要項一案，業據實業、鐵道、交通、外交、財政五部先後呈復審核意見，同時並准全國經濟委員會及建設委員會函復意見到院，綜其要義如下：（一）十九年四月九日中央政治會議第二二二次會議決定之利用外資方式三種，應切實遵守。（二）凡合資事業，皆應先與中央各主管部會洽商。（三）凡中央政府定有具體辦法者，皆應遵照辦理，例如餘鹽輸出辦法。（四）交通、水利事業，與全局或其他各省有關者，應由中央統籌核辦。（五）中央已有成案規定範圍者，不得因投資人之要求任意變更。例如滄石鐵路，即不應改道津石。（六）合資事業應以投資人為契約之對方，無庸軍人居間。（七）合資事業必須具體指定，不能籠統包括，如擬合資辦礦應指定某礦，例如龍煙鐵礦，不能牽及其他

各礦。（八）合資事業必須確定地點。例如龍煙鐵礦僅指該地該礦，不能泛言各鐵礦。除電令冀察政務委員會切實遵照暨分別函令外，合行令仰知照。此令。

《中日外交史料叢編》第五編《日本製造偽組織與國聯的制裁侵略》，

頁 467。

全面戰爭的前奏

■ 1935 年
浙江省府呈研議對日作戰時機之審定與晉綏問題及對第二十九軍處理步驟等各項計畫意見

戰爭時機之審定：

日本對我，常欲不費錢、不勞力而達到侵略之目的，而以蠶食分化為慣用之手段。自九一八吞併東三省，造成滿洲偽國；繼而攻占熱河、察東，劃冀察非武裝區域；再進而誘迫華北自治，煽動內蒙獨立；更使李守信、卓什海等偽軍侵占察北，進脅晉、綏。此等已見之事實，固為日本預定之步驟，亦可由此而逆料將來也。

晉、綏富藏，久聞於世，為經濟上重工業之資源地，而地當衝要，在軍事上可以威脅控制冀、察兩省之側背，且政治及軍隊之組織比較健全而有力。自伯川先生南來表示團結，已成為華北僅有之政治支撐點，故晉、綏無論在經濟上、軍事上、政治上皆為敵所必取，而為我所必爭者也。

自冀察政委會成立，冀、察已在日本掌握之中，今後必利用冀、察以圖晉、綏。當去年華北擾攘之際，晉、綏當局拒絕日人利用，毅然南來，已足表示其團結抵抗之決心。萬一問題發生，若中央不預先示以最後之決心及整個的計畫，難免不因求目前之自存，而與敵妥協。則冀察變局將重演於晉、綏，則中央對於喪主權、失人心之責任，實無從諉卸，而此後日本之得步進步將無止境，國家民族之生命必將斷送無餘。

即或晉、綏不甘屈服，而單獨抗戰亦必另求助力，自
謀出路；如此，則中央將失政治之領導權，而為反對
者攻擊之目標，全國必陷於混亂之狀態，而予日本以
更好之侵略機會。故晉綏問題在經濟上、軍事上、政
治上，就對外言，就對內言，皆為最後之關鍵，須斷
然審定為對日戰爭之時機也。

二十九軍現雖由蕭、陳等漢奸與日本勾結，與之妥
協，然就目前日人言論上觀察，對宋哲元及二十九軍
之態度非常懷疑。且以宋性之倔強及二十九軍抗日之
歷史，斷難始終利用。在最近的將來，日人必利用
蕭、殷等倒宋，或倣瀋陽事變以武力驅除二十九軍。
至時中央宜令二十九軍極力抗戰，並全國動員援助，
此乃最好之戰爭時機，二也。

中日調整會議現正高唱入雲，即使日方誠意開會，而所
提具體辦法我是否可以接受，實難逆料。萬一以外交方
式提無理之要求，除嚴為拒絕外，若日方更繼以武力之
壓迫，亦惟有出於一戰，三也。

晉綏問題處理之步驟：

日本對我，素以不戰而屈人之兵，不費錢，不費力，而
達到侵略之目的。苟我不向日本求戰，則日本絕不向我
求戰。故戰爭之動機在日，而戰爭時機之決定則在我。
假使日本不再向晉、綏侵略（政治的及軍事的），我未
嘗不可以暫時忍耐，以待準備之完成。若仍用外間內緊
之方式逐步進迫，我雖具有作戰之決心，而無整個預定
之步驟，難免不漏失時機，致陷全局或局部之不利。故

處理晉綏問題之步驟，不能不預先準備也。

一、為堅晉、綏當局抵抗之決心，免其畏縮與敵妥協起見，中央宜將對晉綏問題最後之決心告知。

二、對晉、綏防禦工事之構築及軍實之補充，中央宜予以充分之援助。

三、對李守信、卓什海等偽軍如進擾，令晉、綏軍予以痛擊，不可退讓。

四、晉、綏、冀、察間以往之惡感，極力予以疏解，免墮敵以華制華之詭計。

五、萬一因迎擊偽軍，而日本出而干涉或派兵參加時，中央除外交應盡之手段外，宜立刻作全體之動員與之開戰。

對二十九軍處理之步驟：

宋哲元及二十九軍有抗日之歷史，有相當戰鬥力；無論如何，必須利用機會，收為我用。過去該軍一方由於不明中央之決心，一方由於日本之誘脅，遂至與日本勾結，以求自存，然絕不自甘為虎作倀。故中央今後對於該軍處理之要訣，在設法使該軍心理內向，不能與日本切實融洽。如時機一到，即設法使該軍在平津方面與日本發生衝突，以造成戰爭之機會。

一、對宋哲元及高級將領，須間接示知中央之決心，使其忍辱負重，為將來之犧牲。

二、將與二十九軍主要將領有關係之人員收羅，使其不時在南京、平、津活動，以啟日人之疑心。

三、對該軍明大體、有希望之將領，須與切實聯絡，

並使其暗中活動。

四、 設法使地方與日本發生不幸事件。

五、 若因日本之無理壓迫，不能忍受時，中央即示以整個的決心，使先與日本武力衝突。

戰爭原則之決定：

一、以政治正義上、民族精神上之勝利為目的，不完全以戰場上之勝利為目的。

在軍事物質方面，日本處於絕對優勢之地位，我苟可容忍，寧肯輕於一戰？無如侵略者之貪得無厭，必欲置我於保護國之地位，而且用分化手段，不容我有統一復興之機會。在過去因國力之薄弱，遇事忍讓，而結果國土、國權上之喪失與時俱增，不特不能稍緩其侵略之野心，反引其得寸進尺之大慾。明知戰爭之結果必至於慘敗，然戰爭之亡國猶可復興，和平之亡國必萬劫不返。為國家求生存，為民族爭人格，不必以完全戰場之戰勝為目的，而以精神上之戰勝、政治上之戰勝為主要目的。

二、以世界戰最後之勝敗為勝敗，不能計中日戰之勝敗。

中國問題實為世界問題，絕非中、日兩國可以單獨解決。中日戰爭起初雖為中、日兩國國力之決鬥，最後乃係世界若干國家國力之決鬥。故中日戰爭之勝敗，須取決於世界戰爭，故不必以目前中日戰爭判定勝敗，而以得到世界戰爭最後之勝利為目的。

三、須首先犧牲以引起世界戰爭，須澈底犧牲方有犧

牲之代價。

世界戰爭以中日戰爭為導火線，而中國實為首先之犧牲者，必須具犧牲之精神，方能使利害共同之國家為共同之犧牲，並須具澈底犧牲之決心，方能有犧牲之代價。若中途屈服，結果必不堪問。

四、以持久戰等待世界戰之爆發，以消耗戰促世界戰之早發。

世界準備戰爭，以一九三六年為完成之期；而戰之何時爆發，則尚未可預料。故中日戰爭我須採用持久戰，以等待世界戰之爆發；同時更須採用消耗戰，使日本之兵力、物力之大部在中國消耗，或吸引他國於中國方面予他國以有利之機會，而促成世界戰之早日發動。

五、採用經濟破壞戰。

日本以中國為經濟主要市場，自來中國抵制日貨運動已予日本經濟上以極大之損失。中日戰爭開始，在我勢力內之地區固須絕對的排除日貨，如預料為敵占領之地區市場，更須澈底加以破壞，使日貨無由銷售，同時可使大量之失業民眾騷動不安，起而參加鬥爭。

六、民眾戰與軍隊戰併用。

中國人民眾多，加以年來農村崩潰，失業激增，若加以組織，皆可成為廣大的戰鬥員參加戰爭，以輔軍隊之不足，即使日本以極大之兵力亦難鎮壓。

七、採用廣地戰、游擊戰。

中國地域廣闊，交通不便，日本以精良的兵隊集中在某一點或陣地上縱能將我擊敗，然極其量亦僅能將我交通

要點占領，故我必須利用廣闊之地區造成多數之戰場，使其兵力分散，而後用游擊戰擇要攻擾，使敵疲於奔命，苦於應戰。

八、各期作戰方式。

在戰爭初期，日本僅用現役陸軍與我作戰，且因以往與我作戰之經驗，其兵力必甚單薄。我必須集結全力，用攻勢防禦將其擊破，以安定人心，振作士氣，敵被我敗，則必增加兵力再向我進攻。屆時除據守要點外，當酌量情形採用游擊戰術，以求勝利。

九、各區作戰方式。

南京為我政治中心點，江、浙為我經濟策源地，故無論如何必須固守，非至祇剩最後之一槍一彈，決不放棄。黃河流域，地區廣闊，除據守要點外，宜多採用游擊戰。上述九項，為我戰爭之最高原則，必須使全體將士與全國人民有充分之認識與堅決之信仰，同時本此原則作詳細之研究，並對軍隊、民眾加以組織訓練，方能貫徹始終，達到最後之勝利也。

情況之判斷：

一、敵方對我作戰，兵力使用之估計。

日本兵力之分配，以對俄作戰為主，用於中國者，至多為全部四分之一乃至三分之一。現時駐北滿者八個師團若中日戰爭發生，不特不能抽調，恐尚須增加。今假定屆時駐北滿防俄者為十個師團，朝鮮、臺灣及本國之駐軍為四個師團，以全國現役陸軍二十一個師團計，能用之於中國者，最大限度為七個師團，或滿

洲國偽軍之一部。

二、日本作戰方案之想定。

第一案：

以主力由北平、天津、青島、海州沿平漢、津浦、隴海各鐵路前進，攻占鄭州、徐州，再向南進攻南京、漢口，以海軍封鎖沿海、沿江，及以陸軍一部占領上海，威脅南京，俟主力進展，再會攻南京。

第一案之利害比較。

利：

一、國際上之關係顧慮較小。

二、海上運輸比較安全，陸上運輸比較便利。

三、可以充分使用重火器、坦克車及騎兵。

四、戰時占領地即為其平時軍事、經濟之目的地。

害：

一、地區廣闊，兵力需用較大。

二、不能利用海軍。

三、對於我華北軍態度不明，若皆作敵對，則開首即遇困難，若僅予以監視，不特需要多兵，愈深入則後方及側背愈感危險。

四、不能迅速占領我首都及要點，動搖我中央政局及我經濟之策源，戰事延長，難期結果。

五、後方策源地甚遠，中途無相當準備。

第二案：

以主力由海道運輸，從上海登陸，分攻南京、杭州，以一部由青島、海州登陸，進占徐州，斷我津浦、隴

海路之交通，協同關東軍監視直、魯、豫我軍，並威脅南京，同時以海軍封鎖我沿海、沿江。

第二案之利害比較。

利：

一、地區狹小，使用之兵力較小。

二、能迅速占領我首都及要地，動搖我中央政局及破壞我經濟策源地，可期戰事早日結束。

三、有使我華北部隊猶豫觀望之可能，無須大兵牽制監視。

四、後方及側背甚為安全。

五、若我首都及杭州、徐州等地陷落後，可威迫利誘華北等處成立傀儡組織。

六、可相當利用海軍及航空母艦。

七、在上海事前準備充分，接濟容易。

害：

一、國際上之關係顧慮較大。

二、海上運輸有受我空軍襲擊之危險，陸上運輸工具缺少，頗不方便。

三、不能充分使用重火器及坦克車，騎兵更無法使用。

四、戰時占領地非平時軍事、經濟之目的地。

第三案：

以一部由平漢、津浦鐵道南下，以一部在上海登陸，攻我南京、杭州，同時以海軍封鎖我沿海、沿江。

本案之利害，除與第一、二兩案利害相同之各點外，若使用之兵力太大，則不敷分配；若以較小之兩半兵

力，不特難收效果，且恐為我各個擊破，殊無採用之價值也。

就第一案與第二案之比較，雖各有利害，然第一案在戰略上利多於害，在政略上則害多於利；第二案在政略上完全有利，而在戰略上之缺點不難以精良之物質以補救之，而且日本既以對俄為主力戰，則在中國使用之兵力必力求減小，而作戰時間亦務求其縮短，故其惟〔唯〕一之目的，則在迅速攻陷南京，使我降服，同時在各地造成若干之傀儡組織以供其利用。須用許多兵力占領廣闊地面，延長戰爭時間，消耗兵力、物力，皆日本之極不利，故可判定敵必採用第二方案與我作戰也。

002-080103-00026-005-005a~028a

■ 1935 年 6 月 27 日

蔣中正電劉峙防禦衛河等流域及洛陽防禦計畫應徵工濬河及以駐河南各部隊與陸軍軍官學校洛陽分校分別開始施行

發電號次：A1500

24 年 6 月 27 日譯發

24 年 10 月 3 日抄送

開封劉主席勛鑒：

○。（一）黃河北岸以衛河、沁河、淇河三流域皆為重要防線，此時應以徵工濬河為名，從速祕密積極籌備濬河，而以衛河為尤重要，今秋開始，明春完成。將來新

鄉為河北岸之惟〔唯〕一據點，全依衛河為屏障也。
（二）洛陽防禦計畫，應以鞏縣東方之氾水虎牢關起，
南至登封，北至沁陽為範圍，前令祝主任切實計畫施
行，現在應即分期定期按步實行，不必待中央之批准，
即以現在駐豫各部隊及洛陽分校劃分任務，由兄負責主
持，監督實施，以本年十月止為初步完成之期，千萬勿
延，行動並須祕密。凡暴露或交通繁盛之處，最好利用
月夜施行，若重要工事之區，即應派隊駐防，一概不許
閑人進其區域範圍以內為要。此應嚴密設計，並指定各
區負責指導與監察人員，方能著手實施。一面電商楊耿
光次長派員協助，如何進行？盼詳復。又日人最近必在
鄭州設立領事館，此其專為偵察河南一切之動作，故應
特別慎秘防範，適當應付，但又不可稍露反日行跡，免
其藉口，故不得不與之作相當之周旋，千萬慎之。

中正。感申機蓉。

002-080200-00233-067

■ 1935 年 11 月 3 日
徐永昌呈蔣中正概陳華北情勢緊張日謀華加劇請速早定對日抗戰準備勿倚賴國聯應當機立斷

華北局勢各方意見
委員長鈞鑒：
敬肅者。華北局勢自多田宣言發布後，土肥原到張亦有
所持論，因之謠諑大熾，而日方活動實隨之突飛猛進，

遞演至今，實有不可終日之勢。昌愛護國家，不敢後人，雖養疴空山，未嘗不殫心籌慮，藉效愚忱，謹將華北切實情形暨昌管見所及為鈞座披瀝陳之。

日人自冀察問題解決以後，仍演進其以中國擾中國之成謀，操之愈急，發之愈暴。返觀華北人心，愛國之誠常不敵其權利之念，合作之志每不勝其排斥之私。日人既威脅利誘、百出其途以迫之，加以失意軍人、無聊政客為虎作倀，輾轉勾煽，禍患之來，誰能測其所至？此真可為痛哭流涕、長太息者也。因此之故，默計中央應付厥有二難：

一曰消極之難。前此鈞座專力剿共，華北外交、內政無人負責，致成今日之現象。近來日人謀我愈急，北方將帥知〔如〕散沙之勢，難以空言禦敵，亦嘗聯絡籌商，期得一當。昌與秦主席等前此晤談，略謂日人以一武官、一特務機關長指揮少數之中國流氓恫嚇擾亂，使我華北數省即墮其術中，飾言自立，北數省如此，將來陝、豫繼之，蘇、皖又繼之。是中國之亡不亡於日本之全國，而亡於日本之一、二人及中國少數之流氓，不亦亡國史上之最可恥辱者乎？故鄙意如日人嗾李際春等等肆擾，我當劍及屨及，立予剿平。若日人真正動員若干師團，我可報告中央，請示辦法，即使萬難立足，俟彼時撤退，方可以對國民云云。人非至愚，誰不向善，然使領導無人，則當利害切身之時，難保無逼入歧途、不克自拔者。中央有見於此，豈能聽華北之自生自滅，一誤再誤？此難一也。

二曰積極之難。軍分會為華北最高機關，何部長為中央特任大員，若使建節重來，日人必假事端以難之，軟弱則辱國，強硬則速釁，中央直接交涉，略無伸縮迴旋之可能，萬一決裂，戰端即啟。前日熊次長來北密談，謂中央已從事準備，然昌竊念此特於萬不得已時借作背城之謀，斷不可恃為孤注之擲，蓋歐、非雲擾，正日人乘機肆虐之時，釁端一開，欲求一調停之人，亦不易得。戰勝之效，夢想難期，再敗求和，其損失且視今百倍。縱使如熊次長所述，南北戰線可變為東西對峙之局，在我似較有利，然海疆被擾，餉械立斷來源；共匪猖獗，後顧亦在在可慮。況默揣北方軍隊之心理，深懼退過黃河，地盤一失，餉項無著，人各有心，何能持久？亦不可不長思熟慮者，此難二也。

竊意中國圖存之道不在空言對日，而在切實自強。降至今日，即日人容我自強與否，其時間亦良不易得。欲得較長之時間為我根本自強之計，立他日戰勝恢復之基，正可於束手無策中而籌得下策焉，一曰消極之策。此策中央於華北表面上極端放任，聽北方將帥自為團結應付日人，但何人為其領袖，中央先與密商，務擇能忍辱負重、手腕敏捷、為中央相信以心者充之，其擇術如何，中央全不過問，但能暫阻日人侵掠全國之野心、調和華北之將帥，以待將來開戰時通力合作，即為得計，此死中求生之策也。

一曰積極之策。此策軍分會重整旗鼓，另簡親信大員為日人所不甚忌惡者充任。於日方極意敷衍，而中央

負其全責，待至萬無措手之時，即舉黃河以北、太行以東、雁門以北之利權全數餌敵，亦所弗恤，但求能延時日為圖強恢復之地，此緩死待醫之策也。

以上二者，消極易見信於日人，而難得國人之諒解；積極可操權於中央，而或啟日人之刀。雖然，苟非中央與華北諸領袖金石盟心，死生不易，則此策均未易實行也。或謂以權利餌敵無異割肉飼虎，無策之策，於事何濟？不知今日華北內外情形勢極危殆，抑且不異已亡。以已亡之地而借為自強圖存之基，兩害從輕，宜知棄擇。此昌所以籌思累日，而終不敢不陳於鈞座之前者也。抑昌尤有進者，圖強固在政治，而教育實為根本。蓋政事不修，僅能亡國；教育不良，並能亡心。人心若亡，真萬劫不復矣。此雖緩不濟急，顯效難期，然蓄艾以待三年，不較勝於臨渴掘井乎？語云：「狂夫之言，聖人擇焉。」是否有當，伏求鑒裁。未盡之意，囑由黃處長臚初面陳。該員駐平已經三月，情形熟悉，乞賜垂詢。專肅寸稟，敬叩鈞綏，伏惟霽鑒。

　　　　　　　　　徐永昌謹上。十一月三日。

002-080103-00026-004-001a~010a

■ 1935 年 11 月 25 日

徐永昌呈蔣中正概陳華北情勢緊張日謀華加劇
請速早定對日抗戰準備勿倚賴國聯應當機立斷

總司令鈞鑒：

敬肅者。昌原擬於四全大會開會時一赴京師，面陳下
悃，乃以種種原因竟未果行，經於寒日電陳梗概，當已
早邀鈞覽。近者日人陷我黑垣，節節進逼。我國家處此
壓迫之下，不得不講求自衛之方法。報載鈞座不日北
來，總攬軍事，準備國防。遠近人心聞之，孰不鼓舞，
惟昌竊有不能已於言者。以我國現狀衡之，似一時實不
能輕言宣戰，蓋無論其他物質，以全國兵士每人平均不
足五百粒子彈，即此一節言之，已足使聞者奪氣。然而
事機迫矣，今日之事不外戰與和。和之途徑，自又不外
仰之國聯與直接交涉。竊以為直接交涉，猶兩害相權取
其輕。蓋東事早獲解決，則今日絕不致有黑省陷落、溥
儀僭竊及騷擾沿江、沿海等事。然而國人不願聞此者，
其故有二：一希望於不便宜之中少得便宜；二不願讓步
言和。故明知其為害較輕，然無人敢於主張，因何人主
張，即何人受國人責備，於是結果任何人不敢主張讓
步，外交當局者尤諱言，此以囂張者、無知者爭之甚亟
也。於是，結果無異倚賴國聯代我讓步，縱較直接交涉
尤為不利，然而國人到彼時自無怨言，即外交當局亦樂
於諉卸責任。而其實則不然，蓋我直接交涉而讓步，國
聯或且從旁說話（因他怕別人得便宜）；若倚賴國聯，

不但圖窮無匕首可見，徒增日人之惡焰，或且國聯中某國受日人之賄，重加我以某種不利。吾黨年來以「打倒帝國主義」為揭櫫，今國聯會員國皆帝國主義者，我舉國上下偏向之乞助，不亦損我之素志乎？

擬懇鈞座對於此事負責辦理，稍示讓步，早日解決之，所謂「兩害相權取其輕」之說也。蓋國人苟真覺悟，精誠團結，刻苦自勵，如勾踐忍辱回越，則十年之後詎不能沼日乎？是今日縱然失利，他日仍可取償於彼。否則，架空務虛，竊恐共管之禍即在目前矣。抑昌之言，此非怯也。軍人以身許國，大難臨頭，天職所在。鈞座如有驅策，即惟命是從，絕無瞻顧。惟熟權審計，灼知其利害，如骾在喉，吐之為快。伏想鈞座高瞻遠矚，早已計及，倘日本此時有實行吞併之野心，吾國已到不戰亦亡之關頭，則惟有不顧一切背城一戰耳。蓋無論戰與和，事前均宜積極準備，更宜權衡重輕，當機立斷，國難已迫，似無庸瞻徇也。茲派黃總參議臚初赴京，面陳下悃，請示機宜。草草肅陳，伏祈鑒察是幸，恭請鈞安。

　　　　　　　　　　徐永昌謹叩。十一月二十五日。

002-080103-00026-004-011a~016a

■ 1935 年 12 月 26 日

曾擴情電蔣中正稱冀察政務委員會委員就職外間知者極少因恐學生請願之故並稱宋哲元部師長張治中馮治安就對日妥協頗持異議等

姓名或機關：曾擴情

來電時期：二十四年十二月廿六日報告

來電摘要：

一、冀察政委會政委就職時，係於隔夜通知，外間知者極少，因恐學生請願之故。聞該會委員將增加殷汝耕、石友三、劉桂堂三名，以作冀東組織撤消之條件，此項交涉刻由蕭、陳（覺生）與日方接洽中。至殷等出處，將由政會公決，不由中央任命。又，宋部張、馮兩師長聞對日妥協，頗持異議。

二、〔略〕。

擬辦：

呈閱。

002-080200-00466-101

■ 1935 年 12 月 31 日

戴笠電蔣中正據日武官室情報喜多誠一為調和歧見由宋哲元規定冀察政務委員會權限及日本陸軍部有條件維持沈鴻烈任青島市長等文電日報表

姓名或機關：戴笠

來電時期：二十四年十二月三十一日

來電摘要：

上海日武官室情報：

一、北平日武官來電云：喜多為調和土肥原與多田之意見，再三磋商之結果，決定由宋哲元自動在組織中規定委員所必要之權限，嚴重監視其實施態度，絕對避免行使武力。

二、日陸軍部來電云：對於青島市長沈鴻烈，以彼不採取排日態度為條件，始終與以維持。若華北事態發生變動，沈鴻烈不得已而辭職時，為使青島歸屬於新華北之政權計，務須以與海軍有關係之人物任市長。

擬辦：

呈閱。

002-080200-00466-101

■ 1936 年 1 月 1 日

何應欽電蔣中正據嚴寬稱冀察政務委員會成立係採土肥原賢二主張若不利擬以李廷玉偽自治方案取代及日圖擴充華北駐屯軍等文電日報表

姓名或機關：何應欽

來電時期：廿五年一月一日

來電摘要：

據嚴寬卅未電：津吳密函：（1）政會成立，純由土氏主張立場，多田並不同意。此次商部南移，多田吃醋，謂非是即可表現，因顧全土氏面子計，暫取旁觀態度。永見表示，該會如二、三個月內仍不健全，軍部即出推翻。（2）日方重視李廷玉之偽自治方案，在政會不行後，即助李主張實現。惟李不願政會不利，尚窘蕭等擬以實力漸引至第二步自治路上。蕭等因為環境關係，對正反各面仍走不即不離之途徑。（3）政會大約不久即派員漸次接收中央稅收機關，如中央仍聽其所為及敷衍了事，則某等暫時仍表敷衍，否則即非如此。聞該等之設想固難做到，但不能不注意云。

擬辦：

呈閱。

■ 1936 年 1 月 14 日

嚴寬電何應欽據報殷汝耕大橋等曾商協訂攻守同盟等情

南京部長何:

○密。極密。據報,殷汝耕、大橋等曾商協訂攻守同盟,要點如下:1、冀東地帶接壤滿洲之長城沿線,治安任務悉由滿洲完全負責。2、冀東東側面海防,悉由日方駐在滿海艦隊負責。3、對冀東之基幹武力,由日方與滿洲使其積極發展,需要之物質先由滿洲儘量補助。4、空之力量必要時亦由滿洲接濟。5、候冀東政府行政、建設、公路發生障礙或者外來之壓力,滿洲協力共同根絕。關於上項外之動向,悉依關東軍及日方之中央軍部指示行之等語。摘要謹聞。

職寬叩。寒辰一印。

李雲漢,《抗戰前華北政局史料》,頁 597。

■ 1936 年 1 月 31 日

程錫庚電外交部報告宋哲元向日方交涉取消冀東偽組織

南京外交部部、次長鈞鑒:

極密。連日冀察當局在津向日方交涉取消冀東防共自治政府,日方乃仍以北五省自治為前提,宋委員長應付為難,即由津赴濟與韓主席晤商。謹聞。

錫庚叩。世。

李雲漢，《抗戰前華北政局史料》，頁 750。

■ 1936 年 1 月 31 日

張嘉璈呈蔣中正據張水淇報稱綜合與殷同等人談話結果東京方面不花錢不用兵之原則仍未變等七點意見

姓名或機關：張嘉璈

來文月日：一月三十一日

來文摘要：

報告華北近狀

據東方旅行社經理現兼本部祕書張水淇報稱：

水最近赴濟、青、平、津、瀋、連等地（中略），綜合各方談話，撮要敬陳於後：

一、東京方面不化〔花〕錢、不用兵之原則仍未變。現滿鐵雖派人赴各處調查，實無投資之力。橘三郎語水：松岡近甚靜默，有人謂彼以說大話為生命，今靜默則失其生命。然彼已處於不可再說大話之地位，蓋高橋老翁曾語松岡不可再做不賺錢事也。

二、關東方面，視華北自治為已成事實，大村語水：華北交通當然成一獨立組織，其他金融等等亦然。其他軍部中人皆作如是云，認華北政治、交通、金融等組織皆須成獨立之組織。現北寧陳覺生以個人名義聘山領（滿新京鐵路局副局長）為顧問。

三、土肥原仍在進行五省自治之謀。

1. 水見土二面，渠云五省自治必須實現，名義上可不脫離中央，首領不宜中央人物，於北方前輩中擇人任之可也，如段芝泉、吳子玉、閻百川皆可。

2. 惟沈哲公語水：土意如是，然宋、蕭不贊成。蓋頭上若有帽子套住，則彼等不能稱王道寡也。

3. 土又語水：宋尚好；蕭則舊時策士，很不好。現土與宋談話時，蕭及陳覺生皆不列席。

4. 雷季尚語水：其兄季龢之被殺，為日浪人對蕭之示威運動云。

5. 惟宋對付外交才能太缺，雷季尚語水：大橋（滿外交部次長）要求與滿洲國訂約，宋云好好。而朝陽門閉門後拒絕日軍進門，致起開槍事，駐屯軍隊長長谷川八次電話，一次不接，或過或不及，皆不能當。

6. 土頗悔昔不晤何部長一行，現在說話找不到一個明白人。

7. 自「冀察政委會」成立，土之聲望大減，現在津欲弄成五省自治，以補前過，而有無從著手之感，故口氣不似前硬，並云事尚不急。

8. 電通記者橫田語水：現東京正忙總選舉，顧不到華北事。

9. 橘三郎語水：關東對於（一）依照原計畫強行；（二）抑改變方向與南京妥協一點，現未有決定。並云磯谷已改為穩健。

四、駐屯軍擴大，恐事在必行。現其調查部已一百餘

人，參謀增加頗多。

五、現日方欲擴張冀東。現「冀察」月濟「冀東」鹽稅二十五萬元、北寧路款十萬元，助其財政。「冀東」新成立二旅，以便蠶食河北。（此點曹潤田語水。）昌平之變，乃其始也。恐將來祇有「冀察」合於「冀東」，不能「冀東」合於「冀察」。

六、俄、日外交忽張忽弛，現又在緊張之中。大連交通銀行經理胡善培語水：北滿大豆不能南下，乃軍部扣車備萬一之故。

七、關東方面，不欲將華北問題與中、日整個問題合併為談判。此土肥原告水者。

批示：

請張君星五來見。

002-080200-00468-001-002~005a

■ 1936 年 2 月 11 日

外交部駐平特派員程錫庚密呈外交部有關華北近情

部、次長鈞鑒：

敬密呈者，華北對日交涉，在近二十日來並無進展，惟日方文、武要人來談中日關係者，每謂「時間解決萬事」，似時日之遷延，未始毫無意義。

日本對我交涉，向有外務省與軍部二元外交之事實，惟東京軍部與關東軍有時亦不盡一致。華北交涉之關鍵，

操於關東軍者，較操於東京軍部者為多，而最近數月來華北現狀之釀成，以土肥原少將負責居多。

日方軍人對我北方現有政治組織雖有訾議者，但土肥原既以打開北方局面自任，則其他軍人縱有反對，一時亦不致有公然相左之舉動。

取消「冀東防共自治政府」與撤退察北六縣偽軍及蒙古保安隊，雖屢經我當局向土肥原提議，但迄今尚無成議。當局恐持之過急，轉生他變，故至今無解決之方。誠恐遷延日久，冀東偽組織地位漸固，察北六縣既編為察哈爾盟，而日軍與偽軍公然出入，干涉行政，且與蒙政會時相混雜，尤為地方之隱患。

土肥原少將到平後，注重於冀、察財政之整理。查冀、察中央稅收，在軍分會時代，向由中央統收統支。除關稅外，冀、察中央稅收全數本不敷軍分會應支之數，仍按月由中央撥款補足。現在中央撥款未經規定，地方當局有通令各稅收機關將稅收解交政委會之舉。為保持稅收行政之完整及補助地方之發達起見，政委會正與財政部籌商辦法。

冀察政務委員會附設有外交委員會，以陳中孚為主席委員。重要交涉仍由宋委員長及秦、蕭兩市長主持，本處謹隨時與各該處取得密切之聯絡。

以上各節是否有當，敬祈鑒核示遵。肅此。敬請鈞安。

駐平特派員程錫庚。二月十一日。

《中日外交史料叢編》第五編《日本製造偽組織與國聯的制裁侵略》，

頁 359-360。

■ 1936 年 2 月 13 日

程錫庚電外交部報告宋哲元向日方交涉取消冀東偽組織

南京外交部。〇密。情報司李司長鈞鑒：

四十八號。土肥由津來平已一週，預定住平一月，如新年之酬酢，意在與政會委員周旋，促進中日親善工作。今晨謁宋，談約兩小時。宋極盼取消冀東組織，土謂當努力設法，必使辦到等語。竊查殷正在與關東、天津兩軍協商，積極充實該組織各項辦法，土肥所云不過表面敷衍，真意仍在宋與殷同流。但宋表示絕對不能脫離中央，堅持前議，華北外交仍在混沌中。報載已有辦法，殊非事實。外傳土任顧問事，當局有此意，尚未實現，雙方仍在考慮。

昂叩。元。十三日。

李雲漢，《抗戰前華北政局史料》，頁 750。

■ 1936 年 2 月 16 日

嚴寬電何應欽據報日方對偽冀東推薦大批日顧問內多軍事專家等情

南京何部長：

〇密。據報日方對偽冀東推薦大批日顧問，內多軍事專家。每一總隊加派日顧問一員，專負訓練責任。民團改編之部隊，亦派日顧問監督訓練。其他顧問安插

於各機關，即今日成立之《冀東日報》亦派有日人主
持等語。謹聞。

職寬叩。銑辰印。

李雲漢，《抗戰前華北政局史料》，頁 597。

■ 1936 年 2 月 26 日
嚴寬電何應欽日方主使殷汝耕開發通古通唐通
津三輕便鐵路等情

南京部長何：

○密。日方主使殷汝耕開發通古、通唐、通津三輕便
鐵路，先築通古、通唐以利軍行，該項動議計已數月。
刻據稱，日嗾殷逆積極集款，趕快興築通古、通唐之
線，正由日工程師設計外，築路之器材已在準備中等
語。謹聞。

職寬叩。宥辰印。

李雲漢，《抗戰前華北政局史料》，頁 598。

■ 1936 年 4 月 15 日
程潛電蔣中正日方擬增兵華北逼迫宋哲元轉進
山西並擬要脅宋防共反蔣刻宋正與秦德純等密
議應對方案

25 年 4 月 15 日
自無線發

號次：187

急。委員長蔣：

〇。據青島市長沈鴻烈元電稱：「頃接北平諜報稱：聞日前松室、多田曾在津誘逼宋進取山西，略以駐屯軍擴增部決於全體週內外入關，屆時宋之四師應進駐大同、井徑、石莊各一師，其餘一師留駐冀、察，有駐屯軍遙為聲援，晉北可□不攻而下，冀、察後防治安由駐屯軍協助維持，將來晉省即可作為宋之地盤。又聞對宋所提大綱約為「共同防共，單獨反蔣」八字，並向宋聲明謂：彼國朝野對冀、察現狀皆極不滿，倘宋仍虛與委蛇，則駐屯軍擴增後決取自由行動。聞宋正與秦、石等密議應付方法，外傳雙方業已簽字說不確」等語，是否屬實，未敢意揣。事關重要，謹將所聞呈供參考。又元二電稱：「頃據北平諜報稱：松室在平成立辦事處後，曾發表談話，略謂：政委會組織不健全，急須改造，使之明朗化。至冀東問題，刻尚談不到。至籌見回國，係照例參加師團會議，非為冀東事。華北增兵，決定下月內實現，報載展緩至六月說不確。今井赴并係調查剿共事，日方並準備協助。平、津方面均謂：日方增兵後，華北時局必定緊張等語。謹電奉聞，以供參考」等語。關係重要，除電復外，理合轉呈鑒核。

職程潛叩。刪書印。

002-090200-00020-405

■ 1936 年 4 月 21 日

參謀本部密函外交部有關日方成立冀察防共委員會情報

案據密報，關於「日本在華活動最近益形積極」及「成立冀察防共委員會」兩件，極堪注意，相應抄同原報告，隨函送請查照為荷。此致外交部。

附抄件

抄件

成立冀察防共委員會

關於宋與日方定防共協定一事，經宋、陳（中孚）與多田、松室等在天津會商，均同意成立冀察防共委員會。日方初甚堅持以松室任該會副委員長，宋婉陳目前華北及國人對此將不諒解，且易引起各方指責，幾經商榷，日方始允松室改充該會高等顧問，正、副委員長皆由華方分任，始行撤消，並須以殷任該會副委員長，並更以其他較優位置。關於擴大駐軍區域，俟日駐屯軍擴充後，察酌華北公共形勢，再作量移駐平漢及平綏線較大城市之最後決定。該項協定不日即可簽訂。

《中日外交史料叢編》第五編《日本製造偽組織與國聯的制裁侵略》，

頁 408-409。

■ 1936 年 4 月 24 日

何應欽電蔣中正稱嚴寬已請賈德耀化解宋哲元之誤會且日方亦擬將關東軍勢力改為總督制並擴大華北駐屯軍力量等情

25 年 4 月 25 日

自南京發

號次：362

急。昆明。委員長蔣：

〇密。據嚴寬養電稱：「賈焜庭來談，要點如下：（一）進剿晉匪之中央軍，日方以容匪與非剿匪及對冀察等危詞逼宋，使宋極誤會、極不安。職答賈：入晉之軍絕對剿匪，萬勿中人奸計，請焜老用私人口氣解宋誤會、解宋不安。（二）永見回津後，將宋煎逼過甚，蕭、陳等信口胡為，恐誤大體，焜述注意。（三）日人醞釀擬本年秋將關東軍制改組總督制，滿洲帝皇保存，國務總理取消，一切政權屬於總督，實行朝鮮辦法。（四）不僅擴大華北駐屯軍，將施行華北變相駐屯軍地位與勢力。（五）日對張家口、石家莊駐兵，其企圖亟想施行策略」。謹聞。

職應欽。敬秘印。

002-090200-00020-404

■ 1936 年 4 月 24 日

孔祥熙電蔣中正據聞俄對中央已讓步及廣田弘毅對英美表示友好及德王因高級蒙人官員被判死刑而與日決裂等

25 4 25

上海

352

特急。昆明蔣委員長鈞鑒：

○密。據近日消息，俄對中央已讓步。廣田對英、美表示友好，希望諒解。對俄不用兵，惟對處理國內二二六案極感棘手，糾紛甚多。德王因高級蒙人官員被判死刑事，已與日、偽決裂。歐洲局勢仍不見好轉，謹聞。

弟熙叩。敬三滬寓印。

002-080200-00265-050

■ 1936 年 5 月 1 日

黎琬電蔣中正稱宋哲元與永見俊德於二十八日簽署防共協定東京亦頻電催詢日軍械彈供給及協剿共黨等問題

25 年 5 月 1 日

自南京發

號次：A1521

南昌錢主任慕尹先生：

〇密。請轉呈委座鈞鑒：

津息：宋、蕭儉午晤永見，防共協定即簽字，內容甚簡單，重在日方如何供給彈械，並演進至如何程度時由日進兵協剿，東京對此頻有電催詢等語。敬聞。

職黎琬叩。東印。

002-090200-00020-407

■ 1936 年 5 月 7 日

參謀本部致外交部通報華北中日防共協定內容

華北中日防共協定內容

關於華北中日防共協定，自永見返津不久即已簽訂。其內容大綱如次：

一、防共委員會仍隸屬冀察委員會，人選由華方自覓，日方只擔任顧問等職。

二、共軍未侵入冀、察邊區時，防共一切任務由該委員會主持，日方只從旁協助。

三、如共軍侵入冀、察邊區時，冀、察境內華軍應開赴邊區防剿。平、津由小部華軍與大部日軍共同維持後方治安。

四、冀察境內飛機場，日方得於必要時借用。

五、關於防共軍需物資，在雙方同意原則下可由日方協助。

右件除分報朱主任、唐總監、何部長外，右通報張部長。

參謀本部啟。五月七日。

《中日外交史料叢編》第五編《日本製造偽組織與國聯的制裁侵略》，

頁 409-410。

■ 1936 年 5 月 14 日

徐恩曾呈蔣中正抄電謂宋哲元決定在南京未行容共前決不脫離中央惟於經濟建設願與日方合作藉以緩合外交衝突等文電日報表

姓名或機關：徐恩曾

來文月日：五月十四日

來文摘要：

謹呈抄電一份，敬請鑒核：

此次日方向宋哲元提出簽訂「防共協定」，文治派之王揖唐、陳覺生、潘毓桂等向宋包圍，謂南京政府已實行容共，自然不能合作，必須簽訂「防共協定」以厚實力。蕭振瀛亦從中附和其說，宋頗為猶豫，後為實力派所反對，宋乃決定無論如何，在南京未實行容共之前，決不脫離中央，同時經鹿鍾麟氏之解說，使宋不脫離中央之態度益堅。惟於經濟建設，則願與日方切實合作，藉以緩和外交上衝突。現文治派變更策略，從「冀察政委會」本身積極與南京對立，使中央對宋懷疑，現「冀政會」組織「法制委員會」及將組「教育委員會」等，此其表現也。

批示：

閱。

002-080200-00470-153

■ 1936 年 5 月 17 日

軍事委員會調查統計局電蔣中正日迫宋哲元撤退通州等地駐軍及第二十九軍高級幹部決定必要時實行武力抵抗等情報日報表等二則

欄別：冀察

核轉機關：第一處

原發報月日：平五、十七電

情報提要：

日迫冀宋撤退通州等地駐軍

近日方要求廿九軍立即撤退駐通與駐獨石口之防軍，廿九軍對此經幹部決定，絕不示弱，必要時即實行武力抵抗，已密令所屬積極準備作戰。聞現準備出動之部隊，計有馮治安部之七個旅、張自忠部之五個旅、劉汝明部之五個旅，趙登禹部之四個旅、石友三部之兩個旅，及警備旅兩旅，合共六十五個團。如日方一旦發動，即先以全力將關內日軍予以殲滅。現冀、察境內之民團亦奉有同樣命令。聞廿九軍之計劃，決以大名一帶為最後防線，所有戰壕等軍事設備現已完成。

欄別：廿九軍

核轉機關：第一處

原發報月日：平五、十八電

情報提要：

廿九軍高級幹部決定應付日軍辦法

廿九軍幹部以日華北軍部對宋不滿,並有武力驅宋之陰
謀,又廿九軍將領馮治安、趙登禹、秦德純、張維藩、
張樹亭等於十五日在南苑祕密會商,其決議如下:

(甲)呈請冀宋任命馮治安兼任平津警備司令;

(乙)調卅七師增防長辛店與豐臺附近;

(丙)電請冀宋早日返平,在宋未返平前由馮坐鎮北
平。完。

002-080200-00482-159

■ 1936 年 5 月 19 日

方唯智電外交部稱天津軍與冀察未締結防共協定僅締結政治協定等情報

李司長迪俊兄大鑒:

密。據日員報告,天津軍與冀、察間未締結防共協定,
僅締結政治協定,其中有關於防共之規定,所稱為防
共協定或指此而言。在三月底簽字,署名者華方為宋
等數人,日方為多田等數人。查此件即係對方所欲出
售者,曾索千五百元,弟已強其將關於防共部分見示,
尚無結果。

弟唯智叩。皓。

《中日外交史料叢編》第五編《日本製造偽組織與國聯的制裁侵略》,

頁 410。

■ 1936 年 5 月 25 日

軍政部有關日軍部改造華北方案情報

南京部長何：

密。津函謂，田代攜來對此間方案，內容計有兩項：
（1）企圖促成新局面與冀東合流。（2）該方案如不
行，將設計解除現局勢，另起新情態，成一偽滿與黃河
北緩衝地帶。該辦法將由松室與蕭等進行。日方該項打
算雖難實現，我方應注意也等語。謹聞。

叩。有酉印。

《中日外交史料叢編》第五編《日本製造偽組織與國聯的制裁侵略》，

頁 382。

■ 1936 年 5 月 26 日

程伯昂電外交部報告日軍部改造華北方案

南京外交部。密。七號。情報司李司長鈞鑒：

探聞田代司令攜來日軍部改造華北方案如下：（一）冀
東政府取消，畀殷以偽滿相當地位。（二）驅逐宋、蕭，
排去廿九軍系統，由曹錕另組華北政府。（三）關、鹽
稅、統稅均脫離中央，外債擔保繼續有效。（四）曹錕
如不適當，擬令陸宗輿、齊燮元、李厚基等組織多頭政
權，受日駐軍監督。（五）迫晉閻、綏傅勢力退汾河以
南，此項辦法即由松室向宋間接表示。宋日來稱病，純
為外交緊張所致。殷仍在活動，擬代宋主華北，但日方

認渠資望過淺。又聞宋決擬讓出冀主席予張自忠，以師長劉汝明繼察主席，已向中央密保。日方在豐臺占用北寧貨棧，並收買附近民地百餘畝，擬建飛機場。

　　　　　　　　　　　　　　　　昂叩。寢。

《中日外交史料叢編》第五編《日本製造偽組織與國聯的制裁侵略》，

頁 381-382。

■ 1936 年 6 月 7 日

陳誠電蔣中正據宋哲元代表李杏村談指宋哲元決心抗日惟懷疑中央抗日為煙霧彈等文電日報表

姓名或機關：陳誠

來電時期：陽亥

來電摘要：

謹抄陳陽曲郭參謀長陽午電一件，敬祈鈞鑒。

李杏村奉宋命來并，探詢鈞座是否可常駐北方？駐晉中央軍任務係入陝剿匪，抑準備抗日？據李談，蕭之辭職，係日人嫌其接近中央，被迫出此。現宋決心為民族英雄，日軍如有舉動，決與反抗。惟平、津日軍如越過二萬人，其力量恐不足。宋懷疑中央兩點：（一）與共合作；（二）抗日係煙幕彈，不是真心。現對第一點，因我關師與匪激戰後可消釋；惟對第二點及張之洛川會議仍在懷疑中。宋有「西南政府係真正抗日」等語，現已派張允榮往粵視察究竟，再行決策。宋對委座左右罵其賣國，常致憤懣，尤其對何部長頗不諒解。李又謂中

央派員與宋接洽時，務勿派與馮接近之人，否則反致債
事。又日人現決利用偽軍向綏東積極進犯，擬切斷平綏
路云。李本日已回平。

擬辦：

擬存。

批示：

如擬。

■ 1936 年 6 月 19 日

**沈鴻烈電蔣中正與桑島晤談中日外交與冀察等
問題其表示日滿提攜得有確實保障始可談判及
華北走私乃因關稅過高辦法不難解決等三點情
形擬飛京面呈**

25 年 6 月 19 日

自青島發

號次：7941

急。南京陵園委員長蔣鈞鑒：

〇。日本桑島局長本早抵青，業與晤談，詢以關於
中日外交調整及冀察前途、前走私各問題。渠言：
〔一、〕該國政府深願與中國政府交涉，惟望南京當
局認識華北與日、滿關係，使其與日、滿提攜，得有
確實保障，始可談判。二、華北走私係由關稅過高及
南京政府原允月撥關稅百萬補助冀、察，迄未履行所

致。倘此兩項有辦法，不難即日解決。三、冀東、察
北將來當與冀、察合併，惟是否作為特別區，抑用其
他方式，尚在研究中。至張自忠繼長津市，駐屯軍業
經同意，不至別生枝節。現宋赴津，即係對田代表示
謝意等語。其餘所言雖多外交詞令，直視我國如無
物，至堪痛心。桑島擬漾日飛京，聞在京、滬各勾留
四日云。謹此呈報。

職沈鴻烈叩。敬三印。

002-090200-00017-119

■ 1936 年 6 月 20 日

孔祥熙等呈蔣中正抄送關於冀察外交與日方動作密電冀察外交完全停頓日軍部開會討論各地充實配備諸事等文電日報表

姓名或機關：孔祥熙
來文月日：六月二十日
來文摘要：
茲由上海轉來天津密電一件，謹抄呈察閱：
「冀察」外交完全停頓，日方之去蕭含兩作用，一為蕭
個性太強，一為離間廿九軍，而實質上乃對事非對人。
田代就任後，始終未與冀、察重要官員會晤，宋在津擬
約期一晤。
劉玉書、沈職公等頃有自治運動之組織，廿九軍幹部對
之監視頗嚴。

日軍部十九日開會，係討論各地充實配備諸事，將與關東軍部取密切聯絡。以往北方外交，日方慫恿甚急，今則故為靜觀。自蕭振瀛問題發生後，與冀察當局作任何談判，將來趨勢端看宋如何作為。

002-080200-00472-111

■ 1936 年 6 月 21 日

許世英電外交部報告日本中央軍部似漸有統制及其對華北進行計畫等

南京外交部：

四九四號。廿日。三九八號電敬悉。日本中央軍部似漸有統制，對華主張並無派別或個人意見之表現。原擬在華北造成事實，因宋等不能盡如其意，又未到實力驅去之機運，故一面欲先由中央承諾增強所謂華北政權，一面先由交通、經濟入手，使成為張作霖時代之東北，相機進展，如此則冀東取消不成問題。聞交通計畫，計膠徐、順濟、道濟、濟彰、滄石等鐵路，石津、芝灘、承平、承津、奉津等公路，經濟注重棉、煤、鐵、羊毛。併聞。餘續詳。

英。

《中日外交史料叢編》第五編《日本製造偽組織與國聯的制裁侵略》，

頁 382-383。

■ 1936 年 6 月 23 日

沈鴻烈電蔣中正據雷嗣尚稱宋哲元韓復榘擬乘中央進攻粵桂時脫離中央自治惟雷嗣尚品性素劣其言似難盡信

25 年 6 月 24 日

自青島發

號次：A2528

南京錢主任慕尹兄：

啐密。呈委座鈞鑒：

關於宋、韓會談內容，日前曾電北平查詢，頃接復稱：探聞雷嗣尚語人云此次兩粵用兵，原冀得湘何之助，一舉而下武漢，俾各方得以響應；不料南京運兵神速，彼等計畫失敗，不得不易攻為守。倘中央軍繼續南攻，粵、桂萬難倖存。粵、桂解決，則華北將繼其後，而日人乘機侵犯，華北尤為可虞。故宋等反對中央與西南用兵，並謀對外、對內共同自衛之法。倘彼等主張能生效，當有進一步之表示。彼等通電只寄國民政府及西南政務會，而未呈鈞座者，寓有深意云云。又據報，宋日前曾向田代聲言：冀、察斷不能脫離中央，惟未能與鈞座合作，現日方於宋暫不壓迫，俾得專心對內各等語。按雷某品行素劣，所言難以盡信，惟亦可見彼等計畫之一斑。謹陳所聞，以供參考。俟此間各員自濟返青，當再續陳。

職沈鴻烈叩。漾。

002-090200-00020-373

■ 1936 年 6 月 26 日

沈鴻烈電蔣中正稱宋哲元似受日人操控擬於西南戰事發生後聯合冀察魯豫四省組織華北保安機關嚴守中立防止中央軍北攻

25 年 6 月 26 日

自青島發

號次：8476

南京陵園委員長蔣鈞鑒：

〇。頃接此□諜報，略以「宋明軒擬於西南戰事發生後，聯合魯韓作進一步之表示，並主張由冀、察、魯、豫四省共同組織一華北保安機關，宣布保境安民，標榜嚴守中立，防止中央軍北攻。現正與各方聯絡」等語。按此與前呈高木氏談話適相符合，足徵宋純為日人所操縱。謹陳備查。

職沈鴻烈叩。宥印。

002-090200-00020-371

■ 1936 年 8 月 3 日

戴笠電蔣中正稱據李世軍報稱韓復榘企圖聯絡桂系藉日本勢力挾制中央且宋哲元反對國議選舉並與松室孝良聯名邀宴中日軍官現北方局勢甚為可慮等情

25 年 8 月 3 日

自南京發

號次：1603

特急。牯嶺委員長蔣鈞鑒：

〇密。頃接北平李世軍同志來電，謹轉呈如下：

「委座鈞鑒：

雨農同志轉示之件業已轉達矣。謹將最近此間情形分呈如次：（一）韓不斷祕密派人來此活動，其企圖一面謀與桂系取一致，一面藉日本勢力挾制中央，有自成局面之動向，尤以宋之堅決反對國議選舉為最明顯之表示。關於選舉事，我遍與各師長及有關係之各軍佐談話，一致主張服從中央法令辦理選舉。廿七日我見宋時，詳陳此事利害。宋口頭應允請中央指派代表，望由仙閣去談此事，亦表示可辦。廿九日，召集馮治安、張自忠、劉汝明、秦德純、張允榮、鄧熙堅決反對選舉。昨日由張允樺又擬具一詳細之方案，首先標明鈞座，並誣中央如何勾結白種人之非計，如何聯俄及訂立密約之種種，此方案已由秦德純等研究如何進行。秦之為人對事理雖明白，而遇事則模稜不負責任。蓋自蕭下臺後，廿九軍全

部思想雖一致正確，而絕無仗義盡言之一人，此最可深慮者也。（二）宋與松室聯名請中、日雙方將校共餐，不但社會一般人聞之譁然，即其部下無不認為係一種自求下賤的舉動。宋近與陳覺生、陳中孚、張允榮、張壁過從甚密，避免談話。因之，忠義之士無不痛心嘆息，惶惶然認為大難將至。（三）張自忠最後勸告失敗後，決意設法離開，此間擬到海外一游〔遊〕，以便脫身，有意託職來牯向鈞座面呈一切及陳述今後大計。但尚須有以託故，促其能成行。究竟如何？伏懇見示。（四）此間向日本購新式加倫砲十二門、步槍六千枝業已交貨，補充較前完備。但內部人心因其主官意志之浮動及理解之不足，而渙散多矣。總之，北局至今日，確然進入於黑暗而可慮之狀態矣。懇乞鈞座速有以籌救之。職李世軍叩。冬。」等語。

生笠叩。江午印。

002-090200-00020-436

■ 1936 年 9 月 12 日

熊斌電蔣中正蕭叔宣前宴磯谷廉介與高橋田中談及馮玉祥排日致中日前途黯淡鹿鍾麟石敬亭極欲活動藍衣社近在華北活動局勢難以安定等情

25 年 9 月 12 日
自南京發（有線）

號次：3763

黃埔委員長蔣、參謀總長程鈞鑒：

固密。頃據駐日蕭武官灰電稱：「前宴磯谷與影佐、高橋及園田中佐等。據影佐談：（一）馮副委員長排日，中、日前途黯淡。鹿鍾麟、石敬亭等極欲活動。藍衣社近又在華北活動，華北局勢終難安定。田代司令官與余所見相同。（二）信賴國民政府，尊重中國統一而取消冀察、冀東之組織，余表示反對。現竟如此，更使日不能信賴。（三）成都設領事，中央通訊社聲明反對，外交部亦表示不贊成。黨、政兩方如此表示，促成民眾反響，因此日人被殺，其責任全在黨、政當局。若因成都事件而徹底改善，固可轉禍為福；否則只有中國吃虧，或因此而造成其他之事勢，亦未可知等語。昨復有北海殺死日人之電訊，職以日政府對其國民更有所藉口矣。平時軍部對華政策頗為其國民所不滿，但此次殺死日人頗為激起其國民之憤慨心。故關聯此案之交涉，務懇對於日本國民方面表示歉意，策使其起仇視之心而一致我也。又園田提議中、日兩國交換隊附、將校一節，職對彼未有表示。但我國近日派員來日考察軍事、憲兵，誠恐將來日本亦將派員考察我軍，此不能不預加考慮。至發電間，據聞日軍對華北不日將有發動之訊。確否待查」等語。謹轉電呈。

職熊斌叩。文溫印。

002-090200-00018-073

■ 1936 年 9 月 18 日

蔣中正電何應欽預防對日交涉惡化即準備一切應策恐引發大戰

急。南京軍政部何部長勛鑒：

預防對日交涉惡化，應即準備一切，並令軍事各機關積極籌辦，加長辦公時間，勿致疏虞。如日軍占領北海或海南島，則一處發動，必波及各方，引起大戰也。

中正。巧午機羊。

002-020200-00026-061

■ 1936 年 9 月 21 日

宋哲元電蔣中正第三十七師駐豐臺第五連與日軍衝突經過情形經交涉後日方退兵擬請改派第三十八師換防等語

25 年 9 月 21 日

自北平發

號次：11720

京軍委會委員長蔣：

團密。本月十八日午後六時，我第三十七師駐豐臺之第五連收操回營。適駐豐臺日軍步、騎、砲兵百餘名出發演習，在豐臺車站街市內於整列行進中相對通過。我帶隊官發令讓道，該日軍竟向我隊伍衝撞踏倒，士兵數名猶揮其槍托擊我士兵。糾纏歷五、六分鐘，該日軍即作

散開示威，我第五連乘機回營。該日軍即進向我營舍包圍，登房俯瞰，擬射擊狀。我第五連士兵則亦攀登房上，嚴陣峻拒，演成一觸即發之勢。彼時我第五連長孫香庭出與交涉，竟被強行拉走，威逼下令繳槍，該連長屹不為動。當夜，駐北平及通縣日軍次第向該方向以汽車載運策援，其一部二百餘名行達大井村，被我控置部隊拒阻。嗣以平、津彼方當局均表示不願擴大，我軍亦嚴勒所部緊密戒備，釁勿我開。經派員會同前赴該地交涉，相持迄十九日晨。折衝結果，日軍始允先行撤退，將該連長放回，復由雙方令部隊整列，互行敬禮，相約各自約束所部，以期爾後相安。我方以現駐豐臺附近部隊既與該地日軍積不相能，擬請改派第三十八師部隊開往換防。此次事件，我軍官兵幸能確守軍紀，戒備嚴密，未致釀成意外，除分報軍政部外，謹電密陳，伏祈鑒察。

冀察綏靖主任宋哲元。馬參戰一印。

002-090200-00017-071

■ 1936 年 9 月 24 日
許世英電外交部據確報日方致最後通牒於冀察當局要求多款內容大致為五省自治及各機關聘用日本顧問等

南京外交部：
五八八號。二十四日。極機密。據確報，昨日田代司令

致最後通牒於冀察當局，要求多款，內容大致為五省自
治及各機關聘用日本顧問等，未得全文。某使館極關
心，謂其要求等於製造第二滿洲，且割裂至中國本部，
華北非滿洲問題可比，海軍又欲以陸戰隊煽動，突然占
領各要地，監視南方，東亞形勢極端嚴重。宋屈服，華
北固失；不屈服，亦將在軍事掩護下促起所謂自治運
動。請中央審定大計，指示宋、韓、閻、傅等，並切實
開誠團結，勿再任貌合神離，為人所乘。得宋等詳報
否？主要各方態度如何？乞密示。

英。

《中日外交史料叢編》第五編《日本製造偽組織與國聯的制裁侵略》，

頁 484。

■ 1936 年 9 月 25 日

蔣中正電韓復榘外交形勢恐破裂速準備一切並即派妥員來粵一敘

韓主席勛鑒：
唧。最近外交形勢難免破裂，請兄從速準備一切，以免
不測。並望即派妥員來粵一敘為盼。

中正。有巳機粵。

青島沈市長勛鑒：
許。對日外交已頻〔瀕〕破裂，請速準備一切，以免不
測。向方意向請時注意。中已將外交形勢明告矣。

中正。有巳機粵。

002-020200-00026-066

■ 1936 年 9 月 30 日

陳誠電蔣中正據郭懺電稱日方傷亡事發宋哲元提出南北西各苑與蘆溝橋一帶駐軍撤回之說等三點情形

25 年 9 月 30 日

自武昌發

號次：4948

急。牯嶺委員長蔣：

功密。據郭參謀長懺儉辰參并電稱：「（1）據報自日人傷亡事發後，某方對華北突轉緊張，有向宋提出南、北、西各苑及蘆溝橋一帶駐軍撤回之說。（2）豐臺之事，某方初僅要求我軍換防，宋始不允，嗣忽令全部撤退。冀察局勢據幕中人云恐將變化，然須看應付環境結果如何定之。宋曾電京稱：外間所傳全屬子虛。（3）東北人決在不喪權辱國下苦撐」等語。謹聞。

職陳誠。參謀陷辰印。

002-090200-00017-183

■ 1936 年 10 月 1 日

戴笠電蔣中正親日分子已説服宋哲元應允日軍要求自豐臺撤軍馮治安雖此雖表不滿惟仍決意苦撐以免華北落入漢奸之手

25 年 10 月 1 日

自南京發

號次：4982

牯嶺委員長蔣鈞鑒：

〇。據北平區陷電稱：一、松室孝良於豐臺事件解決後，向宋哲元提出豐臺不能有中國軍隊駐紮之要求。宋未即答覆，但至津後被潘毓桂、陳覺生、陳中孚等包圍，突然軟化，已全部接受，並令三十八師駐豐臺之一營撤退。二、潘毓桂、陳覺生輩之親日陣線現極力團結，向宋包圍，藉日來各地方事件對宋恐嚇，謂冀察當局對日外交如無辦法，廿九軍徒被犧牲，而南京政府最後仍是與日妥協。宋頗為感動。三、馮治安憤宋接受日方豐臺不駐兵之要求，邀蕭振瀛、戈定遠、張樾亭、李世軍等於感日在私宅談話。蕭、張等謂：「宋現受漢奸包圍，一意孤行。」馮治安則稱：「吾輩走後，華北將全落漢奸之手。目前宋態度雖轉惡，但尚未至最後關頭，宜忍受苦撐。」蕭等決定如齊燮元出任冀察政會常委，則決離平他往等語，謹聞。

生笠叩。先未印。

002-090200-00020-437

■ 1936 年 10 月 2 日

蔣伯誠電蔣中正抵濟南後韓復榘對其到態度極好及何其鞏王芳亭程希賢亦已到濟南並謂日方將進行五省自治等

25 年 10 月 2 日

自濟南發

號次：5030

南昌委員長蔣：

〇密。（一）向方兄自職來濟後，態度極好。（二）何克之、王芳亭、程希賢等已均來濟與職詳談。克之、希賢目的在做官；芳亭在平有紳士派組織主五省自治，但職勸他不必進行。他謂日方志在必行之。謹聞。

職蔣伯誠叩。冬印。

002-090200-00021-088

■ 1936 年 10 月 8 日

參謀本部第二廳呈外交部有關華北最近情報

抄件

據報

政治

華北局勢近來轉趨緩和，其原因日、宋雙方均有妥協之傾向。田代司令前日訪宋，表示異常客氣，勸宋勿附和蔣氏，免蹈從來軍人投降蔣氏之覆轍。宋昨午返平，今

日召集新聞界談話，其未經報紙披露者關係目前政局至為重要，茲分述於下：

（一）國選問題：宋謂在一黨專政之下無選舉之必要，黨對華北毫無貢獻，故華北（指冀、察）亦決不舉辦選舉，無論中央指派圈定，冀、察決不參加。

（二）精誠團結問題：宋謂「精誠團結」四字在一黨專制之下，絕談不到，要精誠團結則須取消一黨專政之辦法。

（三）冀察整個政治問題：宋謂中央對華北如有辦法，當依中央的辦法；如中央對華北不有具體辦法，則華北祇好自己想辦法。

（四）經濟合作問題：宋謂祇須在合作之原則下，當無不可以合作，修築鐵路、開闢礦山等實為目前急應舉辦之事。

（五）田代會商問題：宋謂田代對冀、察表示甚好，並謂渠（宋自稱）對松室孝良之為人殊不滿意云云。

觀於以上宋氏之談話，可知冀、察政權有即將轉變脫離中央之可能也。

冀察政務委員會即將改組為獨裁制，宋氏自任首要，對於齊燮元將於政委會內畀以重要位置，如常務委員之類；戈定遠位置將依日方要求暫時取消。所謂整個冀察問題，頗有由此解決之趨勢。

宋令孫殿英向綏遠發展，日內綏邊之緊張非為無因，蓋王英與孫氏之關係至深。王英侵綏，早得宋氏之默認。又宋與日方商談察北問題之時，雙方均有同意石友三主

持察北、察東甚至整個察省之趨勢，結果或將以石友三主察、劉汝明退出為解決察省問題之條件。

右件抄呈外交部張部長。

《中日外交史料叢編》第五編《日本製造偽組織與國聯的制裁侵略》，

頁 485-486。

■ 1936 年 10 月 27 日

何應欽電蔣中正查蕭振瀛不滿中日滿經濟通航將行合作擬南下以示拒絕請予善待俾其日後暗中布置北事以利大局

25 年 10 月 27 日

自南京發

號次：401

急。長安委員長蔣：

○密。北平嚴參事感電稱：「（甲）據蕭仙閣談：（一）經濟合作之疏港、築路等細目八條，已成公開之祕密協定。（二）中、日、滿通航亦成合作。（三）齊變元入參要政，石亦出掌冀北軍職。（四）日方宣傳放棄南京談判，直向此間解決一切，北局勢將惡化。（乙）聞決南下示不合作，惟因對宋道義關係，將住滬，暫不入京。馮、劉、趙、秦一致挽留不及。蕭本鈞座和平意旨，對馮等亦有商定。蕭為將來解決北局之有力者，南下後務乞委座、鈞座信使存問，待以殊遇，俾其暗中布置北事，必於大局有益」等語。謹聞。

職應欽。感戌秘印。

002-090200-00021-072

■ 1936 年 10 月 29 日

翁文灝電蔣中正宋哲元認中日經濟提攜四原則八要項中央不應默認

號次：464

姓名或機關名：翁文灝

來處：南京

豔機電

10 月 29 日到

摘要：

儉函機電奉悉。張部長意宋哲元感電所陳中日經濟提攜四原則、八要項範圍廣大，是為日人一切行動之根據，中央不應默認，但驟予駁復，又恐不便。可先由本院電復，已交主管部核議，俟下次院會提出討論。吳部長贊同此意，但謂近據探報宋氏近有易幟獨立之議，殊恐變發旦夕，中央對彼態度似宜慎重考慮。究應如何辦理？仍乞示遵。

批示：

南京翁祕書長：豔機電悉。2894。□由院以已交主管部核議之意復電可也。

中。卅申機洛。

002-020200-00026-078

■ 1936 年 11 月 1 日

何應欽電蔣中正為蕭振瀛與二十九軍歷史甚深今因齊燮元加入冀察政務委員會決赴歐遊歷請電予安慰及發給護照之文電日報表

號次：832

姓名或機關：何應欽

地址：南京

來電時期：東

來電摘要：

蕭仙閣昨過京晤職。據談：渠原欲竭其忠忱，為國家盡一點力。前曾對宋表示：如齊燮元加入冀察政會，渠決離去。現齊決已加入，且漢奸極為活躍，渠實不願再留冀、察，故決赴歐遊歷，到滬候船即出國等語。職意，蕭與廿九軍歷史甚深，亦有相當作用。鈞座可否先給渠一電略予安慰，如何？乞鈞裁。又蕭擬請由外交部給一護照。可否乞示。

批示：

請派員代中慰問。至其出國護照，可以照辦。但屬其待中回京後面敍後，再其行止可也。

002-080200-00478-010

■ 1936 年 11 月 16 日

翁文灝電蔣中正中日交涉應注重不可間接承認冀察對日本訂立之各種協定及不可明文承認魯晉綏三省特殊情形等事項

25 年 11 月 16 日

自南京發

號次：1576

特急。洛陽蔣院長鈞鑒：

嚃密。中、日交涉，有數點必須注重：（1）不可間接的承認冀察對日本已訂之各種協定，而須使中央仍有從事審核之餘地。（2）不可明文承認魯、晉、綏三省亦有特殊情形。如用「鄰省」二字，又恐並河南亦包括在內，亦甚不妥。（3）我方所提取消冀東自治等事，實為華北問題，且於停止走私亦有關係，並非專為防共而發，似應堅持。有田曾對許大使說明：日本並未援助華人攻擊綏遠，似應加入正式紀錄而發表之。誠知交涉如不能得一結果，彼方將更積極進行。但即使暫得結束，彼方行動亦未必即肯停止。所議各項中，以關於華北各省者最為重要，誠恐略一放鬆，使北方財政、金融紛更獨立，則行政完整因而破壞，中央力量受極大之損失，且使國內人心因失望而散體，引起糾紛。竊以為在此種形勢之下，仍宜有合理主張，寧使必不得已而略延時日，不宜忽遽議定。愚見所及，敬希俯賜鑒納幸甚。

職翁文灝叩。銑酉機印。

002-090200-00018-213

■ 1936 年 11 月 19 日

楊杰電蔣中正查冀東偽組織決議改懸五色旗擁吳佩孚聯合蒙古回藏響應請促吳南下及漢奸極力挑撥中央與宋哲元關係並請改以忠實具學識者任諜報員

25 年 11 月 19 日

自南京發

號次：1733

洛陽委員長蔣鈞鑒：

○密。頃張英華由津乘機抵京密告：（1）此次冀東偽組織週年紀念，至為熱烈，一般失意政客、軍人參加甚夥，關東軍重要人員大都出席。現已議決仿照西班牙叛軍內戰辦法，於本月有日宣布改懸五色國旗，著手組織革命政府，並擁吳佩孚出面號召，以淆亂國際視聽，並以吸引蒙古王公及回、藏各族，俟聯合略具端倪後，即全力由綏向晉進迫。為釜底抽薪計，對吳似宜設法懷馭，請其南來。（2）平、津漢奸異常活躍，現正向冀宋極力挑撥離間，謂中央將派文治派代之，自齊燮元參加冀察會後，情況尤壞。宋雖不為所動，而部下則不免間有失本之感。為激勵計，似宜有以安其心。（3）中央派往之牒〔諜〕報人員，大都因資格及知識不足，無刺探重要消息之能力，其陳報事項亦多抄於外報記載，似宜改用忠實而並有聯絡學識者。以上三則，似亦不無見地，職本有聞必錄之旨，謹當

詳陳，備供參考。當否？仍懇鑒核。

職楊杰叩。效印。

002-090200-00021-097

■ 1936 年 11 月 20 日

蔣中正電張羣待綏東問題解決對日外交方能開議及應明令撤退察哈爾外僑等

發電號次：257

25 年 11 月 20 日

南京張外交部長勛鑒：

密。綏東問題未了，我方對外交應不能定期開議，此勢所必然，但亦不說中止或停止等語，總勿使其有所藉口，反以破裂或停止之責加於我也。又對察哈爾外僑問題，亦應明令撤退，並登報發表。以中意，可以察、綏土匪猖獗，地方不安，凡在察、綏兩省境內各國之僑民應一律退出，否則政府不能負保護之責等語照會可也。皓一電已悉，高司長往綏視察甚好。如此時交涉破裂，我反有話可說，應即準備決裂時一切之手續為要。

中正手啟。號巳機洛。

002-080200-00271-103

■ 1936 年 11 月 20 日

蔣中正電張羣如日軍已不干涉我清剿蒙偽軍則對察省外僑撤退照會可不發

最急。南京張外交部長勛鑒：

前電諒達。6080。如日本已有不干涉我清剿蒙偽匪軍之聲明，則對察省外僑撤退之照會即可不發。

中正。號未機洛。

002-020200-00026-084

■ 1936 年 11 月 22 日

戴笠電蔣中正接李世軍謂宋哲元韓復榘堅信中央抗日決心將採共同行動應付華北情勢及望蕭振瀛儘早出國等

25 年 11 月 22 日

自南京發

號次：1982

特急。洛陽委員長蔣鈞鑒：

○密。頃接北平李世軍之馬未電一件，原文如下：「委座鈞鑒：一、宋、韓晤面，會商應付華北非常時期之共同行動。二人均信中央對日外交、軍事確具強化決心。二、宋近對人一再說明，今後冀、察一切外交、內政必須求得中央諒解，其態度較前有顯著之改變。三、蕭在滬遲遲未出國，宋意頗願其早日成行，因蕭

留滬在宋似有許多顧慮也。四、廿九軍官兵上下一
致，確具抗日決心，在此次演習中頗表現其同仇之精
神。五、北局在最近確有可為之轉機，其動向一則由
於中央對日態度強硬，使一〔般〕將領有自信心；一
則因韓、閻晉謁鈞座後，促進一切守土有責者之覺悟
與勇氣。政務會在此，連日向各關係友人處懇切說明
中央抗敵之決心與對華北之重視，以增進其信心」等
語。謹聞。

生笠叩。養午印。

002-090200-00021-049

■ 1936 年 11 月 23 日

蔣中正電張羣對察哈爾省通告外僑撤退事日軍
是否與宋哲元訂協定不受我拘束

最急。即刻到。
南京張外交部長勛鑒：
我如對察通告外僑撤退時，日方是否有察省宋哲元與土
肥原訂有協定不受我通告拘束之聲明？應特別注意。反
不如不先通告，且待將來情況之發展，再定辦法較為妥
乎？請詳審之。

中正。漾申機洛。

002-020200-00026-086

■ 1936 年 11 月 24 日

蔣中正電孔祥熙翁文灝張羣此時應預防察綏事擴大準備對日嚴厲抗議及不得已時應有絕交之準備另請積極籌劃外交準備派兵進駐吳淞

發電號次：A313

25 年 11 月 24 日發譯

南京翁祕書長、上海孔副院長、南京張外交部長：

○。此時急應預防察、綏事態擴大。一、對日嚴厲抗議之準備。二、更不得已時，應有絕交手續之準備。三、派兵進駐吳淞時，外交之準備請積極籌劃。

中正手啟。敬巳機洛。

002-080200-00272-038

■ 1936 年 11 月 24 日

蔣中正電張羣察綏問題對外應準備宣言與正式通告各國之大意

急。南京張外交部長：

6097。○。察綏問題對外應準備宣言與正式通告各國，即日本亦可在內。其大意以冀、察為我國領土，任何人不得干涉，凡非法不正當之任何協定與未經中央正式承認者，概不發生效力。冀東、察、綏行政主權，中央必求其徹底完成，雖任何犧牲亦所不惜。凡遵守國際公約與尊重我國主權與領土之完整者，則中國皆引以為友。

中國必照國際公法與一切正式條約從事進行正式交涉，
絕不願有非分之行動，放棄和平之路也。望以此意準備
宣言及通告手續，待中電告發表時間，方可發表，但須
從速準備為要，並請與各同志詳商之。

中正。敬未機洛。

002-020200-00026-087

■ 1936 年 11 月 25 日

蔣中正電張羣對外宣言應特別聲明我決心維護冀察行政主權一節

急。南京張外交部長勛鑒：

6097、1518。對外宣言關於冀、察行政主權一節措詞，
可以凡於對外有關者，政府極用外交正當之途徑期待和
平解決。若有利用漢奸製造傀儡、組織匪軍，如此次進
犯察綏，希圖阻絕我生存，喪害我主權，而為變相的侵
略我土地者，則政府雖至犧牲一切，亦所不惜，而且必
有以報復之也。即對於不惜犧牲與不忘和平兩點之意，
應特別聲明。又報復兩字，更應注重。又對於不正當行
動與個人間私自之契約，凡此所謂協定而未經中央正式
批准與承認者，則中央概作無效一點亦應注重。

中正。有巳機洛。

002-020200-00026-089

■ 1936 年 11 月 25 日

戴笠電蔣中正偽冀東政府將改懸五色國旗藉此鼓惑華北民眾及和知鷹二何一之等意圖危害刻所研究飛機升降速度槍擊方法等

25 年 11 月 25 日

自南京發

號次：2256

洛陽委員長蔣鈞鑒：

密。據北平梗日電稱：「（1）偽冀東政府定於本月有日舉行成立一週年紀念會，並決定於是日改懸五色國旗，其用意在：（甲）改懸國旗形成獨立政府，以免中央對日提出取消之要求。（乙）繼承過去北〔洋〕政府之法統。（丙）利用五色旗之鼓惑華北民眾心理。此議原為池宗墨所主張，殷逆初未贊同，現以奉日關東軍參謀板垣令實行，居時板垣亦將由長春飛通縣參加。（2）天津曰駐屯軍部特務機關少壯派和知鷹二、諏訪部與漢奸何一之等意圖危害鈞座，現正著手研究飛機升降速度、槍擊方法及調查鈞座行蹤」等語。謹聞。

生笠叩。有戌印。

002-090200-00021-095

■ 1936 年 11 月 26 日

張羣電蔣中正發表河北察哈爾省同屬中國領土 將全力維護不得受任何非法組織侵略並與尊重 國際公法世界各國為友宣言稿

25 年 11 月 26 日

自南京發

號次：2299

限即到。洛陽蔣院長鈞鑒：

有申機電敬悉。淬密。宣言稿全文如下：

河北、察哈爾如其他各行省，同為中華民國之領土，所有該兩省之行政，應由中國政府依照中國法令實施管理，不受任何方面之干涉。凡任何個人或機關，或用任何名義所為之約定，具有外交性質，尤其涉及中國政府對於河北、察哈爾或其他各省主權之行使，而未經中國政府依法核准者，一概無效。對於中國政府，絕無拘束力（另節）。

現在河北、察哈爾、綏遠三省內之一部分，各有非法狀態之存在。此項非法狀態必須完全消滅，中國政府必運用其力量，在各該省內澈底恢復其行政主權。若有利用國奸製造傀儡組織，策動或勾結匪類，害及我主權，危及我生存，而為變相的侵略我領土者，則中國政府必竭全力以應付，雖至犧牲一切，亦所不惜（另節）。

中國政府聲明：中國對外關係，應以國際公法與正式締結之條約為準則。凡任何外國，遵守國際公法與條約，

並尊重中國主權與領土之完整者，中國皆引以為友，而
必設法與之增進友好關係，同時與該國有關之問題，中
國政府極願由正常外交途徑、於和平環境之中謀適當之
解決，絕不願有非分之行動，而放棄和平之路也等語。
尚有意見一、二點之處，詳宥二電到一併審核。

張羣叩。宥一印。

002-090200-00021-075

■ 1935 年 12 月 11 日

何應欽電蔣中正如商震調豫則其部隊難望留河北於將來國防上影響甚大至王克敏等加入政會事仍須與宋哲元商量

24 年 12 月 11 日

自北平發

號次：7091

特急。南京委員長蔣：

真己機京電奉悉。晒密。極密。目前北方局勢未能樂
觀，至多維持三個月。啟予如調豫，其部隊絕難望留
河北，於將來國防上影響甚大。至叔魯、競武諸人加
入政會一節，須與明軒等商量，仍請先就擬定之十七
人發表為禱。

職應欽。真午行秘印。

002-090200-00016-051

■ 1937 年

張樾亭呈蔣中正觀察冀察情形並力促宋哲元進行對日作戰及速謀防共計畫並立即執行

委員長鈞鑒：

李諮議返平，欣悉鈞體康泰勝常，並承垂注，至以為感。茲將冀、察情形報告於左：

天津駐屯軍對冀、察軍民一面極力表示親善，同時偵察我方意向，並在冀東培養偽勢，藉以掣制二十九軍活動。現由殷汝耕請前孫傳芳部軍長李寶章在開平編練隊伍，刻已成立三團。李與職係幼小同學，深知其人忠誠愛國，事前與職商定彼願做陷身救國工作，絕對保持人格，遇必要時即與二十九軍協力恢復失地。

宋軍長向不表明態度，自西安事變以後，鑒國勢日趨嚴重，故發表告同志書以表明趨向。原書附呈，職當聯合中堅幹部促其實行。

現在中央與地方因權限問題間有發生隔閡之處，宋意中央既採取均權制度，則中央權與地方權似宜劃分清楚，並擬斟酌情勢出席三中全會，現正設法促其屆時出席。宋近日表示日人如用武力壓迫，決以一拼，現在軍事一切布置與準備均按照前呈計畫著手，祕密實施。第〔弟〕恐實施者能力關係，不能如期妥速完成，現正設法督促進行。茲因李諮議赴京之便，託其攜呈，伏乞指示一切，俾資遵循為禱。肅此。恭請崇安。

職張樾亭謹肅。

查現在陝、甘局面日趨嚴重，倘中央處理不當，共黨得
勢，打通其國際路線，強據政權逐漸擴大，日人絕不坐
視，英、美豈能旁觀？或用武力占我華北，或操縱經濟
斷我生機，國家前途不堪設想，冀、察首當其衝，內憂
外患，應付更難。職顧念及此，不揣愚昧，謹陳管見如
左，伏乞鑒核：

鈞座為堅固國家及政治地位，似宜向中央鄭重表示竭誠
擁護反對共黨（即剿共剿匪不算內戰），風聲所及，倡
導群倫，既得輿論之同情，又獲中央之信任，國家前途
實深利賴。

為迅速完成防共業務起見，似宜責成冀、察、平、津兩
省兩市主席、市長縝密參照綏署所定防共建設計畫大綱
妥速計劃，負責施行。

為迅速完成抗日準備計，似宜參照前定之冀察國防工事
及作戰計畫縝密妥速籌備。

張樾亭謹呈。

002-080103-00026-014

■ 1937 年 1 月 11 日

程伯昂電外交部據報津日駐屯軍司令部前日召集漢奸會議等情報

南京外交部。○密。十五號。情報司李司長鈞鑒：
據報津日駐屯軍司令部前日召集漢奸等會議，令各率所
屬人等潛伏各地，乘廢年底燃放花炮時，相機爆發，擾

亂治安，日方則藉端滋事。聞已有顧其賢、石興洲等十
餘人來平活動，收買流氓。顧等係東北過去步兵軍官。
又日方在津設立特務機關為新組織，附屬於日憲兵部，
部長藤井大佐為直屬負責人，特務機關主任為臺灣人謝
龍閣，曾參加閩省人民政府之活動，日方特邀其來津負
情報工作。又張學良留京後，平市學聯會為援張運動作
罷課、罷工之計畫，東北、清華、燕京、華北、各大學
各派代表數人於庚日攜帶宣傳品，分赴濟南、青島、天
津等處接洽。

程伯昂叩。真。

《中日外交史料叢編》第五編《日本製造偽組織與國聯的制裁侵略》，

頁 388。

■ 1937 年 1 月 22 日
外交部有關宋哲元欲收回香河寧河順義昌平四縣及華北防共等情報

南京外交部情報司：
宋馬晚應田代宴，曾談四事：（一）收回香河、寧河、
順義、昌平四縣事，此為宋向田代之要求。田代表示此
為關東軍部責任，渠僅能轉達，不能為任何意見表示。
（二）華北防共事，此為田代向宋要求，請宋對陝事注
意，並為負責措置，免共禍入冀、察境內。宋表示有絕
對把握，可以防共匪不入境。（三）經濟提攜此為雙方
共同就前案加以磋商，應如何進行，未作重要決定。

（四）取締學生排日及煽動人民抗日，此為田代向宋之
要求，要宋澈底根絕各學校學生排日及抗日思想，宋對
此允即辦。春節前宋將在北寧官舍答宴田代等。

鐵。五六。

《中日外交史料叢編》第五編《日本製造偽組織與國聯的制裁侵略》，

486-487

■ 1937 年 1 月 24 日
外交部有關日方壓迫宋哲元華北共同防共等情報

南京外交部：

○密。華北共同防共一事，因陝事緊急，津日軍部復執
此為壓迫冀、察政權，實行特殊化、明朗化工具。宋在
平雖與松井晤談數次，表示自力防共，到津後並為先事
抵制，發表〈告冀察同志書〉，以自力防共，並闡明剿
匪不能視同內戰兩項意義，以昭示於日方冀、察當局之
態度，免日方來擾，但日方迄不甘心。支田代曾派和知
參謀晤宋，擬為一顯明要求。宋知來意不善，稱病拒
見，但下週內勢須接見日軍部中人。

慎。六九。

《中日外交史料叢編》第五編《日本製造偽組織與國聯的制裁侵略》，

頁 408。

■ 1937 年 1 月 31 日

外交部有關邱文凱方永昌李英傑刻下與日軍部及關東軍勾結妥協組織華北各縣防共宣傳聯合會等情報

南京外交部情報司：

〇密。邱文凱山東人，係舊直魯軍褚玉璞部師長；方永昌係張宗昌部軍長；李英傑係李景林部旅長，又曾充天津憲兵司令。該邱、方、李等三人，刻下與日軍部及關東軍勾結妥協，在津組織華北各縣防共宣傳聯合會，先分布河北全省各縣，每縣由一領袖率隊員三、四名進行宣傳與指導，領取活動費及川資洋二百元，另有印就防共標語、傳單、宣言、口號多種，在各縣進行宣傳防共運動。如各該縣不加阻止，即進一步在各該縣設立宣傳機關，召收隊員，其人數多寡臨時酌情增減，明為擴大宣傳防共，暗則實為變相之便衣隊，一經各縣之宣傳隊均成立後，至必要時由日方暗將軍械運往各縣，按人數分配，企圖乘機暴動，為實踐其擾亂華北之陰謀。如各縣對防共宣傳有所阻止或干涉，即認某縣有共產嫌疑，立向冀察委員會提出交涉。其總機關設於英租界五十七號路岳安里二號，其臨時辦公處在日租界須磨街民順煤廠對過紅樓內。目下正在積極進行該項陰謀中。

津。一百。

李雲漢，《抗戰前華北政局史料》，頁 598-599。

■ 1937 年 2 月 4 日
外交部有關日方在津偽設共黨機關等情報

密。冬。警察局偵緝隊破獲共黨計楊源、郭秀生二名。據郭在偵緝隊謂，渠係日人大公源者所派，受日方永昌管轄，在津偽設共黨機關，散布宣傳，使市面發生恐慌，日方即可藉口向冀、察當局交涉，要求澈底防共，渠輩實非真正共黨，至大公源究為日軍部何人則不知。頃警察對此仍嚴搜羽黨。

清。三。

李雲漢，《抗戰前華北政局史料》，頁 600。

■ 1937 年 2 月 6 日
外交部有關日方頻促宋哲元應速自決開始冀察防共組織等情報

密。宋微午後三時偕覺生、宗輿訪田代於張園官邸。橋本、飯田、和知、池田等重要幕僚均在座，談約四十分鐘。田代對陝事解決一再指為中央業已容共，日本不能忽視，應由冀、察開始防共組織，同時並謂中央已決定於三全會時決議取消冀察政會組織，調宋充豫皖綏靖主任，另簡何應欽或劉峙北來主持冀、察，削韓、宋勢力，分化二十九軍。田代並云渠對此種未來演變極度關心，希望宋勿再猶豫，應速自決，日方絕全力予以支持，雖有用武力時亦不惜。宋對此未辯，蓋此為

近一週來日方屢向宋聒絮之詞。宋雖覺其近於挑撥，但又以其言之近理，不能不信。其次則談經濟開發事件，田代對於資金籌辦，仍嗾宋照其所囑仿冀東辦法，偷漏關稅，接收蘆鹽，則一切興辦事業資金即有著，宋謂此事須俟戈定遠由南京探詢意見歸後再談。最後關於冀東四縣交還事，田代對宋言目前中央已擬將冀察取消，是冀察本身存在否已有疑問，何庸再談此事。宋臨作別時約定離津前再晤商一次。

鐵。

《中日外交史料叢編》第五編《日本製造偽組織與國聯的制裁侵略》，

頁 487。

■ 1937 年 2 月 14 日

外交部有關李寶章所成立華北防共討赤軍等情報

南京外交部情報司：

〇密。李寶章所成立華北防共討赤軍頃已在開平、古冶編訓，人數原定卅團，嗣因冀東現無財力，改編為一總隊，定名為冀東保安隊補充總隊，李寶章充總隊長，以下二區隊，每區隊分三大隊（似有脫漏）。唯李招募人數過多，除編入伍者外，尚有二千餘無法安插，正要求殷逆轉請關東、華北二軍部准許擴充中。該隊餉項、槍械均因冀東現時收入不旺，猶無辦法，每兵暫發接濟費每月二元，官長十元，原定二月東起餉，屆時未作到，將延至三月東實行。

眾。六。

李雲漢，《抗戰前華北政局史料》，頁599。

■ 1937年2月17日

程伯昂電外交部報告德王處新由關東軍部派來日軍事顧問及宋哲元動向等情報

南京外交部。○密。總四一號。情報司李司長鈞鑒：

溪報十三號。日方派麥田中尉率日兵四十名，本月刪日早六時半，由榆關日兵營用騾駝十頭、大車八輛、載重汽車六輛分載大砲四尊、機搶十六挺、小鋼砲八門、大槍約二千枝、子彈廿四箱，手槍及零件軍器甚多，押運嘉卜寺轉交德王。現在德王處新由關東軍部派來日軍事顧問二人，一名米村四郎，一名田谷邱木。容報八號。日方對戈定遠接近中央不滿已久，戈知難安於位，且不欲宋為難，向宋堅辭，故昨令派政務處長楊兆庚兼代。戈雖未開缺，事實上已不能回任。又秦德純代宋出席三全會消息傳出後，日方要員紛往探詢，並加譏勸，秦因赴津謁宋請示。宋意堅決，故毅然南下。雷嗣尚本預定隨往，亦因之中止。又長蘆鹽斤運售日本事，李思浩赴津謁宋商議，關於噸數及價格未不讓步，興中公司亦堅持前議，已中止續商。

昂叩。篠。

《中日外交史料叢編》第五編《日本製造偽組織與國聯的制裁侵略》，

頁388-389。

■ 1937 年 2 月 18 日

駐日大使館電外交部報告雨宮巽武官前日在外交協會演講內容等情報

南京外交部：

八三六號。十八日。雨宮巽武官前日在外交協會演講，陸海軍幹部、樞密貴族議員、外交官多列席。會係祕密性質，列席者均係預約邀集。演講大意謂中國情形迥非昔比，積極訓練軍隊，擴充空軍，軍力已與日本相差不遠，政治、經濟組織亦均嚴密，顯著進步，不能不刮目相看，亟須重行認識，詳加檢討。又高橋坦談中、日雙方須互表明態度，日本應表明無侵略中國野心，中國應表明無聯蘇抗日用意。日本對中國情報向恃在華浪人及以金錢收買華人消息為來源，多屬任意揣測捏造，頗不正確，影響甚鉅。現已決定改變，將從前辦法取消，務以正當方法徵集情報。並言對華北、冀東、綏東絕無侵略土地之心等語。須磨回國各處演講，論調亦大改善。

大使館。

《中日外交史料叢編》第五編《日本製造偽組織與國聯的制裁侵略》，

頁 389。

■ 1937 年 4 月 6 日

駐日大使館電外交部帝國報特為冀東發大張號外

南京外交部。九一五號。六日。並轉許大使：

昨夕刊《帝國報》特為冀東發大張號外，標題：（一）孤立無援之冀東政府勿令坐斃，應確認華北特殊地域之真義。（二）防共自治之實績。（三）對日本平和政策，中國抗日反強化。（四）號外發行趣旨要謂西安事件與英、俄有關，中國抗日益烈。華北特殊地域真義為防中國擾亂偽滿陰謀，並防止赤化，今偽組織孤立無援，特喚醒朝野注意云。附載偽組織改編國府排日教科書插圖。據聞殷體新曾請名古屋博覽會為宣傳政績被拒，乃出鉅款向各方運動，此號外或即其結果也。

大使館。

《中日外交史料叢編》第五編《日本製造偽組織與國聯的制裁侵略》，

頁 434。

■ 1937 年 4 月 10 日

天津市政府電外交部有關殷汝耕在津成立華北五族共和防共委員會及天津市各界防共委員會兩祕密機關之情報

案准貴部本年三月元代電，以據報殷汝耕在津成立華北五族共和防共委員會、天津市各界防共委員會兩祕密機

關；又王伯鎬在日租界設一諜報機關活動情形，及志賀在津特務機關工作真相，囑密查電復等因，當經轉飭警察局查報去後，茲據呈覆略稱：「遵經令據偵緝總隊密報稱：查得各防共委員會附設於日租界桃山街普安協會內，一切工作均由普安會人員代行，一切印刷費均由冀東殷汝耕接濟，日方天津特務機關華人趙鏡如亦參加活動。又查王伯鎬三十餘歲，河南省籍，現住日租界香取街一號，係冀東偽政府外交處長，即在伊住所所僱用諜報員二、三十名，專刺探我方軍政消息，且在本市東車站密派諜報員石雲亭常川在站，密查由北寧、津浦兩鐵路各要人往來行蹤及軍事行動，每日所得情報，王伯鎬分送日軍部、關東軍及冀東偽政府三處，每月由殷津貼兩千元公費，日軍部無津貼。又查日方天津特務機關由茂川秀和擔任特務機關長，其地點在日租界淡路街，內部組織分為三部，有特務系主任志賀秀二，刑事系樋口知義，情報系松岡，分擔負責。樋口知義係前津報社長，松岡崗由奉來津，志賀秀二為前鄭州機關長，來津住日租界伏見街求是盧二號，後受日軍部委充斯職，其先特務主任為諏訪部，現已調往大連等情，除密飭所屬注意外，理合具文密請鑒核。」等情；據此，除指令隨時注意查報外，相應據情函復，即希查照為荷。此致外交部。

市長張自忠。

李雲漢，《抗戰前華北政局史料》，頁 600-601。

■ 1937 年 4 月 27 日

**調查統計局呈蔣中正日人田代皖一郎曾建議取
消冀東防共自治委員會培植宋哲元政權與日軍
準備進犯察綏及冀東政務委員會對日外交決單
獨進行等情報日報表**

姓名或機關：調查統計局
發表月日：四月廿七日
情報提要：
田代曾建議本國取消冀東，培植冀宋。
津日駐屯軍司令田代，近曾建議本國取消冀東，培植宋
哲元政權，造成冀、察綏衝區，使之與中央對立，其理
由如次：
冀東民眾近反殷甚烈，若不取消，前途演變殊難設想。
殷近有與中央互通聲息之嫌，若一旦通電取消或發生武
力行動時，日方無法制止。
宋哲元時有取消冀東之觀念，其用心無非企圖擴充個
人勢力。
若維持冀東現狀，則必須將其內部改組，然人選問題
則諸多困難。
若取消冀東，《塘沽協定》尚能存在，而冀東保安隊
亦能由日指揮，於日並無損失。
若此時取消冀東，維持宋之政權，既能滿宋之慾望，
且可藉此離間宋與中央之關係，更可乘此將華北造成
一獨立局面。

日軍積極準備圖犯察綏

日陸軍省二日急電津日駐屯軍司令田代，略云：

察、蒙軍隊准即照預定方略向察、綏推進，駐屯軍並應切實予以協助。

森岡電謂一切軍事準備已告完成，決遵照預定日期進擊等語。

田代奉電後，即派塚田赴察東、專田赴多倫布置一切，其布置內容：

設總糧站於多倫。

在南壕塹、商都、沽源、寶昌等處各設師部，為進攻察、綏發號施令之中心機關。

冀察對日外交決單獨進行

冀察政委會之對日外交，現決採取獨立自主策，故關於取消冀東、交還察北等問題，冀察決直接赴日談判。近陳中孚、張自忠先後赴日，確係負有是項使命，此種決定，齊燮元、賈德耀輩主張頗烈。

批示：如擬

002-080200-00492-049

■ 1937 年 4 月 29 日

程伯昂電外交部田代司令晤殷汝耕表明日對冀東察北絕無取消之意等情報

南京外交部。總一二一號。情報司李司長鈞鑒：
溪報三七號。田代司令前赴通檢軍，實特晤殷逆，表明日對冀東、察北絕無取消之意。前次商洽包兩國條件，不過應付此間當局，藉以解決他案，倘萬不得已時，亦是成為特殊區域。又最近日人赴綏者日多，日前南滿路辦事處總管太宰松三郎、小松一山等來綏，住日人羽山私邸，對綏事有所討論。南壕塹原駐匪部六團餘，近增兩團，商都新開到匪偽軍約一師之眾，似有向西移動之勢。

昂叩。豔。

《中日外交史料叢編》第五編《日本製造偽組織與國聯的制裁侵略》，
頁 435。

■ 1937 年 5 月 1 日

黎明等電徐永昌概陳陳中孚張自忠赴日目的在改冀察政會為戰區政委會與取消冀東自治及經濟提攜等事項

26 年 5 月 2 日
自北平發
號次：A4071

南京。譱密。劉副主任轉呈主任徐鈞鑒：

陳中孚、張自忠先後赴日，使命略陳如下。（1）冀察
政會改戰區政委會，將察北、冀東納歸該會管轄。（2）
取消冀東自治，劃歸駐屯軍範圍，調殷汝耕為政會常
委。（3）察北改盟德王為盟長，蒙軍改保安隊，六縣
縣長仍舊由察省府加委，將來更換須用蒙人。（4）關
於經濟提攜事項。

職黎明、郭殿丞。東申印。

002-090200-00021-195

■ 1937 年 5 月 7 日

程伯昂電外交部日軍部說財閥投資華北並促宋哲元表明態度等情報

外交部情報司李司長鈞鑒：

總一二八號。璧報十號。X密。日軍部經濟參謀池田回
國，遊說財閥投資華北，結果圓滿。東洋拓殖會社及其
他各方面均允幫助政府。池田返津後，日方為促進實行
起見，前和知來平謁宋，要求表明態度；宋表示在政治
問題未解決前，一切均暫不談。刻日軍部正連日討論，
田代擬乘宋在津商談此事，以冀達到目的。又前傳偽滿
總理鄭孝胥來平祕密活動說，近探悉，係其次子炎佐來
平主持其女婚事之誤，鄭逆將於六月間來平小住。

昂叩。虞。

《中日外交史料叢編》第五編《日本製造偽組織與國聯的制裁侵略》，
頁 490。

■ 1937 年 5 月 7 日

檢查新聞處呈蔣中正漢口武漢日報社訊云國民政府對日政策有強硬之勢並將焦點置於華北問題要求日本撤出此區勢力另亦強化歐美各國對華特別援助等情報日報表

姓名或機關：調查新聞處

發表月日：五月七日

情報提要：

日方傳我政府之對日外交政策：

漢口《武漢日報》五月六日外論社訊，三中全會後之國民政府的對日政策，已成為有系統而強硬之勢，並已將其焦點置重於華北問題，例如最近喧囂之華北經濟提攜，而中國則以恢復華北原狀為前提，所謂恢復華北原狀，不僅在取消冀察政權與察北六縣，而在取消以華北特殊區域自認之「冀東」政權，再進一步便要求撤退華北之日本勢力。南京之此種意志，在三中全會以後之要人言動中，在統制下的諸新聞言論上，已完全表明出來矣。而在政府統制下之新聞社論皆主張撤退華北駐軍，取消冀東政權、察北六縣、《松滬協定》、《塘沽協定》以及《何梅協定》、土肥原秦德純之協定等。

蔣介石氏任行政院長後，對於中日外交更提出幾個方法：

中日外交由外交當局辦理。

中日關係之破局，在日本以軍部為中心之侵略政策，此法即日本人亦反對，應加改正。

日本對華北政策能訂正，則日本大部分人所希望之中日
經濟提攜自可以實現。

然而南京政府之對日政策，強化歐美各國之特別援助亦
屬一個重要因子，譬如英國援助南京政府完成中國統一
之安定，與南京勢力之擴大，支配中國市場，一九三五
年之幣制之改革，即一明顯之例證。其他美、法、德、
意等國，皆對南京政府表示好意，有此等情勢，無怪南
京政權對日本強硬起來。中國提出恢復華北原狀，為中
日經濟提攜之先決條件，亦由此中發生出來。

批示：

如擬

002-080200-00492-050

■ 1937 年 5 月 21 日

程伯昂電外交部日駐屯軍司令田代召集市民僚屬會議議決闡明日本在華北之立場等情報

情報司李司長鈞鑒：

總一四三號。漢報六十號。日駐屯軍司令田代文日召集
市民僚屬會議，議決闡明日本在華北之立場，而以冀察
政權為對象，進行築路、開礦等事。又德王近以受日方
種種壓迫，派其親信周海鳴與此間當局接洽投誠，在察
北、內蒙設察蒙行政督察署，由德王負責，現正在接洽
中。又此次張自忠在日商談收回冀東、察北問題，聞日
方所提出條件，一部分為日在華北駐軍三萬，分配山海

關、北平、浦津路等地，津石路由日方修築，龍煙礦歸
日人承辦，餘容續查。又天津海光寺日兵營新挖地道，
分南、北二大幹線，北至美以美會以東，南過火葬場，
勞工華人不准外出與人接近，天津海河發現之浮屍即係
此類工人。

昂。馬。

《中日外交史料叢編》第五編《日本製造偽組織與國聯的制裁侵略》，

頁 490-491。

■ 1937 年 5 月 28 日

錢大鈞呈蔣中正楊虎城部紀律欠佳及桂系陶鈞在漢口活動情形與冀察政治委員會力謀對日外交獨立化等情報日報表

姓名或機關：憲兵司令部
發表月日：五月廿八日
情報提要：
冀察政委會對日外交力謀獨立化
平訊：冀察政委會決定對日外交採取單獨化，避免中央
對日談判冀東、察北問題。關於中央對日聲明取消冀
東、交還察北等件，深恐冀察政權趨於直屬中央，對其
行政系統有所不便，故決立採取外交獨立，直接向日談
判取消冀東及交還察北六縣。陳中孚、張自忠此行，確
係負直接談判之使命，冀察政委會連日均有討論，結果
決定對日外交自主，齊爕元、賈德耀輩主張尤烈。關於

宋哲元察省之行，純係視察防務與指導劉汝明師內部工
作，及共黨潛入察省活動，策劃劉汝明舉行清黨運動。

002-080200-00493-001-002a

■ 1937 年 6 月 1 日

韓復榘電蔣中正日本內部複雜陸軍部分激烈分子主張急切若其軍人得勢對中國將仍強恃武力雙方恐起戰端

26 年 6 月 1 日

自濟南發

號次：1535

牯嶺。委員長蔣鈞鑒：

自密。頃奉卅電垂詢藎臣東遊之感想。職於晤談時，亦
曾詢及。據云：日本內部複雜，糾紛甚多，大部分人士
對我國主張和緩；惟陸軍軍人中一部分激烈分子主張急
切。察北、冀東交還我國之說，一時恐難實現。如其軍
人得勢，將仍強恃武力，不出乎戰之一途。肅電馳報。

職韓復榘叩。東秘印。

002-090105-00001-227

■ 1937 年 6 月 1 日

軍事委員會調查統計局呈蔣中正滄石路建築問題益趨嚴重宋哲元韓復榘閻錫山與日方持不同意見等情報日報表

欄別：華北

核轉機關：郵檢訊

原發報月日：平六一訊

情報提要：

滄石路建築問題益趨嚴重

建築滄石路，冀察當局經與日方議定合作，作為華北中日經濟合作之序幕。但晉方認為此事於彼不利，因該路築成，日方在軍事上可直搗娘子關，故反對建築，而中央亦不同意此事，因此宋現已決定取消建築滄石路之意。但日方一因此路成敗關係侵略華北軍事計畫，二因孫科長鐵部時曾與日方訂立合建此路合同，三因冀察當局已同意開工，決強迫建築，必要時不惜決裂，總以達到建築目的為止。

宋因此避居樂陵，現又續假廿日，一方謀與韓、閻等聯絡，商應付辦法，一方暫觀日方風色。

宋、韓晤面結果，韓主張在中央無整個對日計畫前，保持「守土抗戰」原則，如日方強迫築路，則本此原則以武力應付。宋對此已有準備，因晉閻標榜「守土抗戰」之策，故韓、宋、閻近有聯絡之醞釀。

002-080200-00482-164

■ 1937 年 6 月 2 日

錢大鈞呈蔣中正四日劉湘在鄧錫侯宅約集各軍負責人密議誘迫各軍長聯電中央仍隸綏靖公署及經營西康察隅打通緬甸與日欲強築滄石路等情報日報表

姓名或機關：調查統計局

發表月日：六月二日

情報提要：

柴山在滬召集日武官會議，結果如次：

（甲）對華北：絕對不可解消冀東組織，與中國協力取締走私固無問題，但須力防冀、察中央化。為維持華北經濟命脈計，絲毫不能讓步，對綏遠、察北維持現狀。

（乙）對中國本部注重調查工作，避免小衝突，但事變嚴重時自取斷然行動。現英國與華南關係緊密，絕不採取國際刺戟之行動。

（丙）中日交涉可開始中日航空聯絡之交涉。

002-080200-00493-007-003a

■ 1937 年 6 月 3 日

陳誠電蔣中正查張自忠率團赴日在使冀察對日外交脫離中央以謀獨立及殷汝耕派池宗墨赴日以圖擴大冀東鞏固其地位等

26 年 6 月 3 日

自南京發

號次：1605

牯嶺。委員長蔣：

○密。據報：甲、張自忠率領之赴日考察團任務：一、使冀、察對日外交脫離中央而謀獨立；二、滄口鐵路投資；三、龍煙煤礦投資。而預為先導之陳中孚返國尚無期，一般推測張此行尚無切實結果。乙、偽冀東祕書長池宗墨赴日，為殷逆陰謀：一、為圖冀東之擴大鞏固；二、乘池去國削減其勢力。自天津日駐屯軍向殷提出要求被池疏〔紓〕解後，殷、池關係較好。現對日多為池，對內則殷所掌握為多等情。謹聞。

職陳誠。江巳印。

002-090200-00021-162

■ 1937 年 6 月 5 日

程伯昂電外交部日方近向宋哲元要求對於修築
津石路開採龍煙礦及冀察境內劃出植棉等項限
短期內答覆等情報

南京。總一五八號。情報司李司長鈞鑒：

漢報六五號。據綏靖公署消息，日方近向宋要求對於修
築津石路、開採龍煙礦及冀、察境內劃出大部植棉區等
項，限短期內圓滿答覆，宋因感受威脅，決定短期內暫
不返平，現正趕裝自津市府、平政治委員會及保定省政
府通東陵之專用電話。所有軍政，宋責令秦德純、馮治
安、張自忠分別處理，對日方暫守緘默態度。又殷逆日
前在偽政府例會發表談話謂，外傳冀東政權將由中日外
交折衝實行取消之消息，完全無稽，本府連奉關東軍密
令，已作擴大發展之準備。李寶章之梯隊兵力現約七百
餘人，將於短期內增三倍，凡住北平之本府各機關職員
眷屬限三星期內一律移住通縣。

昂叩。微。

《中日外交史料叢編》第五編《日本製造偽組織與國聯的制裁侵略》，

頁 491。

■ 1937 年 6 月 7 日

程伯昂電外交部關於收復冀東事因日方要求太苛礙難辦到等情報

南京外交部。〇密。總一六〇號。情報司李司長鈞鑒：漢報六六號。關於收復冀東事，頃自津市府探出消息，因日方要求太苛，礙難辦到。至要求之交換條件如下：一、撤消冀東應承認日本在華北既得及在計畫中之善後權利。二、須在華北劃防共緩衝區。三、保障冀東政府各官員之安全與自由。四、華北各項問題願就地談判，但中央須承認所談各項為有效。張自忠曾向人表示外力絕不可恃，願華北官民覺悟，精誠團結，致力尋出路云云。

昂叩。虞。

《中日外交史料叢編》第五編《日本製造偽組織與國聯的制裁侵略》，

頁 435-436。

■ 1937 年 7 月 8 日

宋哲元電蔣中正日軍駐豐臺部隊七日夜向國軍攻擊企圖占領蘆溝橋城

26 7 8

北平　2903

特急。牯嶺委員長蔣、行政院長蔣：

洽密。日軍駐豐臺部隊砲四門、機槍八挺、步兵五百餘人自陽夜十二時起，藉口夜間演習，向我方射擊，企圖

占領我蘆溝橋城（即宛平縣城），向該城包圍攻擊，轟
炸甚烈。我駐蘆溝橋之一營為正當防衛計，不得已不能
不與之周旋，現仍在對峙中。除以在事態不擴大可能範
圍內沉著應付外，如何之處？請示機宜。

職宋哲元。齊辰參戰印。

批示：

復齊辰電悉。○。宛平城應固守勿退，並須全體動員，
以備事態之擴大，此間已準備隨時增援矣。

　　　　　　　　　　　　　　　　中正。庚侍參牯。

電請轉電轉徐主任次辰、程總長：

應即準備向華北增援，以防事態之擴大。

　　　　　　　　　　　　002-020300-00001-002

■ 1937 年 7 月 13 日

蔣中正電宋哲元全力抗戰勝敗全在其與中央一致無論和戰萬勿單獨進行

北平、天津宋主任勛鑒：

偃。蘆案必不能和平解決，無論我方允其任何條件，而
其目的則在以冀、察為不駐兵區域與區內組織、用人皆
得其同意，造成第二冀東，若不做到此步，則彼必得寸
進尺，絕無已時。中早已決心運用全力抗戰，寧為玉
碎，毋為瓦全，以保持我國家與個人之人格。平、津國
際關係複雜，如我能抗戰到底，只要不允簽任何條件，
則在華北有權利之各國必不能坐視不理，而且重要數國

外交皆已有把〔握〕，中央決宣戰，願與兄等各將士共
同生死，義無反顧。總之，此次勝敗全在兄與中央共同
一致，無論和戰，萬勿單獨進行，不稍與〔予〕敵方以
各個擊破之隙，則最後勝算必為我方所操，請兄堅持到
底，處處固守，時時嚴防，毫無退讓餘地。今日對倭之
道，惟在團結內部，激勵軍心，絕對與中央一致，勿受
敵欺則勝矣！除此之外，皆為絕路。兄決心如何？請速
詳告。

中正手啟。元未機牯。

002-020300-00001-031

■ 1937 年 7 月 16 日
蔣中正電宋哲元等連日對方盛傳渠等已與日軍簽訂協定望注意其真意

天津宋委員長明軒兄、北平秦市長勛鑒：
連日對方盛傳兄等已與日軍簽訂協定，內容大致為：
（一）道歉；（二）懲兇；（三）蘆溝橋不駐兵；（四）
防共及取締排日等項。此時，協定條款殆已遍傳歐美。
綜觀現在情勢，日本決以全力威脅地方簽訂此約為第一
目的。但日方所欲者，若僅止於所傳數點，則其大動干
戈可謂毫無意識。推其真意，簽訂協定為第一步，俟大
軍調集後再提政治條件，其嚴酷恐將甚於去年之所謂四
原則、八要項。觀於日外次堀內（謙介）告我楊代辦已
簽地方協定為局部解決之基礎一語，益足證明其基礎之

外另有文章也，務望兄等特別注意於此今事絕非如此易
了。只要吾兄等能堅持到底，則成敗利鈍中願獨負其責
也。甚為至要，如何？盼復。

中正手啟。〇〇。諫亥機牯印。

解決條件

一、第廿九軍代表對於日本軍表示遺憾之意，並責任者
處分，以及聲明將來負責防止再惹起此類事件。

二、中國軍為日本在豐臺駐軍避免過於接近、易於惹起
事端起見，不駐軍於蘆溝橋城郭及龍王廟，以保安隊維
持其治安。

三、本事件認為多胚胎於所謂藍衣社、共產黨、其他抗
日系各種團體之指導，故此將來對之講求對策，並且澈
底取締。

以上所提各項均承諾之。

中華民國廿六年七月十一日。廿九軍代表張自忠、張
允榮。

002-020300-00001-039

■ 1937 年 7 月 16 日

毛慶祥呈蔣中正因廣安門事件發生日軍發動攻擊已如箭在弦及北平日僑避難等日電譯文情報日報表

號次：3135

姓名或機關：日文無線密電

地址：天津廿七日十六時發，致平、京、青、滬、濟南、東京

來電時期：七月廿七日收

來電摘要：

日軍之發動已如箭在弦。

本（廿七）日，參謀長對本人談：因廣安門事件已發生，軍方面以為無暇等待最後通諜〔牒〕之期限，期於今日拂晨，決將北平城外之廿九軍不問所屬如何，一舉剿滅之，業已發出命令。惟北平僑民之避難於東交民巷未能如願進行，一面顧慮僑民之性命危險，他面廣安門事件之真相已經判明，我軍之死傷者格外少數；且冀察方面對我應援部隊之入交民巷有所幹旋，確已證實。（此原因較前者為輕。）所以上述命令暫時延期，俟北平僑民避難辦妥後，何時開始行動亦未可知。關於此方針，已獲得軍中央之贊同。

又附言：北平城內無論何種場合，不許轟炸砲擊。萬一中國兵在城內攻擊，日本兵感危險時，破壞城牆一部令援軍侵入，取此方針。

批示：

閱。

002-080200-00488-024-001a

■ 1937 年 7 月 16 日
軍事委員會調查統計局呈蔣中正蘆溝橋事件宋哲元談對日態度及秦德純謂日方無和平談判誠意等情報日報表等二則

欄別：冀宋

核轉機關：第一處

原發報月日：津七・十六電

情報提要：

冀宋談對日態度

津各院校長於十五日晉謁冀宋，詳問對時局態度，宋談話概要如次：

（甲）此次戰事日無擴大決心，係威脅中國；

（乙）蔣委員長令我到保定指揮，但因津地重要，不能放棄，故來坐鎮；

（丙）日向華北增兵，不能順楊村鐵道經過，如經過時我已令廿九軍阻止，我們均知日軍開來實數，不足為患；

（丁）中央讓我指定北上軍隊，我已電復可令高桂滋、孫連仲、龐炳勳、胡宗南等軍北上；

（戊）我們希望和平解決，如戰爭擴大，我絕有辦法。

欄別：秦德純

核轉機關：第一處

原發報月日：平七・十六電

情報提要：

秦德純對時局之談話

秦德純談蘆溝橋事件，日方無和平談判誠意，乃齊燮
元、陳覺生等從中奔走，欲乘機攫取冀察政權，日本一
面交涉，一面增兵，且在蘆溝橋、大井村、豐臺等地建
築工事，顯係擬造成既成事實，再行談判。馮治安、劉
汝明、趙登禹等均願抗戰，惟齊燮元、李思浩、陳覺
生、章士釗等均主講和，惟主戰諸人仍準備不惜犧牲，
單獨抗戰云。

（完）

002-080200-00482-182

■ 1937 年 7 月 17 日

蔣中正電宋哲元等日本不重信義一切條約皆不足為憑

天津宋主任明軒兄、北平秦市長勛鑒：

昨電諒達。倭緘。倭寇不重信義，一切條約皆不足為
憑。當上海一二八之戰，本於開戰以前已簽訂和解條
約，承認其四條件，乃於簽字八時以後仍向我滬軍進
攻，此為實際之經驗，故特貢〔供〕參考，勿受其欺
為要。

中正。篠戌機牯。手啟。

002-020300-00001-047

■ 1937 年 7 月 22 日

宋哲元電蔣中正對於蘆溝橋事變與日本交涉擬定由第二十九軍代表對日軍表示遺憾及蘆溝橋龍王廟由保安隊維持治安等三點協商內容並請予批示以便遵循

26 年 7 月 22 日

自北平發

號次：A6990

南京。委員長蔣鈞鑒：

〇密。馬電奉悉。此次事件發生後，哲元始終本中央之意旨處理。關於交涉經過，曾於本月十一〔日〕概略協商，擬定下列三條，即：「（1）廿九軍代表對於日本軍隊表示遺憾之意，並將責任者處分，以及聲明將來負責防範再惹起同類事件。（2）中國軍為日本在豐臺駐軍避免過於接近、容易惹起事端起見，不駐軍於蘆溝橋城郭及龍王廟，以保安隊維持治安。（3）本事代認為多胚胎於所謂藍衣社、共產黨、其他抗日系各種團體之指導，故此將來對之講求對策，並且澈底取締」等語。查該條件〔內〕容甚空，哲本擬早日電陳請示，因雙方屢次衝突，故未即報告。刻下雖較有進步，然尚無把握。就今日情形觀察，此事或可暫告一小段落。所有以上三條，鈞座如認為可行，即請賜予批示，以便遵循。此次鈞座措置咸宜，國人咸同感一切交涉尤賴鈞座肅威。惟此後枝節，仍恐不免請鈞

座麈注為禱。謹復。

職宋哲元叩。禡印。

■ 1937 年 7 月 23 日

蔣中正電宋哲元中央自始願與兄同負責在不損領土主權無不願言和之理

北平熊次長。4569 密。轉宋委員長明軒兄勛鑒：
禡電誦悉。中央對此次事件，自始即願與兄同負責任。
戰則全戰，和則全和，而在不損害領土主權範圍之內，
自無定須求戰、不願言和之理。所擬三條倘兄已簽字，
中央當可同意與兄共負其責。惟原文內容甚空，在我愈
宜注意第二條之不駐軍，宜聲明為臨時辦法，或至某時
間為止，並不可限定兵數。第三條之澈底取締，必以由
我自動處理，不由彼方任意要求為限。至此事件真正結
束，自應以彼方撤退陽日後所增部隊為重要關鍵，務希
特別注意。再，所擬三條如未簽訂，則尚有改正與討論
之點。究已簽訂否？盼復。

中正。漾午機京。

■ 1937 年 7 月 24 日

參謀本部電蔣中正據上海報告外國代表對日本解決中日現局之觀點及日軍部對華作戰應先占領重要地點逐漸發展等

報告者：參謀本部

時間地點文別：七月廿四日

內容摘要：

據上海七月二十二日報告

一、外國駐滬代表稱：日現因增加預算、改編陸軍、政黨衝突、外交孤立各原因，預料不能發動對華戰爭。

二、外國代表見解：關於日本解決中、日現局方法：（1）緩和派先要求中國接受十一日提出條件之一部分後，再談判華北經濟問題。（2）少壯派應乘此機會增兵華北，解決一切。據密報：日軍部對華作戰無須預立精密計畫，應以隨機應變為上策。先決辦法，宜速占領中國各軍事要地，如上海、南京、九江、漢口、天津、保定、石家莊及山東之一角。蓋以上各地如占領後，日本陸、海軍即可連成一氣，以之作根據地，向四圍逐漸發展。又應避免大規模作戰，因華軍民團出沒無常，如不依據區域，實難應付也。再如使中央政府訂城下之盟，何異癡人說夢。南京陷則遷武昌、洛陽、西京、成都等地，到處可成國家中心，實使人疲於奔命，且過於深入，亦甚危險。故先應占領重要地點，對於人民施以懷柔政策，以減少反感也。速戰

速決之策略，對華應極力避免之。

002-080200-00280-013

■ 1937 年 7 月 26 日

蔣中正電宋哲元北平及宛平城防立即備戰及到保定指揮

電話、電報並發。

北平。宋主任勛鑒：

0249。此刻兄應決心如下：甲、北平城防立即備戰，切勿疏失。乙、宛平城防立即恢復戒備，此地點重要，應死守勿失。丙、兄本人立即到保定指揮，切勿再在北平停留片刻。丁、決心大戰，照中昨電對滄、保與滄、石各線從速部署。

中正手啟。宥戌機京。

002-020300-00001-065

■ 1937 年 7 月 29 日

蔣中正電宋哲元秦德純馮治安鼓勵全軍再接再厲期達殲滅日軍之目的

急。保定宋主任、秦市長、馮主席勛鑒：

昨、今各電均悉。0467 密。兄等離平抵保甚慰，平、津得失不足為慮，戰爭勝敗全在最後努力，務望兄等鼓屬〔勵〕全軍再折〔接〕再屬，期達殲滅倭寇目

的。雪恥圖強，完成使命，此其時也。茲特先匯伙食
洋伍十萬元以資接濟，已令軍政部照發。前方布防，
望勿稍疏為要。

中正手啟。豔機京。

002-020300-00008-009

■ 1937 年 9 月 14 日

韓復榘電蔣中正據張自忠謂北平天津維持會分由江朝宗齊燮元主持日高級指揮官寺內仍將對華北積極猛進等

9 月 14 日

自濟南發

號次：15936

南京大元帥鈞鑒：

霆密。前津市長張自忠昨晚由煙臺來濟晤談，據云：
1. 北平維持會由江朝宗主持；2. 天津維持會由齊燮元主
持，所有事項均極困苦；3. 敵人高級指揮官寺內駐唐
山，對華北軍事仍積極猛進，並云伊於今日即赴前方等
語。謹電稟聞。

職韓復榘叩。寒秘印。

002-090200-00021-197

民國史料 07

近代中日關係史料彙編：
一九三〇年代的華北特殊化
（三）

Historical Documents on Modern Sino-Japanese
Relations: The Decentralization of North
China During the 1930s Section III

主　　編　黃自進、陳佑慎、蘇聖雄
總 編 輯　陳新林、呂芳上
執行編輯　林育薇
文字編輯　林弘毅、宋彥陞、陳佑羽
封面設計　溫心忻
排　　版　溫心忻、盤惠秦

出 版 者 · 🛡 開源書局出版有限公司

　　　　　香港金鐘夏慤道 18 號海富中心
　　　　　1 座 26 樓 06 室
　　　　　TEL：+852-35860995

　　　　　🏵 民國歷史文化學社

　　　　　10646 台北市大安區羅斯福路三段
　　　　　　　　37 號 7 樓之 1
　　　　　TEL：+886-2-2369-6912
　　　　　FAX：+886-2-2369-6990

銷 售 處　源流成文化 股份有限公司
　　　　　10646 台北市大安區羅斯福路三段
　　　　　　　　37 號 7 樓之 1
　　　　　TEL：+886-2-2369-6912
　　　　　FAX：+886-2-2369-6990

初版一刷　2019 年 9 月 30 日
定　　價　新台幣 400 元
　　　　　港　幣 110 元
　　　　　美　元 15 元
I S B N　978-988-8637-24-9
印　　刷　長達印刷有限公司
　　　　　台北市西園路二段 50 巷 4 弄 21 號
　　　　　TEL：+886-2-2304-0488